그리와 로미의

구글 탐험대

학생들을 위한 Google·AI·디지털·스마트교육 학습서

그리와 로미의
구글 탐험대
학생들을 위한 Google · AI · 디지털 · 스마트교육 학습서

초판 1쇄 발행 | 2025년 10월 30일

집필 | 김학민, 박윤진, 오보람, 이민재, 임보라 공저
삽화 | 정성우, 김화인
펴낸이 | 김병성
펴낸곳 | 앤써북

출판사 등록번호 | 제 382-2012-0007 호
주소 | 경기도 파주시 탄현면 방촌로 548
전화 | 070-8877-4177
FAX | 031-942-9852
도서문의 | 앤써북 카페 http://cafe.naver.com/answerbook

ISBN | 979-11-93059-65-4 13000

[안내]

구글링(Googling)의 그리

"나는 구글 도구가 너무 궁금한 그리야! 뭐든 눌러보고 싶어~"

그리는 구글 도구를 좋아하는 호기심 많은 아이예요.

처음 보는 버튼을 누르다가 화면이 엉망이 되기도 하고,

탭을 너무 많이 열어서 컴퓨터가 느려지기도 해요.

하지만 그럴수록 더 많이 배우고, 더 재미있어져요!

새로운 기능을 찾으면 꼭 해봐야 직성이 풀리는 도전왕이에요.

- 특기: 여러 탭을 한꺼번에 열고 실험하기
- 성격: 활발하고 재밌는 걸 좋아해요
- 말버릇: "이건 뭐지? 눌러보자!"

크롬(Chrome)의 로미

"나는 똑똑하게 도와주는 로미! 구글 도구는 나한테 맡겨~"

로미는 정리도 잘하고 설명도 잘하는 똑부러진 친구예요.

복잡한 화면도 금방 정리하고, 친구들이 어려워하는 기능은 쉽게 알려줘요.

조용히 넘어갈 법한 문제도 찾아내고, 깔끔하게 해결하는 걸 좋아해요.

그리와 함께 있을 때는 항상 살짝 웃으며

"그건 이렇게 하면 돼~"라고 말해주는 든든한 해결사예요.

- 특기: 북마크 정리, 화면 캡처, 깔끔한 설명
- 성격: 침착하고 똑똑해요
- 말버릇: "잠깐! 다시 해보자~"

그리와 로미, 최고의 디지털 짝꿍!

그리는 궁금한 게 너무 많고

로미는 잘 설명해주는 친구예요.

서로 성격은 다르지만,

구글 도구를 좋아하는 마음은 똑같아요.

그래서 둘은 함께 구글 도구 탐험을 떠나기로 했어요!

이 책에서는 여러분과 함께 구글 도구를 배우고, 프로젝트도 도전한답니다!

한 눈에 살펴보는 학습방법

학습 영상
모든 작품은 동영상 강의를 보면서 공부할 수 있도록 QR코드와 단축 주소를 제공합니다.

학습내용
이번 단원에서 배울 핵심 단어나 개념을 간단하게 설명해줍니다.

4컷 만화
이번 단원에서 배울 핵심 개념을 4컷 만화로 미리보기 살펴볼 수 있습니다.

로미와 그리 대화
따라하기 핵심 내용을 로미와 그리의 친근한 대화로 설명해줘요.

따라하기 실습
구글 기능을 이용해서 작품을 만들어요. 순서대로 차근차근 따라하다 보면 실습 작품이 완성됩니다.

그리의 궁금증
본문에 나온 내용 이외 알아두면 좋은 기능을 설명해 줘요.

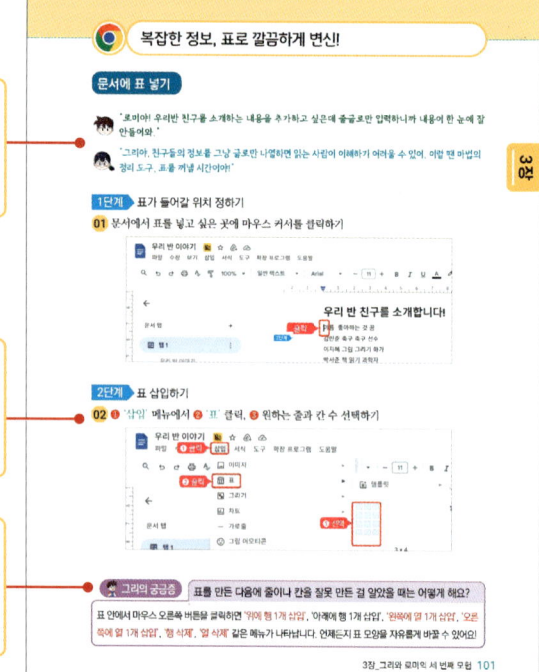

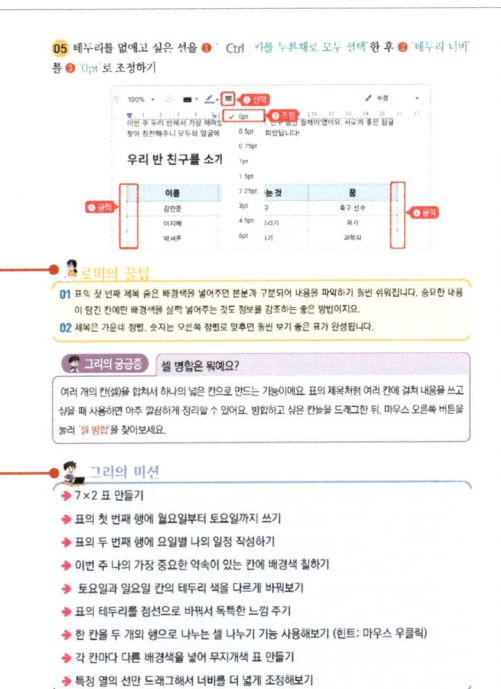

로미의 꿀팁
예제를 따라하는 동안 놓칠 수 있는 내용을 친절하게 알려줘요.

그리의 미션
배운 내용을 활용하여 혼자서 실습해볼 수 있는 미션을 풀어보며 지식을 더 단단히 다져요.

그리와 로미의 프로젝트 업그레이드!
배운 내용을 활용하여 응용 작품을 만들 수 있어요.

자녀의 구글 계정을 만들고 관리할 수 있는 '패밀리 링크(Family Link)'를 소개합니다.

구글 패밀리 링크는 자녀가 사용하는 구글 계정과 온라인 활동을 부모가 함께 관리할 수 있도록 돕는 무료 보호자 도구입니다. 아이의 스마트폰뿐 아니라, 크롬 브라우저, 유튜브, 플레이스토어, 구글 검색 등 구글 생태계 전반에서의 디지털 습관을 지도할 수 있는 기능이 핵심입니다.

주요 기능

- ✔ 자녀의 구글 계정 생성 및 보호자 연결
- ✔ 크롬 브라우저 활동 감시 및 필터링 (안드로이드 기기 포함)
- ✔ 유튜브 콘텐츠 제어
- ✔ Google Play 앱 설치 요청 및 승인

〈주의!〉 패밀리 링크로 생성한 자녀 계정은 기능이 제한되어 있어 실습이 어려운 파트도 있습니다. 이런 경우 학교 계정이나 일반 계정으로 실습해보세요.

01 ❶ '패밀리 링크' 검색 후 ❷ '사이트' 접속하기

02 '아니오' 버튼 클릭 후 계정 생성하기

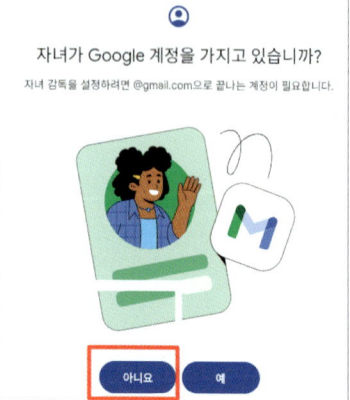

03 생성한 자녀 계정 선택 후 설정 누르기

04 온라인 활동 관리하기

허용하거나 제한할 항목 선택하기

Google Play 스토어 및 유튜브 허용 설정

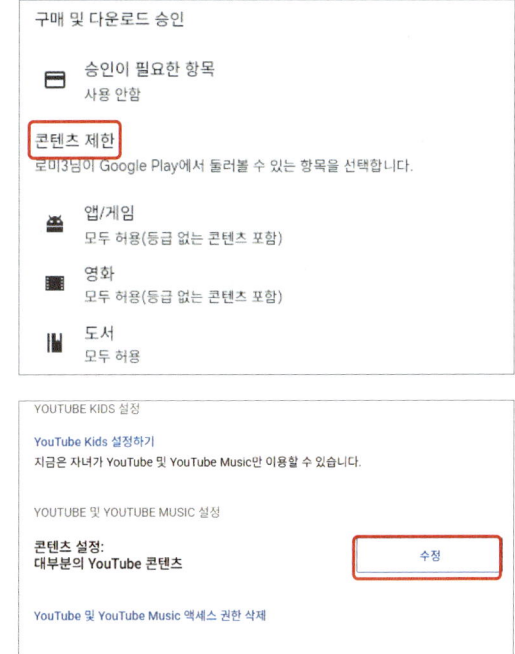

Chrome 브라우저 허용 설정

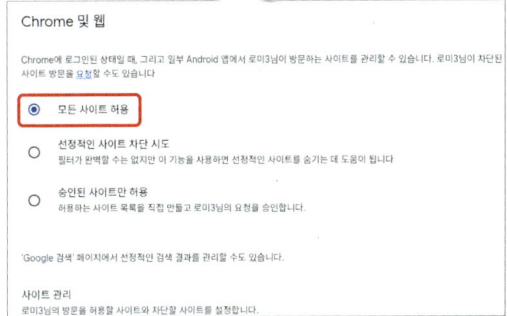

Chrome 및 웹 -> 고급 설정

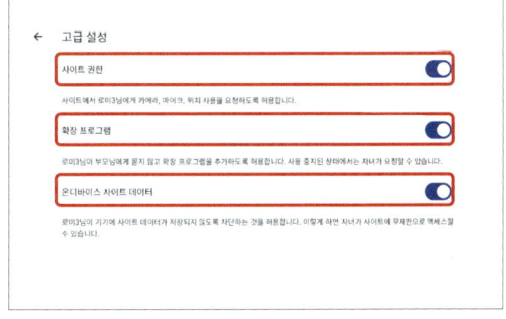

 이 책의 실습을 위해서는 대부분의 사이트를 허용하고 '확장 프로그램'도 설치도 권한을 부여해주세요!

 혹시 실습을 하다가 권한이 없거나 실행이 안되는 경우에는 부모님의 허락하에 일반 계정이나 학교 선생님이 발급해준 계정으로 해봐요!

목 차

그리와 로미의 첫 번째 모험

우리는 크롬 탐험대 By 하마쌤

그리와 로미의 두 번째 모험

크롬 탐험대, 검색의 모든 기능 파헤치기 By 윤진쌤

3

그리와 로미의 세 번째 모험

우리 반 온라인 신문 만들기 대작전 By 보람쌤

목차

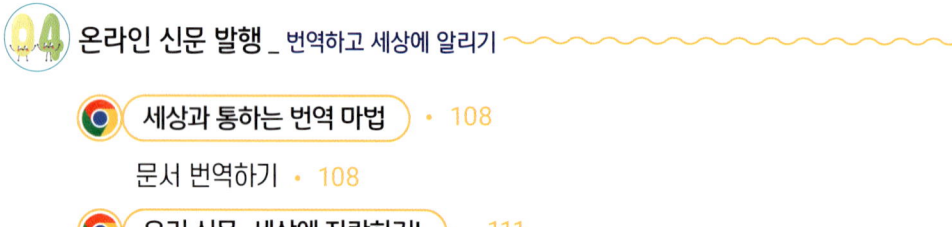

그리와 로미의 네 번째 모험

우리 동네 셀프 투어 가이드 발표회 💻 By 보람쌤

그리와 로미의 다섯 번째 모험

궁금증 많은 그리의 설문조사 만들기　By 하마쌤

목차

그리와 로미의 여섯 번째 모험

우리들의 이야기로 채우는 사이트 만들기   By 윤진쌤

목차

그리와 로미의 일곱 번째 모험

드라이브 & 캘린더 탐험대 By 보라쌤

8

그리와 로미의 여덟 번째 모험

우리는 지도 탐험가! 🔥 🌑 By 민재쌤

그리와 로미의 아홉 번째 모험
예술 감성 폭발시키기   By 보라쌤

목차

그리와 로미의 마지막 모험

세상에 단 하나뿐인 디지털 보물 상자   By 민재쌤

 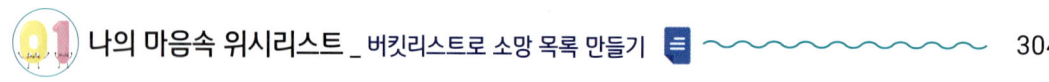

 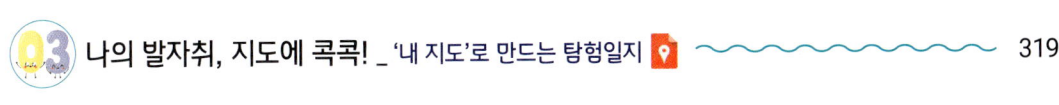

그리와 로미의
첫 번째 모험

우리는 크롬 탐험대

01 크롬 브라우저에 고속도로 뚫기
북마크로 빠르게 이동해요

학습 영상
01

단축키 URL bit.ly/그리와로미

학습내용

1 크롬 브라우저를 설치할 수 있다.

2 북마크 기능을 활용하여 자주 사용하는 웹사이트를 등록할 수 있다.

#Chrome, #크롬, #브라우저, #북마크

크롬 브라우저 세상으로 들어가기

Chrome 웹 브라우저 설치하기

1단계 브라우저 검색하기

01 인터넷에 접속하여 검색창에 '크롬 브라우저' 검색하기

2단계 다운 사이트 접속하기

02 검색 결과 중 'Chrome 웹브라우저' 사이트 클릭해서 접속하기

로미의 꿀팁

검색이 어렵다면 주소창에 'bit.ly/크롬다운로드123'을 입력해요.

3단계 Chrome 다운로드

03 'Chrome 다운로드' 버튼 클릭하기

04 다운로드 된 '파일 열기' 누르기

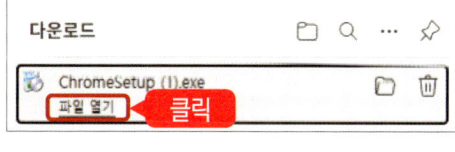

4단계 Chrome 설치 완료하기

05 Chrome 설치 완료하기

계정으로 로그인하기

1단계 ▶ Chrome 웹 브라우저 실행하기

01 바탕화면 or 시작 메뉴의 'Chrome 웹 브라우저' 찾아 실행하기

2단계 ▶ Chrome 웹 브라우저에 계정 추가하기

02 프로필 메뉴 '추가' 버튼 클릭하기

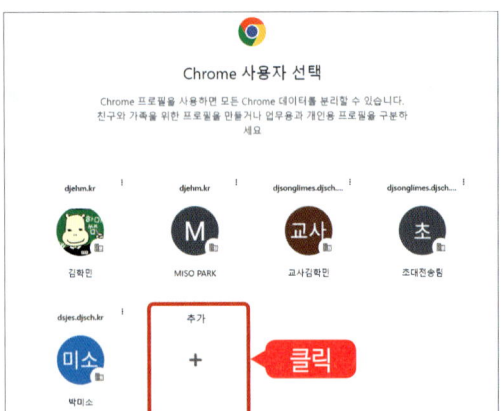

03 '로그인' 버튼 클릭하기

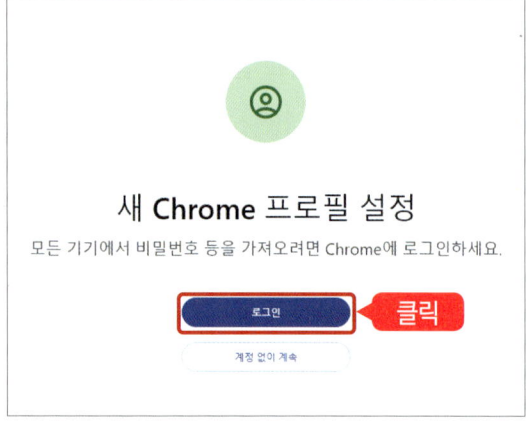
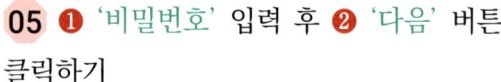

04 ❶ '계정(이메일)' 입력 후 ❷ '다음' 버튼 클릭하기

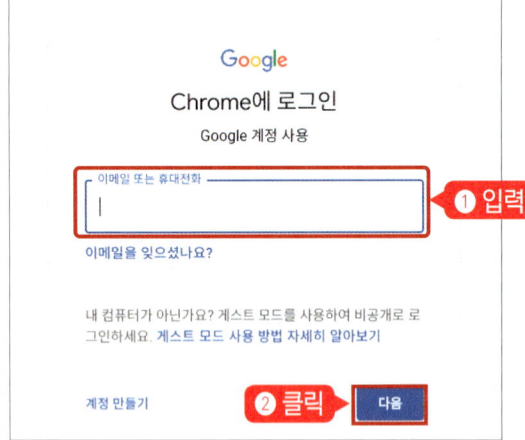

05 ❶ '비밀번호' 입력 후 ❷ '다음' 버튼 클릭하기

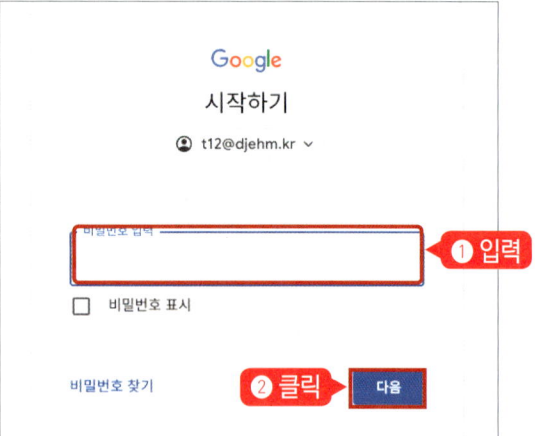

 **로미의 꿀팁**

01 아직 계정이 없다면 004~005페이지를 참고해서 부모님과 함께 만들어요.

02 학교에서 선생님께 구글 계정을 받았을 수도 있어요.

구글링하기!

Chrome 웹 브라우저는 구글이 시작 화면입니다. 검색창에 원하는 정보를 검색해 보세요.

1단계 검색어 입력하기

01 검색창에 ❶ '앤써북' 검색하기

2단계 검색 결과 확인하기

02 ❷ '이미지, 동영상, 뉴스, 쇼핑, 지도 등 각 탭'을 번갈아 눌러가며 다른 형태의 검색 결과 확인하기

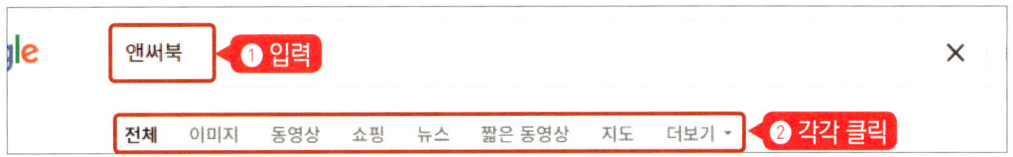

그리의 미션

☑ 검색창에 내 이름 검색해 보기

☑ 내가 좋아하는 음식 검색해 보기

☑ 책 이름 검색하기 (예 그리아 로미와 함께 배우는 구글 탐험대)

☑ '구글 본사 건물' 검색 후 이미지 탭 눌러보기

☑ 구글링의 뜻 검색 후 한 문장으로 적어보기
(   )

☑ '구글은 누가 만들었을까?' 검색 후 내용 정리하기
(   )

자주 가는 비밀 기지 저장하기

 북마크 추가하기

자주 이용하는 사이트를 북마크에 추가 할 수 있어요.

 "학교 홈페이지나 유튜브에 들어갈 때 매번 검색하고 클릭해서 들어가는 게 귀찮아!"

"그럴 때 북마크를 이용하는거야! 자주 이용하는 사이트를 추가해두면 검색 없이 빠르게 접속할 수 있어!"

1단계 관련 메뉴 알아보기

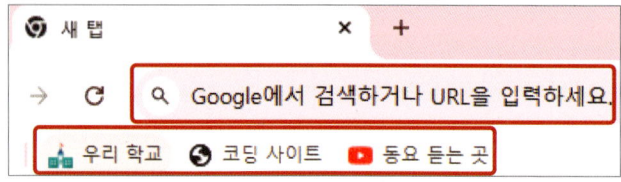

❶ **북마크바 :** 내가 저장해 둔 사이트를 한눈에 볼 수 있도록 모아 놓은 곳이에요.

❷ **주소창:** 가고 싶은 사이트 주소를 입력하거나 검색어를 입력할 수 있어요.

※ 주소창은 2장에서 더 자세히 공부해요.

 로미의 꿀팁

북마크가 보이지 않는다면 단축키 `Ctrl` + `Shift` + `B` 키를 동시에 눌러봐요.

2단계 북마크에 추가할 사이트에 접속하기

01 ❶ 검색창에 학교 이름 검색하기

02 ❷ 검색 결과 중 학교 홈페이지 클릭하기

3단계 북마크에 페이지 추가하기 (둘 중 하나의 방법 선택하기)

[방법 01]북마크바에 ❶ '마우스 오른쪽 버튼'
을 클릭한 뒤 ❷ '페이지 추가' 버튼 클릭하기

[방법 02] 단축키 Ctrl + D 키를 눌러 북
마크에 페이지 추가하기

4단계 북마크 이름 내가 원하는 대로 정하기 (예 우리 학교, 자주 듣는 음악 등)

로미의 꿀팁

북마크 이름을 입력하지 않으면 Ⓐ '아이콘'만 북마크바에 표시돼요.

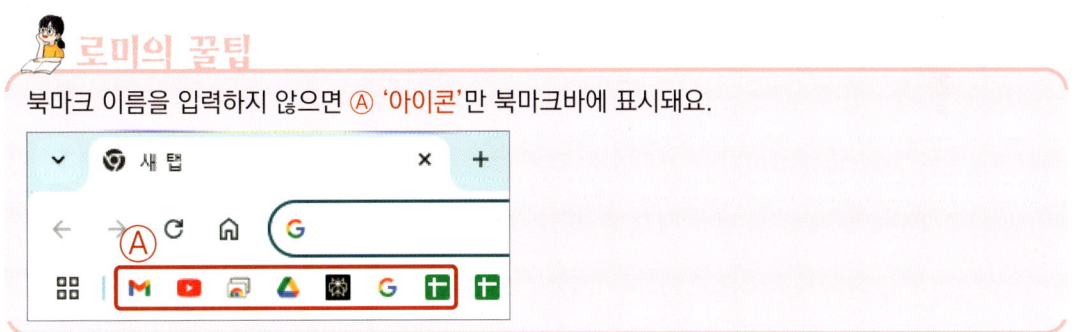

북마크 관리하기

1단계 북마크 수정, 삭제하기

01 북마크에 이미 페이지가 추가되어 있는 경우 단축키 ❶ Ctrl + D 를 누르거나
❷ 북마크 아이콘에 '마우스 오른쪽 버튼'을 클릭하면 수정, 삭제 등의 작업을 할 수 있습니다.

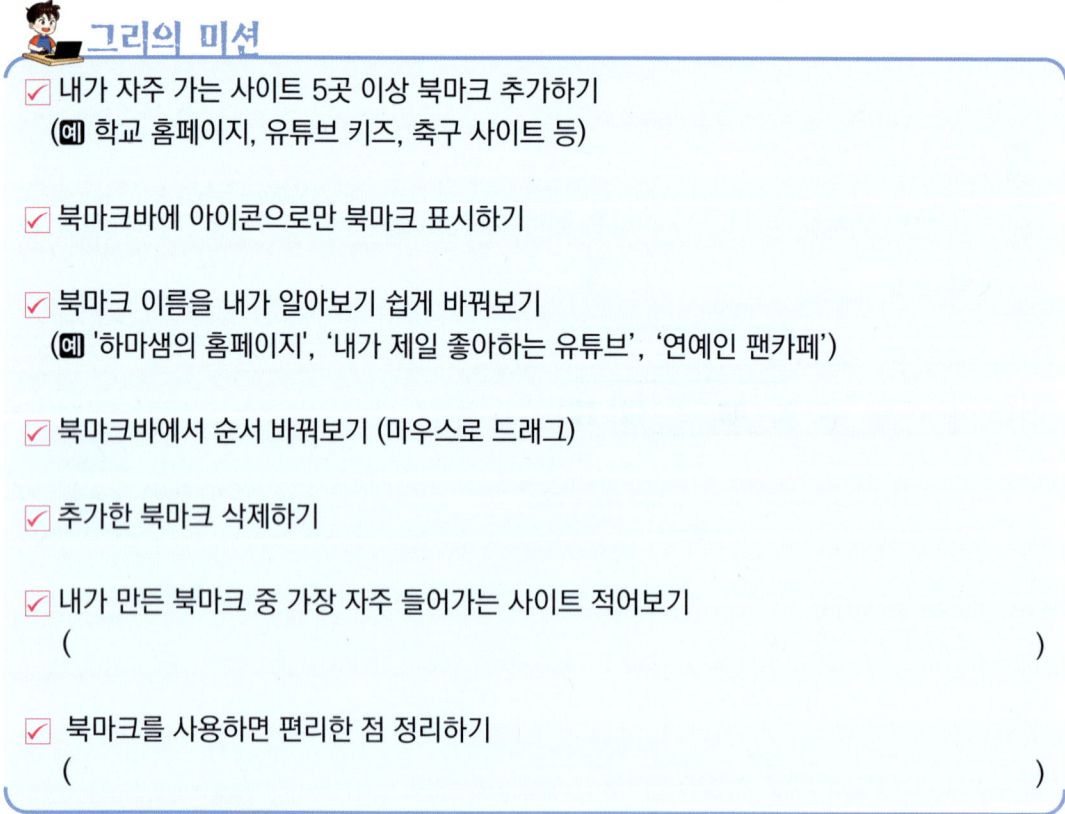

그리의 미션

☑ 내가 자주 가는 사이트 5곳 이상 북마크 추가하기
　(예 학교 홈페이지, 유튜브 키즈, 축구 사이트 등)

☑ 북마크바에 아이콘으로만 북마크 표시하기

☑ 북마크 이름을 내가 알아보기 쉽게 바꿔보기
　(예 '하마샘의 홈페이지', '내가 제일 좋아하는 유튜브', '연예인 팬카페')

☑ 북마크바에서 순서 바꿔보기 (마우스로 드래그)

☑ 추가한 북마크 삭제하기

☑ 내가 만든 북마크 중 가장 자주 들어가는 사이트 적어보기
　(　　　　　　　　　　　　　　　　　　　　　　　　　)

☑ 북마크를 사용하면 편리한 점 정리하기
　(　　　　　　　　　　　　　　　　　　　　　　　　　)

02 인터넷 공룡 탐험대 출동
오프라인에서도 놀아요!

학습 영상 **02**

단축키 URL bit.ly/그리와로미

학습내용

1 Chrome 웹 브라우저의 오프라인 모드에서 다이노 게임을 즐길 수 있다.

2 오프라인 모드에서 저장된 문서를 열어볼 수 있다.

3 Chrome 웹 브라우저 단축키를 알고 실수로 닫은 브라우저를 복구할 수 있다.

#오프라인모드 #다이노게임 #PDF문서보기 #브라우저단축키 #탭복구

인터넷이 꺼지면 시작되는 공룡 탐험

공룡 게임(Dinosaur Game) 즐기기

1단계 인터넷 접속 끊기

01 데스크탑(PC)은 '랜선 뽑기'

02 노트북은 ❶ '네트워크' 버튼 클릭한 뒤
❷ '비행기 모드' 켜기

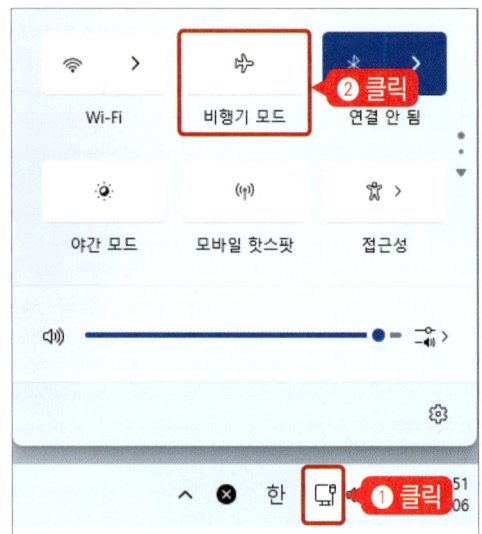

그리의 궁금증 | 비행기 모드가 뭐예요?

비행기 모드는 와이파이나 인터넷 같은 무선 신호를 잠깐 꺼두는 기능이에요. 원래 목적은 비행기를 탈 때 전파 방해를 막기 위해 사용하는 기능이에요.

2단계 공룡 친구 만나기

02 '크롬 웹 브라우저' 키고 아무거나 검색하기

03 Ⓐ '인터넷 연결 없음' 메시지 확인하기

3단계 ▶ 공룡 게임 즐기기

04 '스페이스' 눌러 점프 게임 시작하기

05 '스페이스'는 점프, '방향키 ↓'는 숙이기

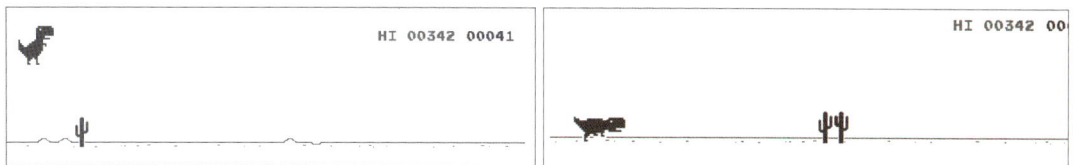

06 최고 기록 '도전하기'

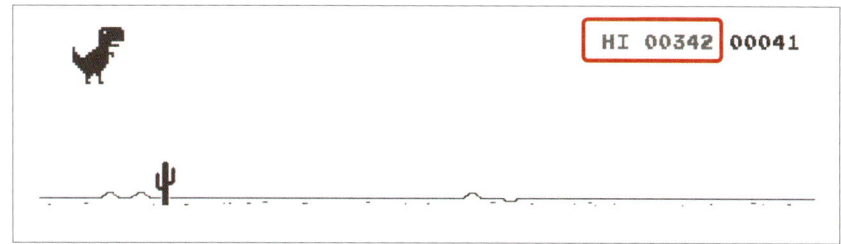

🙎 로미의 꿀팁

01 인터넷이 연결되어 있을 때에는 '다이노 게임' 이라고 검색하면 즐길 수 있어요.

02 dinorunner.com 사이트에 들어가면 다양한 캐릭터 점프게임을 즐길 수 있어요.

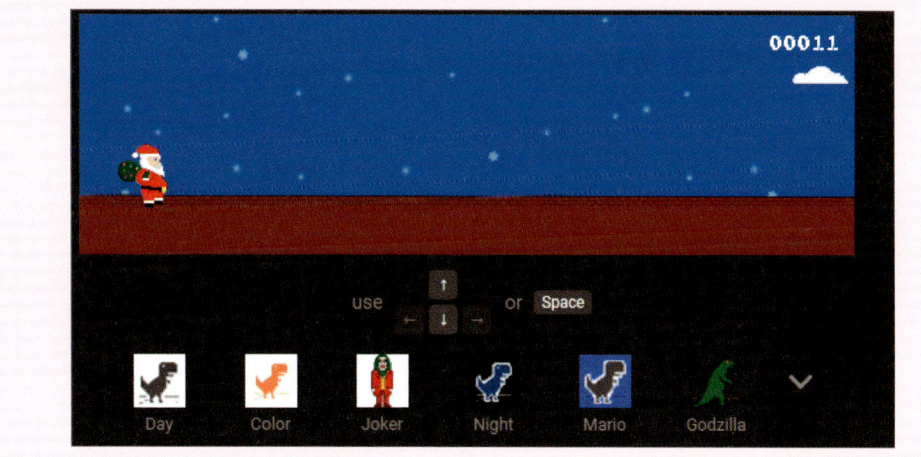

오프라인 모드에서 문서 열기

PDF 문서를 크롬 브라우저로 열 수 있어요.

 "인터넷이 안 되니까 아무것도 못 해… 계속 공룡 게임만 해야 하는거야?"

 "그리야~ 저장해 둔 문서는 인터넷 없이도 열 수 있어! 오프라인 모드에도 할 수 있는 일이 많다구!"

1단계 ▶ 'Chrome 웹 브라우저' 열기

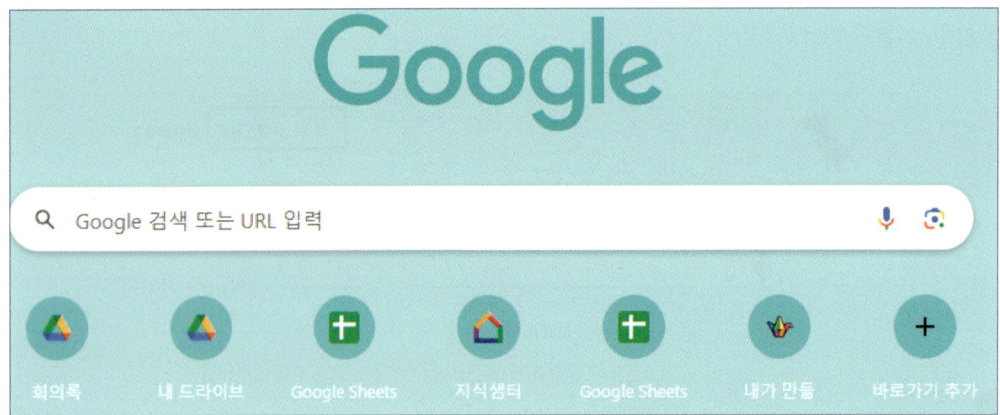

2단계 ▶ PDF 파일 '드래그 & 드롭'으로 브라우저에 옮기기

그리의 궁금증 | 드래그 & 드롭(Drag & Drop)이 뭐예요?

드래그 & 드롭은 마우스로 무언가를 끌어서 원하는 위치에 놓는 기능이에요. 파일을 폴더로 옮기거나, 그림이나 문장을 다른 곳으로 이동할 때 자주 사용해요.

3단계 ⓐ 'PDF 파일' 확인하기

1장

🧑‍💻 그리의 미션

☑ 인터넷을 끄고 크롬을 열어 공룡 게임을 해 보기

☑ 공룡 게임에서 내 최고 점수는?
　(　　　　) 점

☑ 다이노러너(Dinorunner) 사이트에 검색 후 접속해서 새로운 게임도 해 보기

☑ 가장 재미있었던 게임 이름은?
　(　　　　　)

☑ 오프라인 모드에서 PDF 문서를 열어보기

☑ PDF 문서 제목은?
　(　　　　)

☑ 오프라인 모드를 사용할 수 있는 상황을 하나 써 보기
　(　　　　　　　　　　　　　　　　　　　　　　　　　　　)

디지털 마법 주문 익히기!

단축키 알아보기

단축키를 이용하면 빠르게 브라우저를 활용할 수 있어요.

 "으앗! 로미야 내가 실수로 보고 있던 크롬 브라우저 창을 꺼버렸어. 다시 들어가는 방법이 기억이 안나는데 어떻게 하지?"

 "그리야! 그럴 때 Ctrl + Shift + T 버튼을 동시에 눌러봐!"

 "우와 꺼졌던 창이 그대로 나타났어! 너무 멋지다!"

1단계 ▶ 기초 단축키 알아보기 (꼭 알아야 할 필수 단축키)

단축키	기능
Ctrl + N	새 창 열기
Ctrl + T	새 탭 열기
Ctrl + W	현재 탭 닫기
Ctrl + Shift + T	마지막에 닫은 탭 다시 열기
Ctrl + Tab	오른쪽(다음) 탭으로 이동
Ctrl + Shift + Tab	왼쪽(이전) 탭으로 이동
Ctrl + L	주소창으로 바로 이동 (검색하기 좋음)
Ctrl + D	지금 보고 있는 사이트 북마크에 저장
Ctrl + R 또는 F5	페이지 새로 고침
Ctrl + P	현재 페이지 인쇄하기
Ctrl + F	현재 페이지에서 단어 찾기 (찾기 기능)

2단계 고급 단축키 알아보기 (많이 쓰면 편리한 단축키)

단축키	기능
Ctrl + Shift + N	시크릿 모드 창 열기
Ctrl + H	방문 기록 보기
Ctrl + Shift + Delete	인터넷 사용 기록 삭제 창 열기
Ctrl + J	다운로드한 파일 목록 보기
Alt + ← / →	이전 페이지 / 다음 페이지 이동 (마우스 뒤로가기와 같은 기능)
Ctrl + 숫자(1~8)	해당 순서의 탭으로 바로 이동 (예 Ctrl + 3 → 3번째 탭)
Ctrl + 9	마지막 탭으로 이동
Ctrl + +	화면 확대
Ctrl + −	화면 축소
Ctrl + 0	화면 크기를 기본 크기로 되돌리기

그리의 궁금증 시크릿 모드가 뭐예요?

Ⓐ '시크릿 모드'는 크롬 브라우저에서 인터넷 기록이 남지 않게 사용하는 특별한 창이에요. 검색한 내용이나 방문한 사이트가 기록되지 않아서, 공용 컴퓨터를 사용할 때 유용해요. 하지만 완전히 비밀이 되는 건 아니고, 학교나 회사, 인터넷 제공업체에서는 여전히 어떤 사이트에 들어갔는지 알 수 있어요.

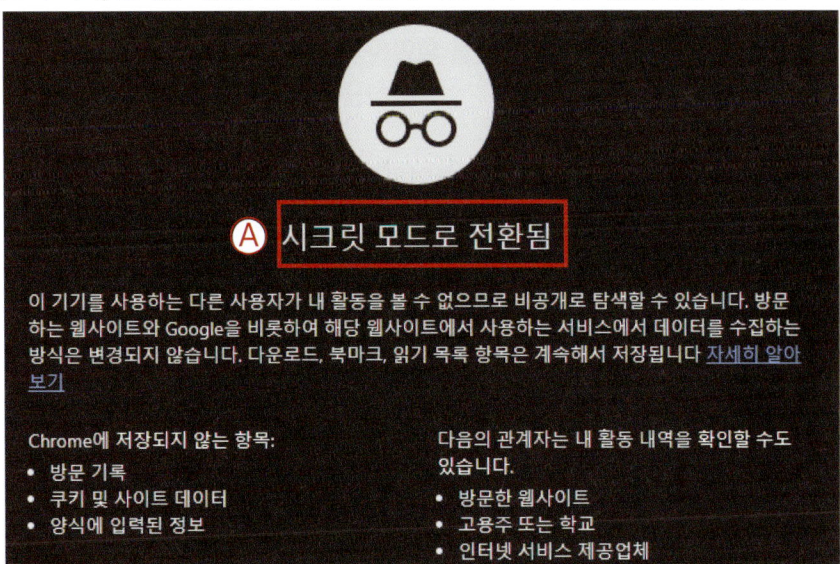

Ⓐ 시크릿 모드로 전환됨

이 기기를 사용하는 다른 사용자가 내 활동을 볼 수 없으므로 비공개로 탐색할 수 있습니다. 방문하는 웹사이트와 Google을 비롯하여 해당 웹사이트에서 사용하는 서비스에서 데이터를 수집하는 방식은 변경되지 않습니다. 다운로드, 북마크, 읽기 목록 항목은 계속해서 저장됩니다 자세히 알아보기

Chrome에 저장되지 않는 항목:
• 방문 기록
• 쿠키 및 사이트 데이터
• 양식에 입력된 정보

다음의 관계자는 내 활동 내역을 확인할 수도 있습니다.
• 방문한 웹사이트
• 고용주 또는 학교
• 인터넷 서비스 제공업체

☑ Ctrl + T 를 눌러서 새 탭 3개 열기

☑ Ctrl + W 로 탭 하나 닫기

☑ 실수로 닫은 탭을 Ctrl + Shift + T 로 다시 열기

☑ Ctrl + Tab 을 눌러 탭 사이 이동하기

☑ Ctrl + (1,2,3)을 눌러 탭 이동하기

☑ Ctrl + 9 를 눌러 마지막 탭으로 이동하기

☑ Ctrl + L 을 눌러 주소창으로 바로 이동해 검색하기
  검색어: (🔡 내가 좋아하는 동물, 오늘의 날씨 등)

검색한 내용: (   )

☑ 아무 사이트에 들어가 Ctrl + F 로 원하는 단어 찾아보기

☑ Ctrl + + 를 눌러 화면 확대하기

☑ Ctrl + − 를 눌러 화면 축소하기

☑ Ctrl + J 를 눌러 다운로드한 파일들을 확인하기

최근 다운로드한 파일 이름은: (   )

☑ Ctrl + H 를 눌러 인터넷 사용 기록을 확인하기

오늘 가장 많이 본 사이트: (   )

☑ 내가 가장 자주 쓰게 될 단축키 1가지를 골라보기. 그리고 왜 자주 쓰게 될 것 같은지 이유 적어보기

선택한 단축키: (   )
이유: (   )

03 디지털 세계에서의 첫 편지
나의 첫 Gmail

학습 영상 **03**  → 단축키 URL → bit.ly/그리와로미

학습내용

1 Gmail에서 이메일을 작성하고 보낼 수 있다.

2 이메일 온라인 예절을 지킬 수 있다.

#Gmail #이메일 #디지털편지 #받는사람 #제목쓰기 #이메일예절 #사진첨부 #이모티콘

그리의 첫 디지털 편지 보내기 대작전

Gmail(지메일)로 디지털 편지 주고받기

1단계 ▶ Gmail 접속하기

01 Chrome 웹 브라우저에 접속하여 오른쪽 상단의 'Gmail' 클릭하기

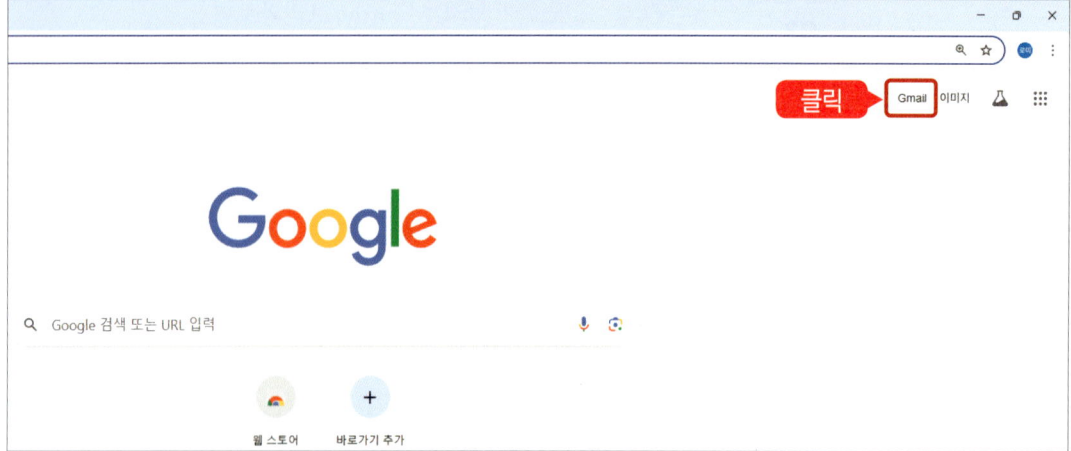

2단계 ▶ 이메일 발송하기

02 '편지쓰기' 메뉴 클릭하기

03 ❶ '수신자', ❷ '제목', ❸ '편지 내용' 입력하기

❶ 수신자 : 편지를 받을 사람의 계정이나 이메일 주소를 입력합니다.

　📧 hippo@gmail.com, hama@djehm.kr 등

❷ 제목 : 편지의 제목을 입력합니다.

❸ 본문 내용 : 전하고 싶은 말을 씁니다.

04 '보내기' 버튼 클릭해서 편지 발송하기

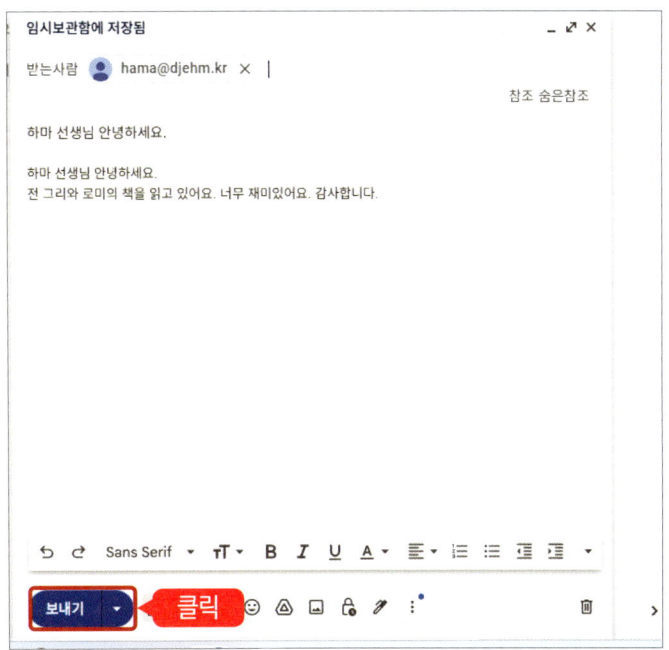

🧑‍🦰 **로미의 꿀팁**

보낸 메일, 실수했다면 취소할 수 있어요! 메일을 보내자마자 화면 왼쪽 아래에 **'실행취소'** 버튼이 잠깐 나타나요. 실수로 보냈다면 빠르게 눌러서 멈출 수 있어요! (몇 초 안에만 가능해요!)

편지쓰기 메뉴 알아보기

 "로미야! 메일 보내는 방법은 알겠는데 내 사진도 넣고 이모티콘으로 예쁘게 꾸밀 수는 없는걸까?"

 "그리야! 그럴 때 활용할 수 있도록 Gmail에는 다양한 메뉴가 있어. 내가 알려줄게!"

1단계 '받는 사람' 메뉴 알아보기

❶ **참조**: 편지를 다른 사람에게도 같은 내용으로 한 번에 보낼 수 있습니다.

　예 선생님에게 메일을 보내면서 부모님에게도 똑같은 메일을 보내고 싶을 때

❷ **숨은참조**: 참조와 똑같지만 메일을 받는 사람들끼리 서로의 이메일 주소를 모릅니다.

　예 서로 다른 두 친구에게 메일을 보낼 때, 서로의 이메일 주소를 모르게 할 때

2단계 편지 '보내기 예약' 하기

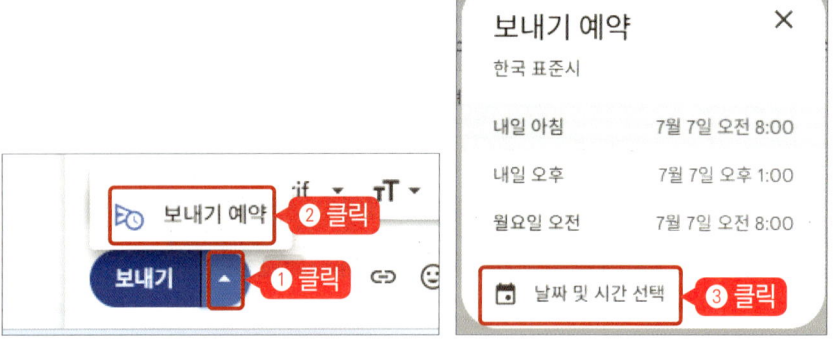

❶, ❷ **보내기 예약**: 보내기 예약 메뉴로 들어갈 수 있습니다.

❸ **날짜 및 시간 선택**: 원하는 날짜를 예약 시간으로 설정할 수 있습니다.

3단계 다양한 메일 쓰기 메뉴 알아보기

❶ **서식 지정:** 글꼴, 기울기, 폰트 등 글의 서식을 설정할 수 있습니다.

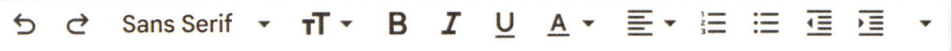

❷ **파일첨부:** 메일에 함께 보낼 첨부파일을 선택할 수 있습니다.

❸ **링크 삽입:** 메일에 함께 보낼 인터넷 주소를 타이틀의 형태로 넣을 수 있습니다.

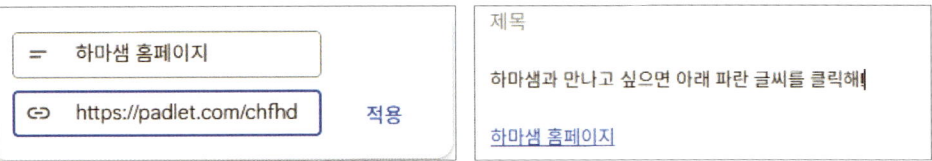

❹ **그림 이모티콘:** 다양한 귀여운 이모티콘을 넣을 수 있습니다.

❺ **드라이브 파일 삽입:** 구글 드라이브 파일을 첨부할 수 있습니다.

❻ **사진 삽입:** 이미지 파일을 첨부할 수 있습니다.

❼ **비밀모드 전환:** 메일에 비밀번호를 걸거나 일성 시간 이후 상대방도 메일을 볼 수 없도록 보안을 설정할 수 있습니다.

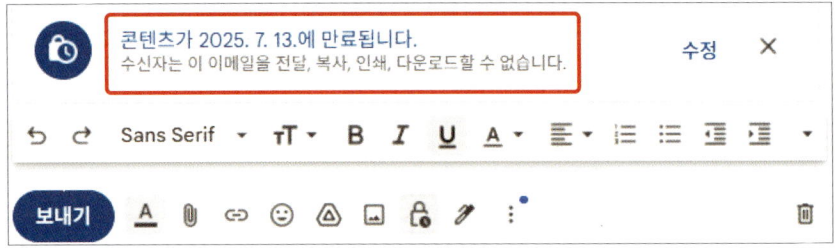

❽ **서명관리:** 메일에 자신의 서명을 넣을 수 있습니다.

서명 메뉴 알아보기

1단계 서명 만들기

01 '편지 쓰기' 메뉴에 들어가서 ❶ '서명' -〉 ❷ '서명 관리' 메뉴 순으로 클릭하기

02 하단에 서명 메뉴의 '새로 만들기' 메뉴 클릭하기

03 ❶ 서명을 대표할 수 있는 '이름 지정'하고 ❷ '만들기' 버튼 클릭하기

2단계 서명 사용하여 이메일 보내기

04 자주 사용할 '이메일 마지막 문구' 작성하고 하단의 '변경사항 저장' 클릭하기

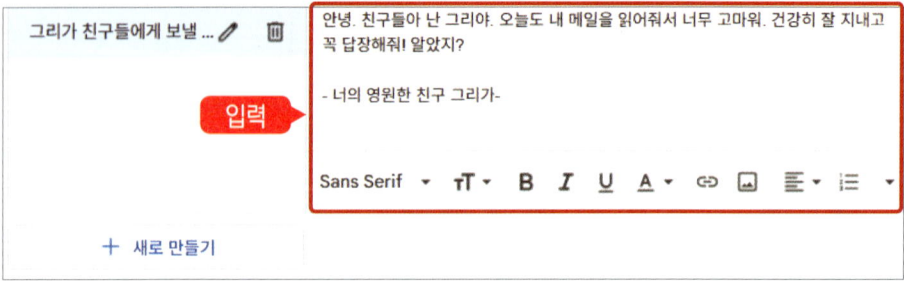

05 편지쓰기 메뉴에 ❶ '서명 삽입' 클릭하고 ❷ '만든 서명 이름' 클릭하기

 그리의 미션

☑ Gmail에 접속해서 '편지쓰기' 버튼 눌러보기

☑ 수신자, 제목, 내용을 채워서 편지 쓰고 '보내기' 버튼 눌러 메일 보내기

내가 쓴 메일 제목: (   )

☑ 메일을 실수로 보냈을 때 이를 막기위해 뜨는 버튼 이름은?

(   )

☑ '참조' 또는 '숨은참조' 기능을 이용해 같은 메일을 두 사람 이상에게 보내보기
　(하마쌤께 참조 기능 사용해서 이메일 보내기: hama@djehm.kr)

☑ 한 시간 뒤에 메일이 발송되도록 메일 보내기 예약하기

☑ 이메일에 그림 이모티콘 또는 사진 첨부해 보기

☑ 나만의 서명을 만들고 메일에 첨부하여 발송하기

크롬 슈퍼 업그레이드
확장 프로그램과 테마 꾸미기

학습 영상
04

단축키 URL bit.ly/그리와로미

학습내용

1 크롬 테마를 변경하여 브라우저 화면을 꾸밀 수 있다.

2 크롬 확장 프로그램을 설치하고 활용할 수 있다.

#크롬테마 #웹스토어 #확장프로그램 #꾸미기

마법 아이템으로 브라우저 변신

브라우저 테마 변경하기

1단계 Chrome 맞춤설정에 접속하기

01 크롬 브라우저 오른쪽 상단의 ❶ '더보기' 아이콘을 클릭하고 ❷ '도구 더보기' 메뉴를 누른 뒤, ❸ 'Chrome 맞춤설정' 버튼 클릭하기

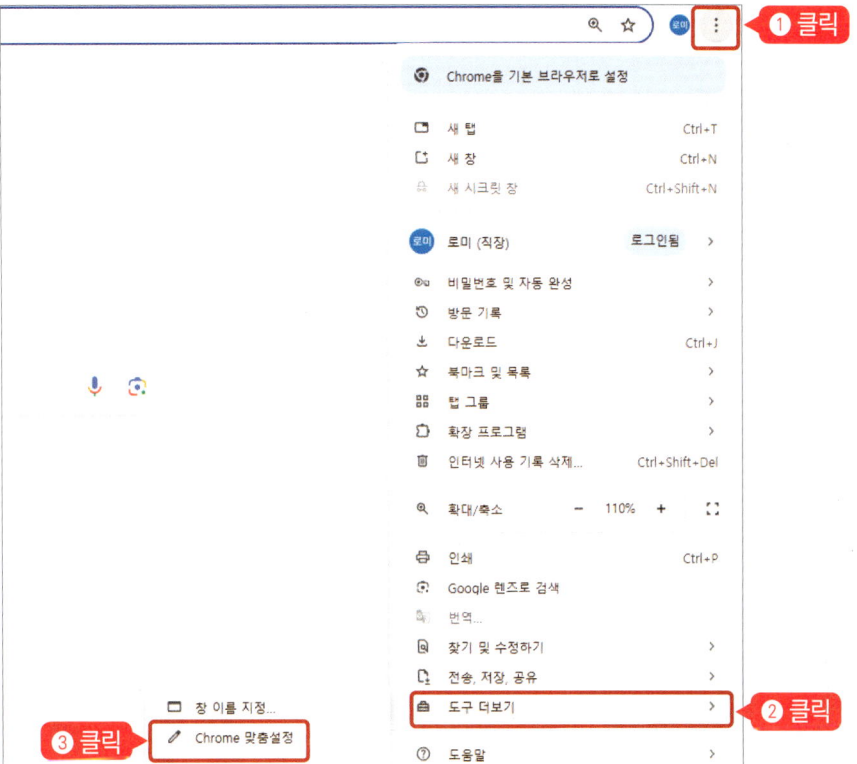

2단계 원하는 색상으로 변경하기

02 원하는 색상 및 밝기 설정하기

3단계 원하는 테마로 변경하기

03 '테마 변경' 버튼 누르기

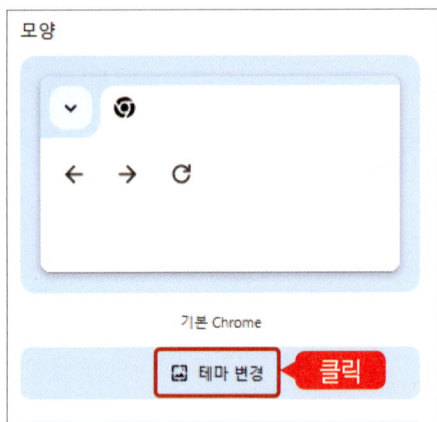

04 ❶ '소유한 이미지'를 업로드하거나 ❷ 크롬 브라우저에서 제공하는 '테마'로 변경하기

05 크롬 브라우저 바뀐 테마 확인하기

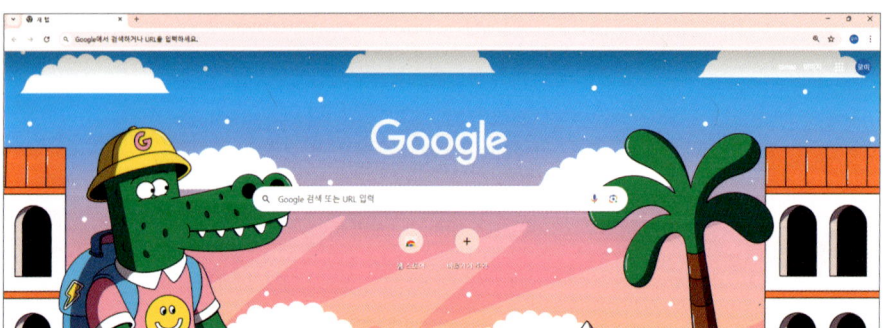

 **로미의 꿀팁**

매일 같은 배경화면이 지루하다면? 테마 설정에서 '매일 새로고침'을 켜 보세요! 하루에 한 번씩 새로운 배경이 나타나서, 브라우저가 매일매일 새 옷을 입은 것처럼 신나게 바뀔 거예요!

확장 프로그램 설치하기

 "로미야! 나 공부하려고 여러 사이트에 들어갈 때마다 광고가 나와서 너무 불편해"

 "그리야! 확장 프로그램을 활용하면 광고를 안 나오게 할 수 있어!"

1단계 ▶ 크롬 웹 스토어 접속하기

01 구글 검색창에 '크롬 웹 스토어' 검색하기

02 'Chrome 웹 스토어' 사이트 클릭해서 접속하기

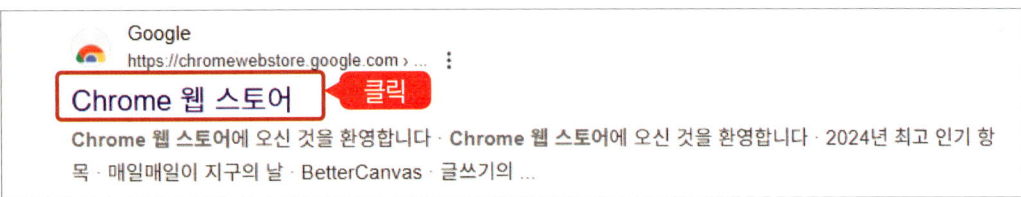

2단계 ▶ 광고 차단 확장 프로그램 추가하기

03 확장 프로그램 검색창에 'ad block' 검색하기

04 AdBlock 확장 프로그램 선택하기

05 'Chrome에 추가' 버튼 클릭하기

06 '확장 프로그램 추가' 버튼 클릭하기

07 광고 나오는지 확인하기

AdBlock이 추가 안된 브라우저

AdBlock이 추가된 브라우저

**3단계** 마우스 커서 변경 확장 프로그램 추가하기

08 확장 프로그램 검색창에 'Cursor' 검색하기

09 'Custom Cursor for Chrome 프로그램' 클릭하기

10 'Chrome에 추가' 버튼 클릭하기

Custom Cursor for Chrome™ - 사용자 정의 커서

클릭 Chrome에 추가

https://custom-cursor.com/ 추천 4.7 ★ (평점 5.6만개) 공유

확장 프로그램   놀이   4,000,000 사용자

11 ❶ 브라우저 오른쪽 상단의 '확장 프로그램' 아이콘을 클릭하고 ❷ 방금 설치한 '커서 프로그램' 클릭하기

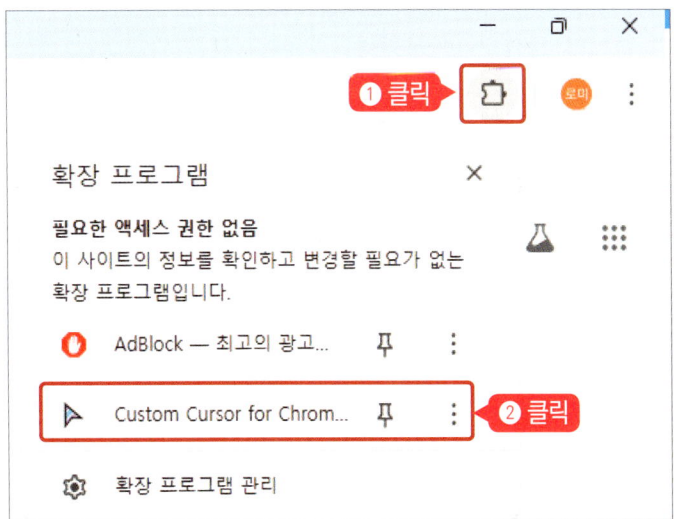

12 내가 원하는 마우스 커서와 크기 등 설정하기

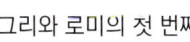

확장 프로그램 관리하기

1단계 자주 쓰는 확장 프로그램 고정하기

01 ❶ '확장 프로그램' 아이콘 클릭하고 ❷ '고정핀' 아이콘 누르기

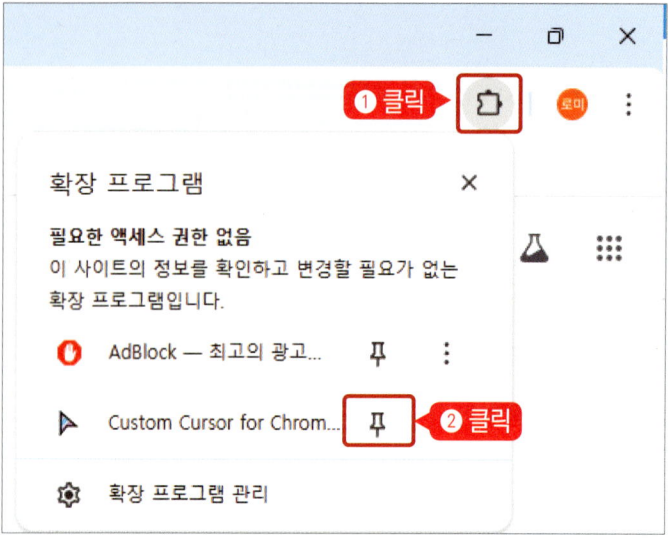

02 브라우저 툴바에 Ⓐ '고정된 확장 프로그램' 확인하기

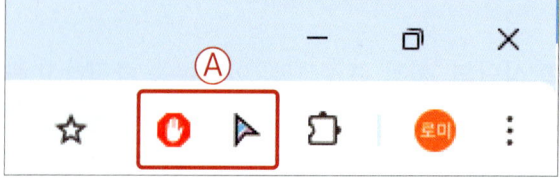

 **그리의 미션**

☑ 크롬 맞춤설정에 들어가 브라우저 테마 바꾸기

☑ 테마를 매일 바꾸고 싶다면, 켜야 하는 기능은?
   ( )

☑ 광고 차단(ad block) 확장 프로그램을 설치하고 유튜브 광고가 나오는지 확인하기

☑ 설치한 확장 프로그램을 브라우저 오른쪽 상단에 고정하기

☑ 확장 프로그램 관리하기 메뉴에 들어가 필요없는 프로그램을 삭제하기

☑ Custom Cursor for Chrome 프로그램으로 커서 디자인 바꾸고 크기 엄청 크게 바꾸기

☑ 'AG 번역' 설치하고 고정한 뒤 사이드패널 열어 번역이 필요한 문장 드래그하기

☑ 'Snake' 검색하고 추가한 뒤, 꼬리가 길어지는 뱀 게임 즐겨보기

그리와 로미의
두 번째 모험

크롬 탐험대, 검색의 모든 기능 파헤치기

01 옴니박스 탐험 가보자고
주소표시줄 기능 살펴보기

학습 영상 **05**  단축키 URL bit.ly/그리와로미

학습내용

1 옴니박스로 검색하고, 검색엔진을 바꿀 수 있다.

2 옴니박스의 기능(계산기, 타이머, 단위 변환)을 활용할 수 있다.

#옴니박스, #주소표시줄, #검색엔진, #URL

옴니박스와 검색엔진 알아보기

옴니박스에서 검색하기

1단계 Google Chrome(웹브라우저) 실행하기

01 바탕화면 or 시작 메뉴의 'Google Chrome (웹브라우저)' 찾아 실행하기

2단계 옴니박스 위치 확인하기

02 탭 아래에 있는 '옴니박스' 확인하기

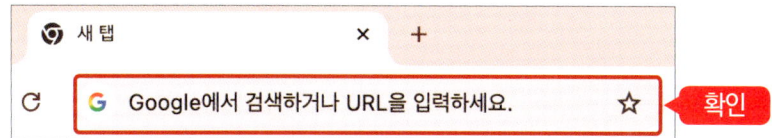

그리의 궁금증 | URL이 뭐예요?

집이나 학교도 주소가 있듯이, 인터넷에서도 위치를 알려주는 주소가 있어요. 컴퓨터가 어디로 갈지 알려주는 안내판이죠. 우리는 그 주소를 URL이라고 해요.

구글은 www.google.com, 네이버는 www.naver.com 처럼 생겼어요.

3단계 옴니박스에서 검색하거나 URL 입력하기

01 '옴니박스'에서 검색어 입력하기

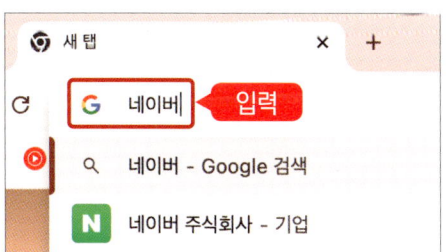

02 '옴니박스'에서 URL 입력하기

 ## 로미의 꿀팁

옴니박스에서 바로 검색하고 싶다면 단축키 Ctrl + L 키를 동시에 눌러봐요.

기본 검색엔진 확인하기

1단계 Chrome의 설정 들어가기

01 '도구 더보기(:)' 아이콘 클릭하기

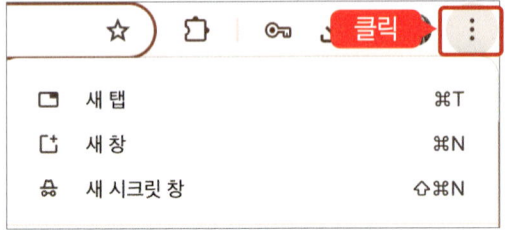

02 아래쪽의 '설정' 클릭하기

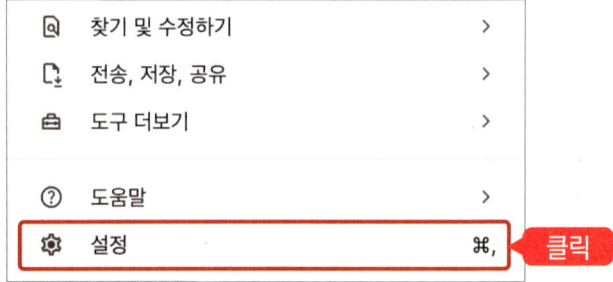

2단계 기본 검색엔진 확인하기

03 왼쪽 탭에서 '검색엔진' 클릭하기

04 기본 검색엔진 확인하기

로미의 꿀팁

01 Chrome의 기본 검색엔진은 Google(구글)이에요.
02 만약, 다른 검색엔진을 사용한다면 변경할 수 있어요.

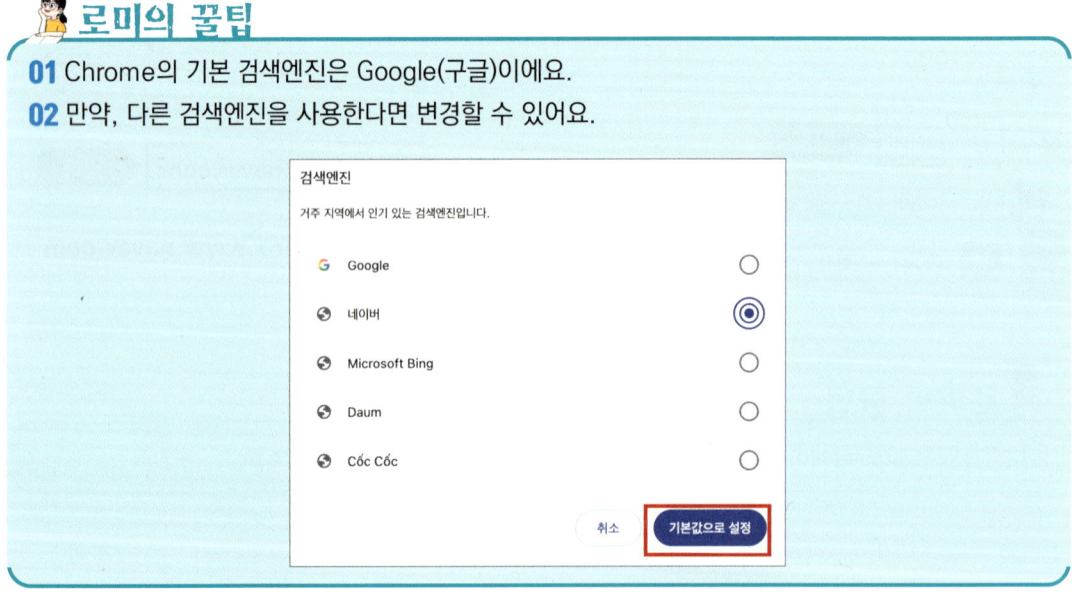

다른 검색엔진으로 빠르게 검색하기

1단계 검색엔진의 바로가기 수정하기

01 ❶ '검색엔진' – ❷ '검색엔진 및 사이트 검색 관리' 순서대로 클릭하기

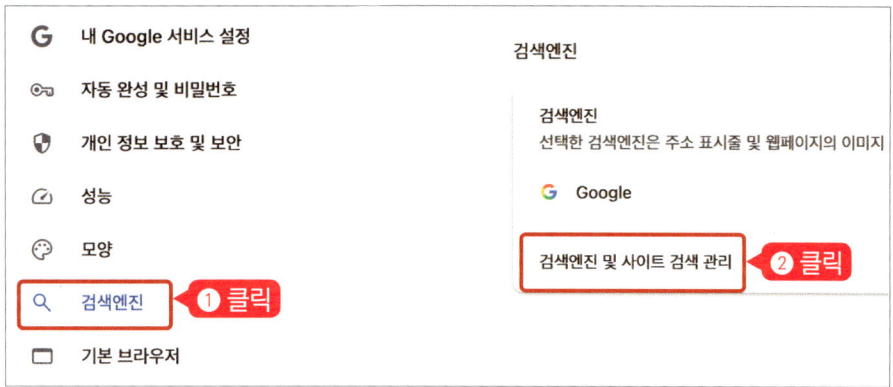

02 자주 사용하는 검색엔진 옆 ❶ '연필' 아이콘을 클릭하고, ❷ '바로가기'에 단축키 입력하기

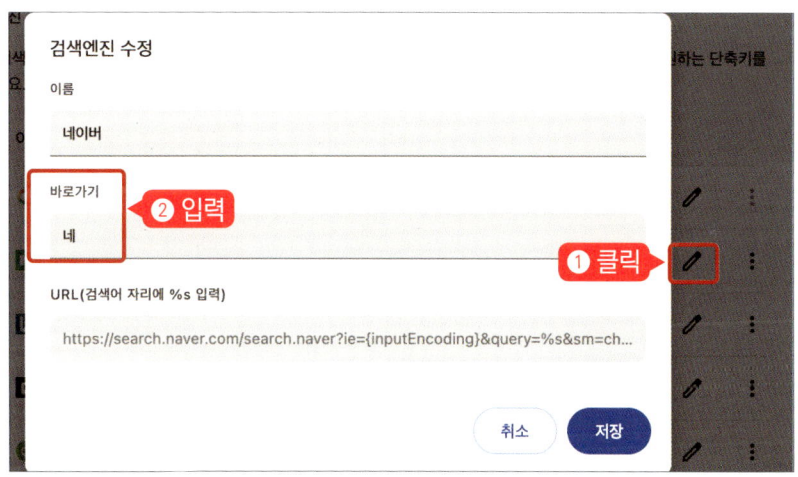

로미의 꿀팁

검색엔진 외에 자주가는 다른 사이트도 추가하여, 옴니박스에서 바로 검색어를 입력할 수 있어요.

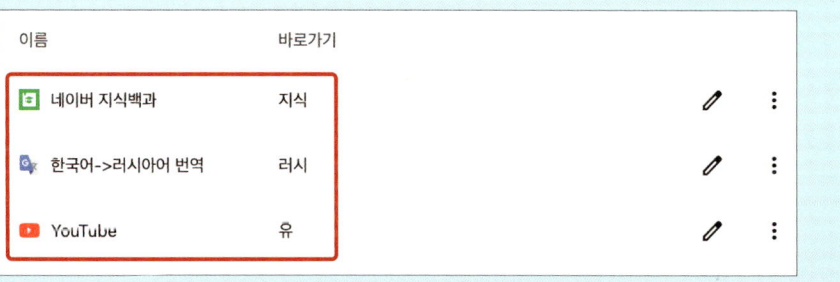

2장

03 '옴니박스'에 바로가기 단축키 입력하기

04 Tab 혹은 Space bar 누르기

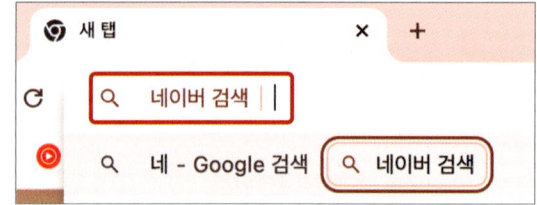

05 검색하고 싶은 내용 입력하기

06 Enter 버튼 눌러 검색 결과 확인하기

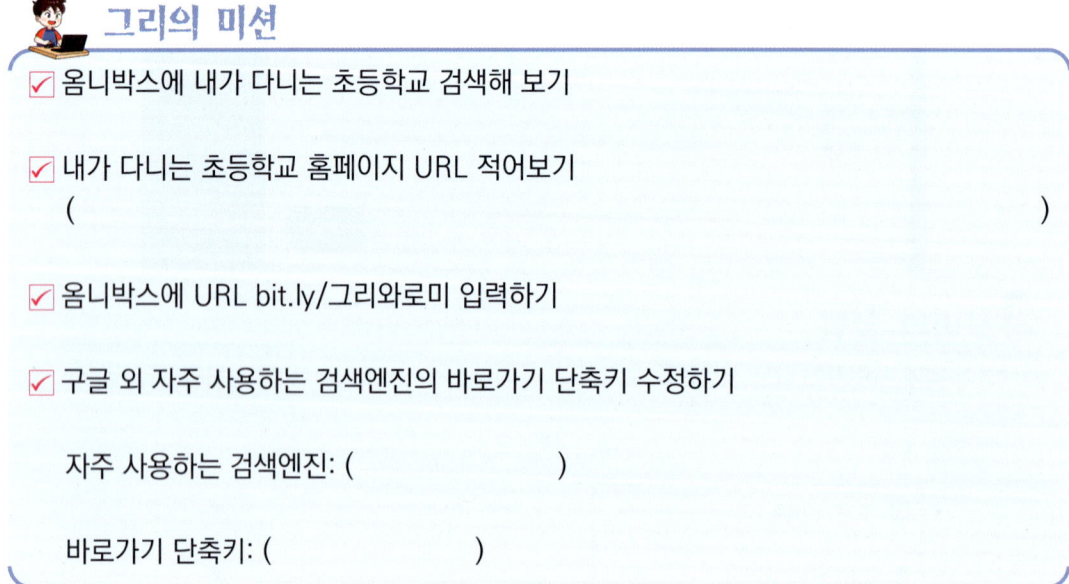

그리의 미션

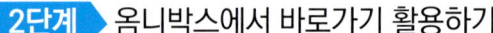

☑ 옴니박스에 내가 다니는 초등학교 검색해 보기

☑ 내가 다니는 초등학교 홈페이지 URL 적어보기

( )

☑ 옴니박스에 URL bit.ly/그리와로미 입력하기

☑ 구글 외 자주 사용하는 검색엔진의 바로가기 단축키 수정하기

자주 사용하는 검색엔진: ( )

바로가기 단축키: ( )

옴니박스의 숨겨왔던 비밀 파헤치기

 "로미야! 타이머 앱이 아니라 Chrome에서도 타이머가 가능하다고?"

 "맞아! Chrome의 옴니박스에서는 타이머를 비롯한 다양한 기능이 있어. 내가 하나씩 알려줄게!"

옴니박스의 타이머 기능 활용하기

❶ 옴니박스에 '타이머 (시간)' 입력하여 Enter 를 누르면, ❷ 바로 타이머가 시작됩니다.

❸ 탭에서도 타이머가 작동하는 것을 확인할 수 있습니다.

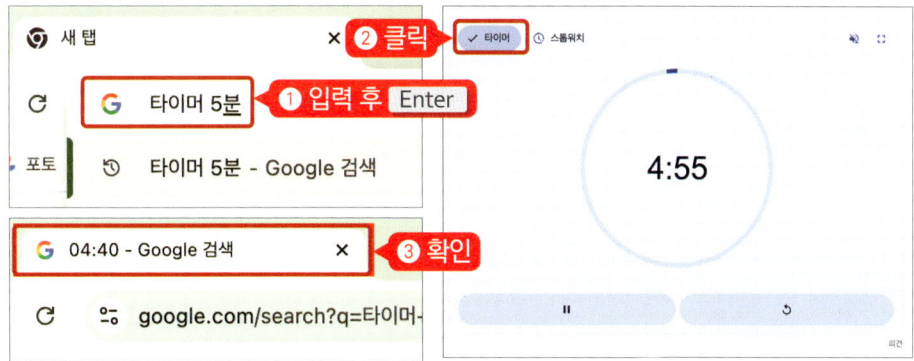

옴니박스의 계산기 기능 활용하기

옴니빅스에 원하는 '계산식 입력'하면 Enter 를 누르지 않아도 결과를 볼 수 있습니다.

로미의 꿀팁

01 덧셈, 뺄셈은 +, − 로 곱셈, 나눗셈은 *, / 기호를 입력하면 돼요!

02 분수나 소수가 혼합된 계산도 할 수 있어요.

옴니박스의 단위 변환 기능 활용하기

옴니박스에서는 환율, 길이, 무게 등 다양한 단위를 변환할 수 있습니다.

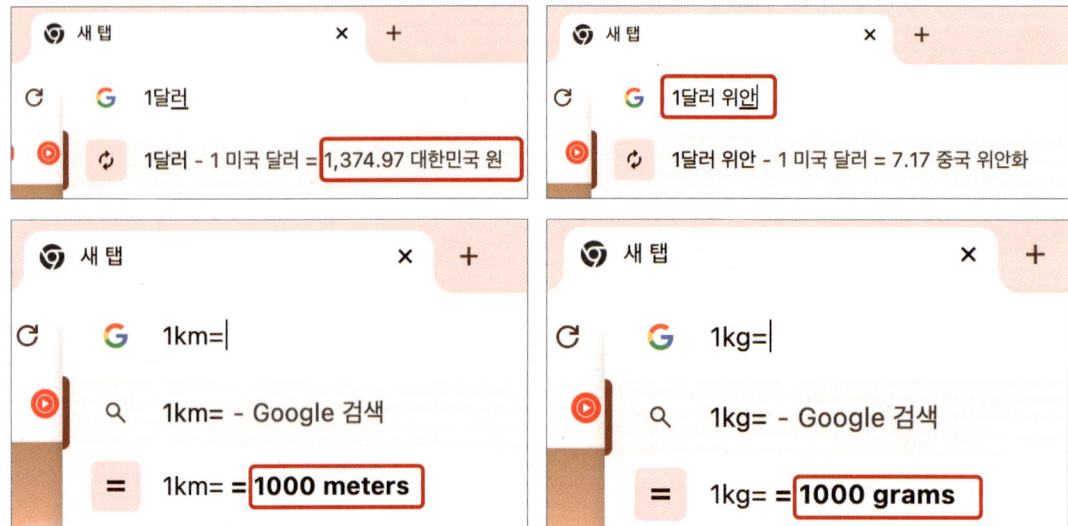

그리의 미션

☑ 아래 계산식 옴니박스로 빠르게 계산해보기

(2504 + 39102) * 4 = ＿＿＿＿＿＿＿

1.25 + (3/8 * 2.4) = ＿＿＿＿＿＿＿

☑ 100달러가 나라별로 얼마인지 적어보기

한국: (　　　　　　원)
일본: (　　　　　　엔)
중국: (　　　　　　위안)
태국: (　　　　　　바트)

☑ 아래 단위변환 옴니박스로 계산하기

1km = (　　　)m = (　　　)cm = (　　　)mm

☑ 옴니박스를 사용하면 편리한 점 정리하기

(　　　　　　　　　　　　　　　　　　　　　　　　　　)

02 옴니박스로 떠나는 시간 여행
방문 기록 관리하기

학습 영상 **06**  단축키 URL bit.ly/그리와로미

학습내용

1 옴니박스에 날씨, 경기 결과, 영어 단어를 검색할 수 있다.

2 이전에 검색했던 것을 방문 기록으로 확인하고, 방문 기록과 쿠키를 삭제할 수 있다.

#방문 기록, #쿠키, #데이터, #개인정보보호

옴니박스의 숨겨왔던 비밀 파헤치기(2)

 "로미야! 나 이제 옴니박스로 날씨도 검색하고 모르는 단어도 검색할 수 있어! 이것저것 내가 검색해 보며 알아냈다는~"

 "오오~ 멋진데? 나도 얼마 전에 검색하다가 옴니박스에서 운동 경기 결과도 보여주는 것을 알게 되었어!"

옴니박스에서 날씨 검색하기

'옴니박스'에서 오늘, 내일과 같이 가까운 미래의 날씨를 빠르게 확인할 수 있어요.

❶ 지역 + 날씨로 검색하면 오늘의 날씨를 알 수 있어요.

❷ 지역을 입력하지 않으면 현재 내가 있는 곳의 날씨를 알려줘요.

로미의 꿀팁

내가 있는 정확한 곳의 날씨를 알고 싶다면, ❶ '사이트 정보 보기'를 누른 뒤 ❷ '위치'에 관한 권한을 허용해요.

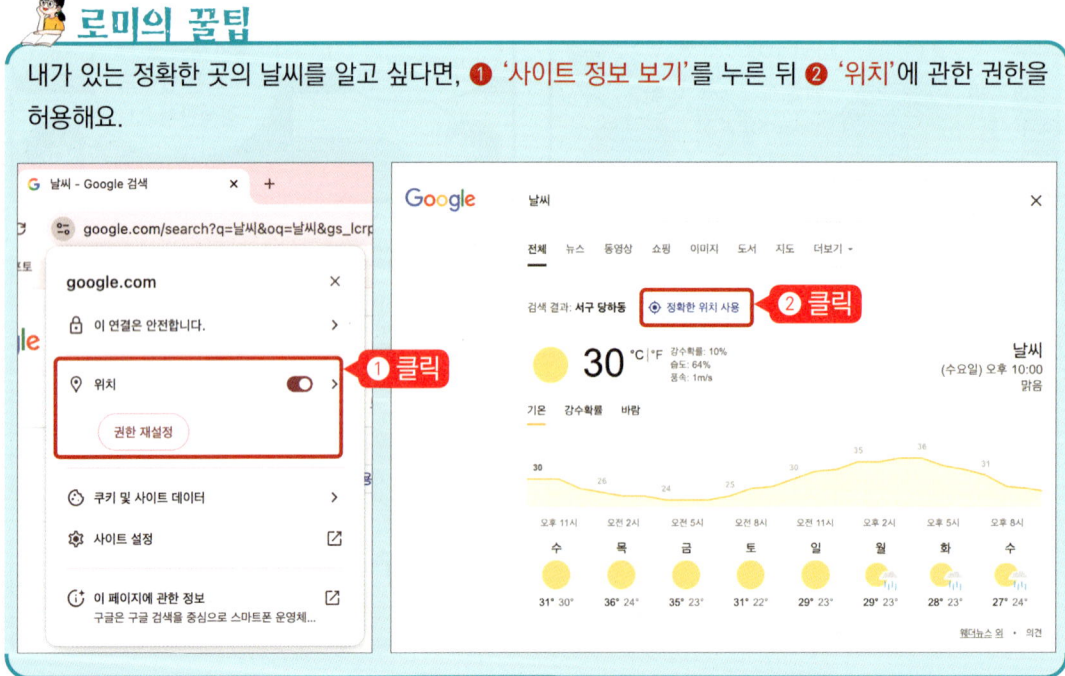

옴니박스의 영어 단어 검색하기

'~ 영어로' 라고 검색하면 영어 단어를 미리보기에서 확인할 수 있습니다.

대신 한국어 혹은 다른 언어의 경우 Enter 를 눌러 검색해야 확인할 수 있습니다.

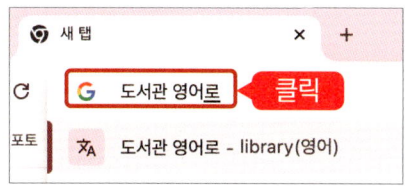

옴니박스에서 운동 경기 결과 확인하기

'응원하는 팀의 이름과 경기'를 입력하면 실시간 점수 혹은 경기 결과를 알 수 있어요.

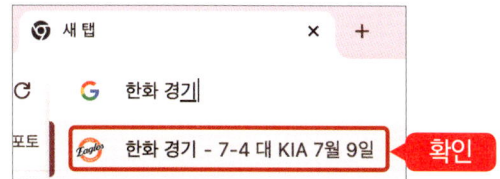

로미의 꿀팁

내가 응원하는 팀의 이름만 입력할 경우 가까운 경기 일정을 확인할 수 있어요.

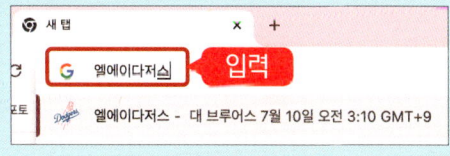

그리의 미션

☑ 여러 지역의 오늘, 내일 날씨 검색하기
   (📃 현재 내가 있는 곳의 날씨, 우리나라의 다른 지역 날씨, 다른 나라의 날씨)

☑ 내가 응원하는 팀의 경기 결과 확인하기

☑ 내가 응원하는 팀의 경기 일정 확인하기

방문 기록 관리하기

방문 기록 확인하기

이전에 방문했던 사이트를 확인하고, 다시 들어갈 수 있어요.

"로미야.. 지난주 사회 시간에 조사했던 사이트가 뭐였지? 기억이 가물가물한 걸.."

"그리야! 그러면 방문 기록을 들어가 봐. 전에 방문했던 사이트 주소들이 발자국처럼 다 남겨있어!"

1단계 ▶ Chrome에서 방문 기록 들어가기

01 ❶ '더보기 아이콘'(⋮) 클릭하기

02 ❷, ❸ '방문 기록' 클릭하기

로미의 꿀팁

1장에서 배운 대로 ' Ctrl + H '키를 동시에 눌러 방문 기록을 한 번에 확인해요.

2단계 ▶ 방문 기록 확인하기

03 ❶ '날짜별 방문 기록'을 확인하거나 ❷ '기록 검색'에 검색어를 입력하여 방문 기록 확인하기

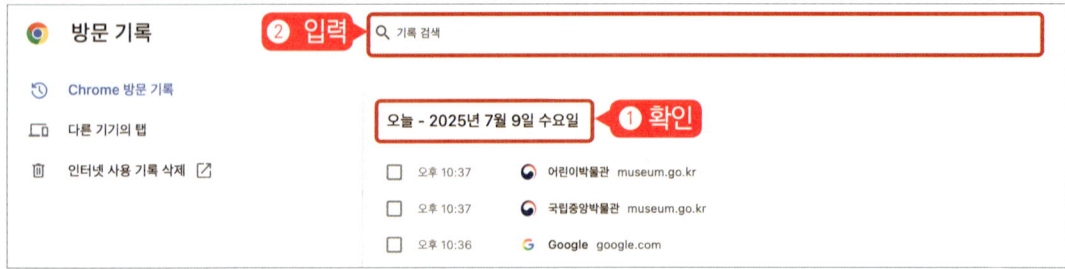

개인정보 보호하기

방문 기록과 쿠키 및 데이터 삭제하기

방문 기록과 쿠키 및 데이터를 삭제하여 개인정보를 보호할 수 있어요.

 "내가 방문했던 것들이 다 남아있다니.. 편하기도 하지만 한편으로는 무섭기도 해.."

 "맞아, 그리야. 그래서 난 개인정보보호를 위해 방문 기록과 쿠키 및 데이터를 삭제해!"

그리의 궁금증 | **쿠키 및 데이터가 뭐예요?**

쿠키란 사이트에서 나를 기억하도록 도와주는 작은 쪽지 같은 걸 말해요. 내가 로그인했던 정보, 게임 캐릭터, 내가 본 영상까지 다 기억해요. 이렇게 인터넷이 기억하고 있는 모든 기록과 정보들을 데이터라고 해요.

1단계 인터넷 사용 기록 삭제에 들어가기

01 Chrome의 방문 기록 들어가기

❶ 옴니박스 '더 보기 아이콘'(⋮) 클릭하기

❷, ❸ '방문 기록' 클릭하기

02 '인터넷 사용 기록 삭제' 클릭하기

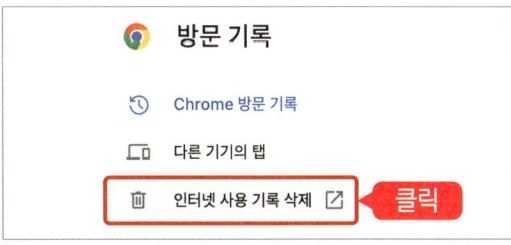

2단계 삭제할 기간 선택하기

03 기간 옆 '▼' 아이콘 클릭하여 기간 선택하기

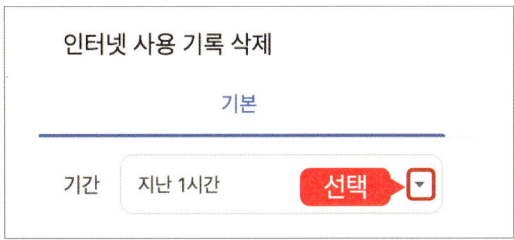

---

04 ❶ 방문 기록, ❷ 쿠키 및 기타 사이트 데이터, ❸ 캐시된 이미지 및 파일에서 삭제하고 싶은 기록 선택하기

선택▶

☑ 방문 기록
동기화된 모든 기기에서 방문 기록 삭제

☑ 쿠키 및 기타 사이트 데이터
대부분의 사이트에서 로그아웃됩니다. 동기화된 데이터를 삭제할 수 있도록 Google 계정에서는 로그아웃되지 않습니다.

☑ 캐시된 이미지 및 파일
19.2MB의 저장용량을 확보합니다. 일부 사이트는 다음에 방문할 때 로드 속도가 느려질 수도 있습니다.

👦 그리의 궁금증 | 캐시된 이미지 및 파일이 뭐예요?

캐시된 이미지 및 파일이란 컴퓨터가 사이트를 기억해두는 메모장이에요. 어떤 사이트에 들어갔을 때, 배경 그림, 글자 모양 등을 기억하기 위해 메모장에 적어놓으면 두 번째로 들어갈 때 훨씬 빠르게 들어갈 수 있어요.

 "가끔 컴퓨터실에서 다른 친구들이 검색한 기록들이 적혀있었는데.. 방문 기록 때문에 남아있던 것이구나!

 "응응. 컴퓨터실, PC방 등 다른 사람이 함께 사용한다면, 그 기록도 남아 있어."

함께 사용하는 컴퓨터에서 개인정보 보호하기

1단계 방문 기록과 쿠키 및 데이터 삭제하기

컴퓨터를 다 사용한 후, 끄기 전에 방문 기록과 쿠키 및 데이터를 삭제하여 개인정보를 보호할 수 있어요.

2단계 시크릿 모드 사용하기

05 Chrome에 접속하여 ❶ '더 보기 아이콘'을(⋮) 누르고, ❷ '새 시크릿 창' 클릭하기

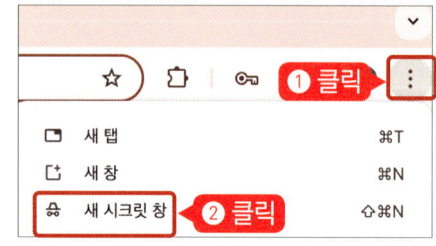

06 '시크릿 모드로' 전환하여 Chrome 이용하기

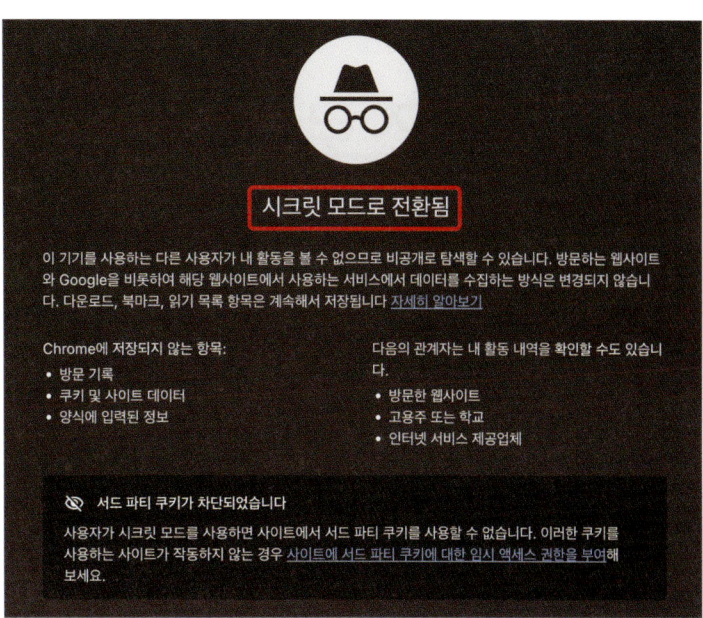

 그리의 미션

☑ 방문 기록에서 자신이 전에 방문한 기록 날짜별로 확인하기

☑ 방문 기록에서 검색어 입력하여 전에 방문한 기록 확인하기

☑ 지난 1주일 간의 방문 기록만 삭제하기

☑ 지난 1시간동안 활동했던 쿠키 및 기타 사이트 데이터 삭제하기

☑ 시크릿 모드로 학교 홈페이지 접속하기

03 렌즈로 세상 속으로
사진으로 검색하기

학습 영상 **07**  단축키 URL bit.ly/그리와로미

학습내용

1 Google 렌즈로 이미지를 검색할 수 있다.

2 툴바에 Google 렌즈를 고정할 수 있다.

#Google 렌즈, #구글 렌즈, #이미지, #툴바, #동식물 찾기

Google 렌즈와 툴바

모바일에서 Google 렌즈 들어가기

 로미의 꿀팁

사용하고 있는 운영체제에 따라 사용할 수 있는 앱이 달라요. 안드로이드의 경우 'Google', 'Google 렌즈' 두 가지 앱에서 모두 사용할 수 있어요. 반면, 아이패드나 아이폰처럼 ios의 경우 'Google' 앱에서 Google 렌즈를 사용할 수 있어요.

1단계 모바일 앱스토어에서 앱 설치하기

01 모바일 앱스토어에서 'Google' 검색하기

02 'Google 앱' 설치하기

그리의 궁금증 이미 앱이 설치가 되어 있고, 업데이트를 하라고 하는데...업데이트가 뭐예요?

안드로이드 체제는 Google에서 만들었기에 이미 설치가 되어있는 경우가 많아요. 앱은 가끔씩 고장나거나, 새로운 기능이 생기기도 해요. 그래서 앱을 만드는 사람이 '고쳐야겠다!, 더 좋게 바꾸자!'하면서 앱을 조금씩 새롭게 바꿔요. 그걸 '업데이트'라고 해요.

03-1 검색창 옆에 있는 '렌즈' 터치하기

03-2 카메라 접근 권한 '허용'하기

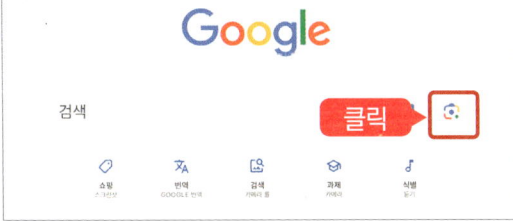

03-3 '계속' 버튼 클릭하기

03-4 'Google 렌즈'에 접속하기

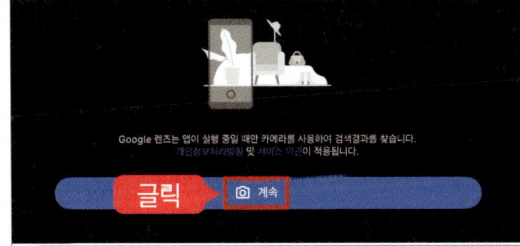

모바일에서 Google 렌즈 검색하기

1단계 Google 렌즈 접속하기

01 바탕화면 혹은 메뉴의 'Google' 실행하여 'Google 렌즈' 접속하기

2단계 Google 렌즈로 궁금한 대상의 사진을 찍기

02-1 동식물에 카메라의 초점을 맞춘다.

02-2 '돋보기' 버튼을 탭하여 검색한다.

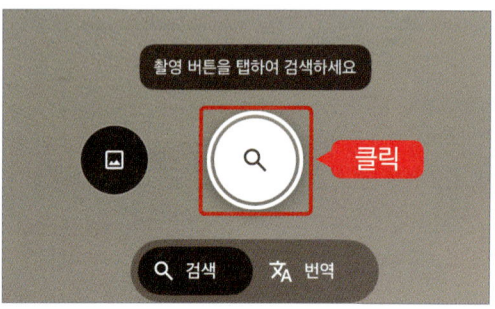

3단계 Google 렌즈가 검색한 결과 확인하기

❶ **추가하여 검색:** 사진과 함께 '이름', '품종' 등 검색어를 함께 입력할 수 있어요.

❷ 제품, 과제, 시각적으로 일치하는 항목 등 검색 결과를 선택해 확인할 수 있어요.

❸ **AI 개요:** AI가 생성한 검색 요약 정보예요.

🧑 로미의 꿀팁

01 이전에 찍어놓았던 사진으로도 검색이 가능해요.

02 '사진 버튼'을 눌러 검색하고 싶은 사진을 선택해요.

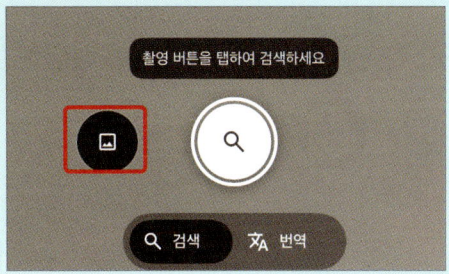

🧑 그리의 미션

 학교 텃밭에 있는 채소에 대해 검색하기 (텃밭이 없다면, 마트에서 채소 찍어보기)

이름/품종: (　　　　　　　)

수확 시기: (　　　　　　　)

심는 시기: (　　　　　　　)

'추가하여 검색' 기능 활용하여 위 채소를 활용한 요리 조사하기

(　　　　　　　　　　　　　　　　　　　　　　　　　　　　　　)

☑ 학교 운동장에 있는 교화를 구글 렌즈로 찍고, '추가하여 검색' 기능 활용하여 조사하기

이름: (　　　　　　　)

꽃말의 의미: (　　　　　　　)

꽃을 피우는 시기: (　　　　　　　)

물을 주는 주기: (　　　　　　　)

비슷한 꽃과 구별하는 방법

(　　　　　　　　　　　　　　　　　　　　　　　　　　　　　　)

☑ 내 책상 위에 있는 물건 3가지 Google 렌즈로 검색하기

(　　　　　　　　　　　　　　　　　　　　　　　　　　　　　　)

☑ 급식 식판을 구글 렌즈로 찍어, 반찬 이름 검색하기

(　　　　　　　　　　　　　　　　　　　　　　　　　　　　　　)

데스크톱에서 Google 렌즈 소환하기

데스크톱에서 Google 렌즈 이용하기

1단계 Chrome 브라우저 접속하여 '구글 렌즈' 버튼 클릭하기

2단계 이미지 혹은 파일을 검색하기

01 이미지 드래그하거나 파일 업로드하기

❶ **이미지 드래그 또는 파일 업로드**: 마우스로 이미지를 끌어서 놓거나, 파일을 직접 업로드할 수 있어요.

❷ **이미지 링크 붙여넣기**: 내가 검색하고 싶은 이미지의 URL 주소로 검색할 수 있어요.

3단계 사이트 안에서 Google 렌즈로 검색하기

02 ❶ '더 보기'(⋮) – ❷ 'Google 렌즈로 검색' 클릭하기

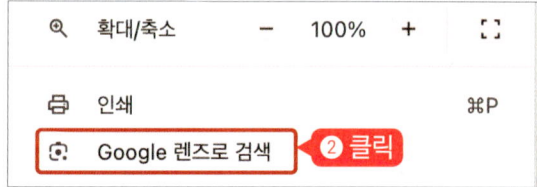

03 화면을 드래그하여 검색하고 싶은 화면 선택하기

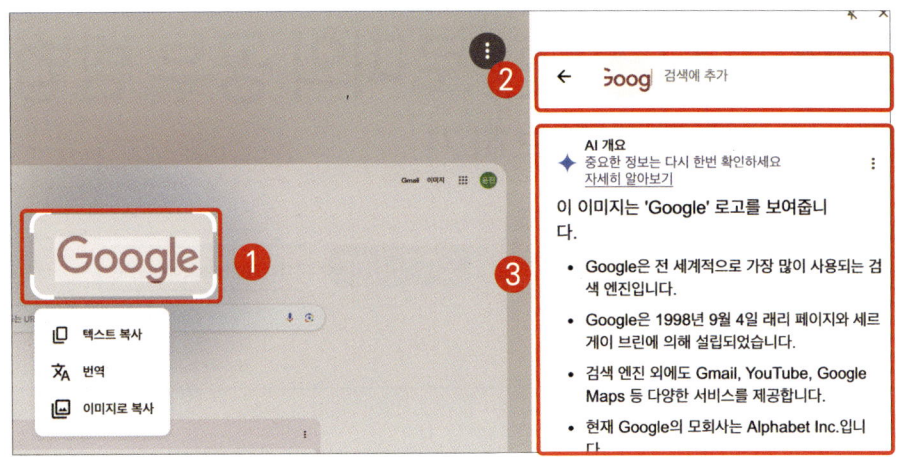

 로미의 꿀팁

❶ '점 세 개(⋮)' – ❷ '도구 더 보기' – ❸ 'Chrome 맞춤설정'– ❹ '툴바'를 순서대로 클릭하면 도구 및 작업에서 'Google 렌즈로 검색' 활성화 버튼을 누를 수 있어요. 툴바에 고정하여 바로 사용할 수 있답니다.

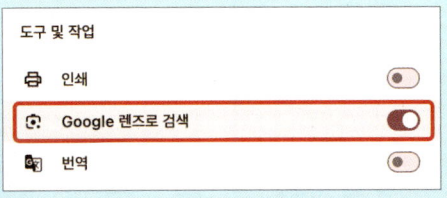

그리의 미션

☑ 인터넷으로 검색하다가, 사이트 안에 있는 궁금한 이미지 Google 렌즈로 검색하기

☑ 자신이 갖고 있는 이미지 파일을 드래그하여 Google 렌즈 검색하기

☑ 선택한 이미지 외 더 알아보고 싶은 것 추가하여 검색하기

☑ 툴바에 Google 렌즈 고정하기

스마트한 로미의 공부 방법 대공개
구글로 공부하기

학습 영상 **08**

단축키 URL bit.ly/그리와로미

학습내용

1 Google 렌즈로 텍스트를 번역할 수 있다.

2 Google 렌즈로 모르는 문제를 검색할 수 있다.

#Google 렌즈, #구글 렌즈, #텍스트 번역, #문제 검색

N개국어 전문가 도전하기

모바일에서 Google 렌즈로 텍스트 번역하기

1단계 구글앱에 접속하여 'Google 렌즈' 클릭하기

2단계 텍스트 사진을 찍어 검색하기

01 ❶ '검색' 터치하고, ❷ 원하는 텍스트에서 '돋보기' 터치하여 사진 찍기

02 ❶ 원하는 텍스트 부분을 조절한 후, ❷ 번역 결과 확인하기

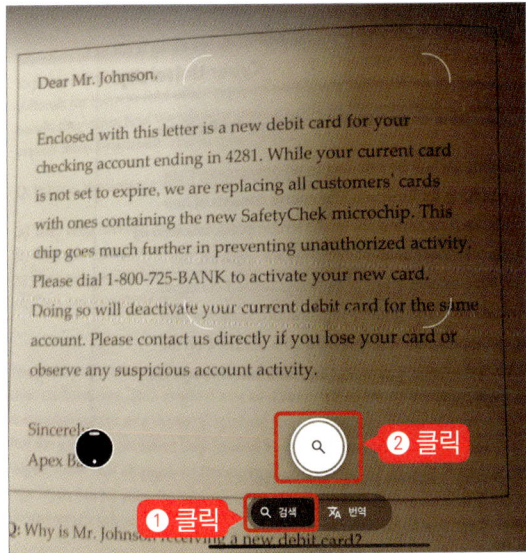

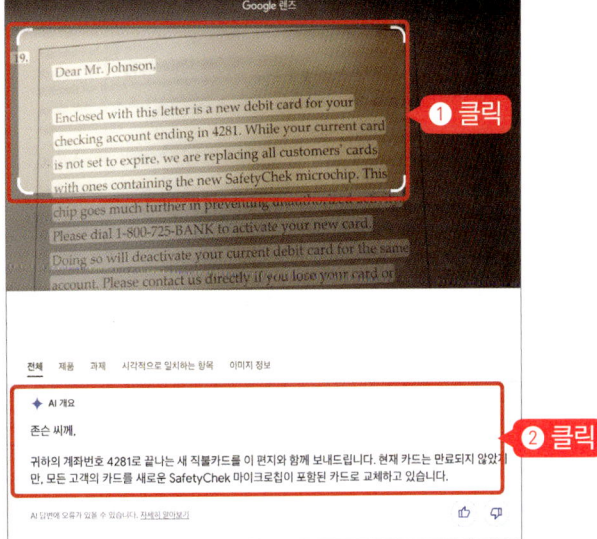

 **로미의 꿀팁**

사진에 있는 텍스트를 번역하는 것도 가능해요. '사진' 메뉴를 눌러 골라봐요.

3단계 검색하지 않고 바로 번역하기

03 ❶ '번역' 터치하기

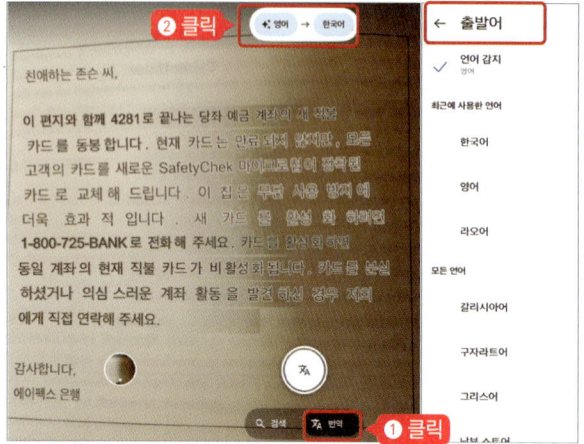

04 ❷ '출발어'와 '도착어' 설정하기

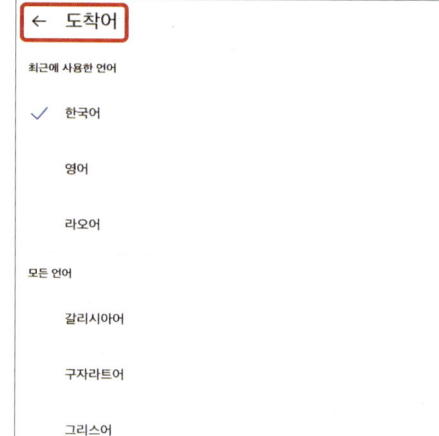

그리의 궁금증 출발어를 설정하는데, 언어 감지라고 적혀있어요.. 언어감지가 뭐예요?

언어를 따로 고르지 않아도, 구글이 알아서 어떤 나라의 말인지 스스로 알아맞히는 기능이에요.

4단계 텍스트 번역 결과 확인하기

데스크톱에서 Google 렌즈로 텍스트 번역하기

Chrome에서 외국어로 된 사이트에 접속할 경우 'Google Translate' 아이콘으로 ❶ 페이지 전체를 번역하거나, ❷ 'Google 렌즈'로 일부 텍스트만 번역할 수 있어요.

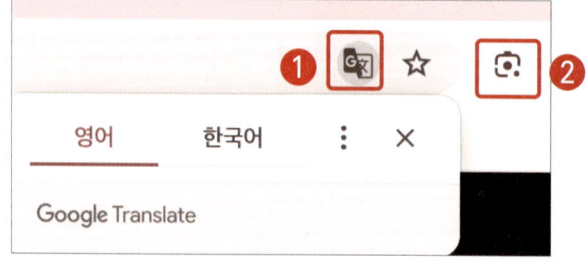

1단계 ▶ Chrome에서 번역이 필요한 사이트 접속하기

2단계 ▶ 일부 텍스트만 번역하기

01 ❶ 텍스트 드래그하여 '번역' 클릭하기

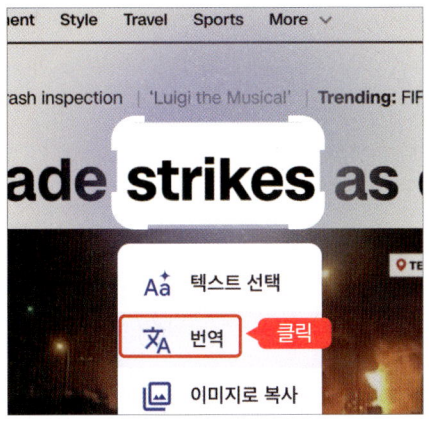

02 ❷ 번역 결과 확인하기

 **로미의 꿀팁**

Google 렌즈로는 사진에 있는 텍스트를 드래그하여 선택 및 복사할 수 있어요.

그리의 미션

☑ 외국어가 적힌 상품, 포스터, 간판을 찾아 Google 렌즈 앱으로 번역하기

☑ 링크 입력 혹은 QR 코드로 접속하기

단축주소: bit.ly/그리동물

– 모르는 단어만 Google 렌즈로 선택하여 검색하기

(단어:) ➡ (뜻:)

– 페이지를 영어에서 한국어로 번역한 후 포유류 중 좋아하는 동물 적기

(   )

나만의 구글 선생님과 공부하기

 "이 수학 문제 모르겠는데...혹시 로미야. 알려줄 수 있어?"

 "흠.. 모르겠다. Google 렌즈로 검색해보자!"

 "Google 렌즈로 문제를 검색할 수 있어? 얼른 해보자!"

모바일에서 Google 렌즈로 모르는 문제 검색하기

1단계 구글 앱에 접속하여 'Google 렌즈' 클릭하기

2단계 모르는 문제 사진 찍기

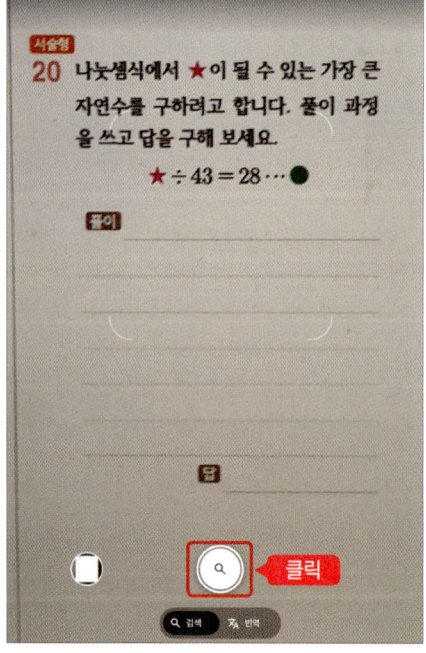

3단계 ▶ 풀이 과정 확인하기

데스크톱에서 Google 렌즈로 모르는 문제 검색하기

1단계 ▶ Chrome에서 EBSMath처럼 문제를 풀 수 있는 학습 사이트 접속하기

2단계 ▶ ❶ '더 보기'(⋮) 아이콘을 누른 후, ❷ 'Google 렌즈로 검색' 클릭하기

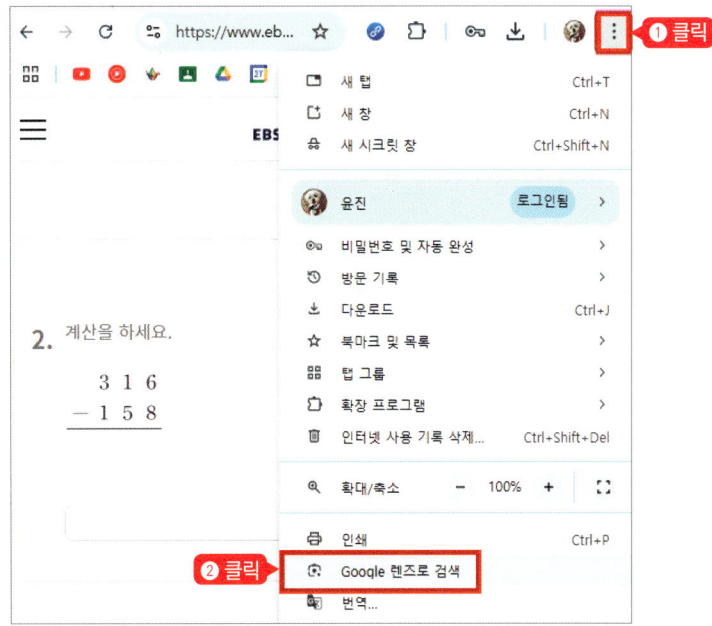

3단계 ❶ 이미지를 드래그하여 ❷ 풀이 과정 확인하기

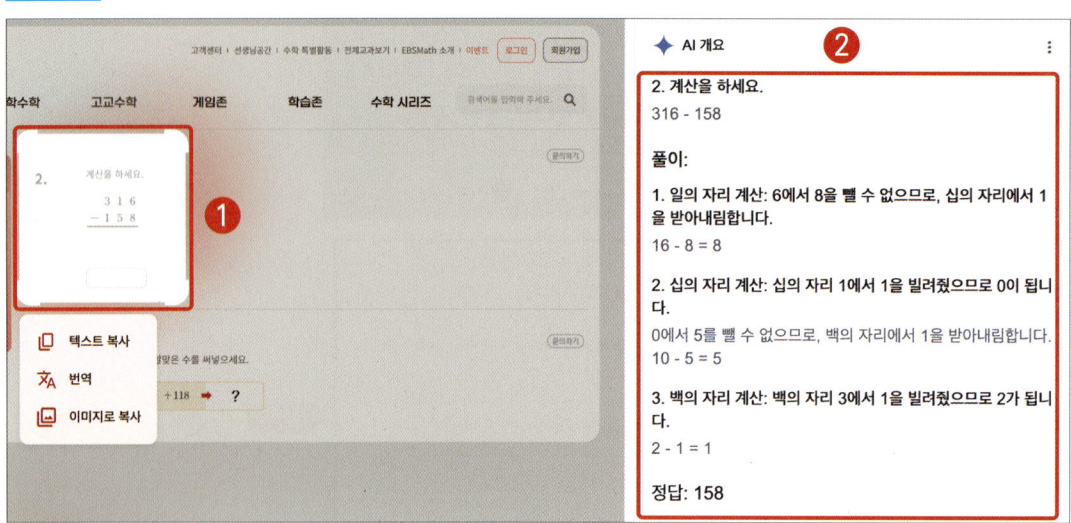

 **로미의 꿀팁**

01 수학, 과학 등 다른 과목의 문제 풀이도 지원해요.
02 구글 검색창에 직접 식을 입력하여 문제 풀이과정을 얻을 수도 있어요.

 "우와, 이제 나 숙제하는 시간 엄청 줄겠다!"

 "그리야, 검색해서 나온 것을 베끼는 것은 진짜 공부가 아니야..~ 이런 기능들은 정말 필요할 때 도구로만 이용해야 해!"

 그리의 미션

☑ 아래 질문을 사진 찍어 Google 렌즈로 검색하기

– '식물이 빛을 이용하여 양분을 만드는 과정을 무엇이라고 하나요?'

(   )

– '우리나라에서 두 번째로 높은 산의 이름은?'

(   )

☑ 아래의 수학 문제를 찍어 Google 렌즈로 검색하기

(36 ÷ 6) + 8 × (5−2) =

45 − (12 ÷ 4) + 3 × 2 =

6 × (7+3) − 18 ÷ 3 =

(8 + 12) ÷ (2 + 2) + 5 × 2 =

☑ 이 사진의 이름을 Google 렌즈로 검색하기

그리와 로미의
세 번째 모험

우리 반 온라인 신문 만들기 대작전

01

신문 기사 멋내기
글꼴, 크기, 색깔을 내 마음대로!

학습 영상
09

단축키 URL bit.ly/그리와로미

학습내용

1 구글 문서에서 글꼴, 크기, 색깔을 바꿀 수 있다.

2 읽기 좋은 기사를 위해 글자 꾸밈을 적절하게 사용할 수 있다.

#GoogleDocs, #구글문서, #글꼴, #글자크기, #글자색, #온라인 신문

우리 반 신문, 첫 페이지 열기

구글 문서에 신문기사 작성하기

구글 문서로 별도의 문서 편집 프로그램 설치 없이 문서를 작성할 수 있어요.

 "그리야, 멋진 신문을 만들려면 먼저 기사를 쓸 하얀 종이가 필요하겠지? 구글 문서에서 우리만의 신문 1면을 만들어 보자!"

1단계 구글 문서 접속하기

01 크롬 브라우저 첫 화면에서 ❶ 'Google 앱' 클릭 후 ❷ 'Docs' 아이콘 클릭하기

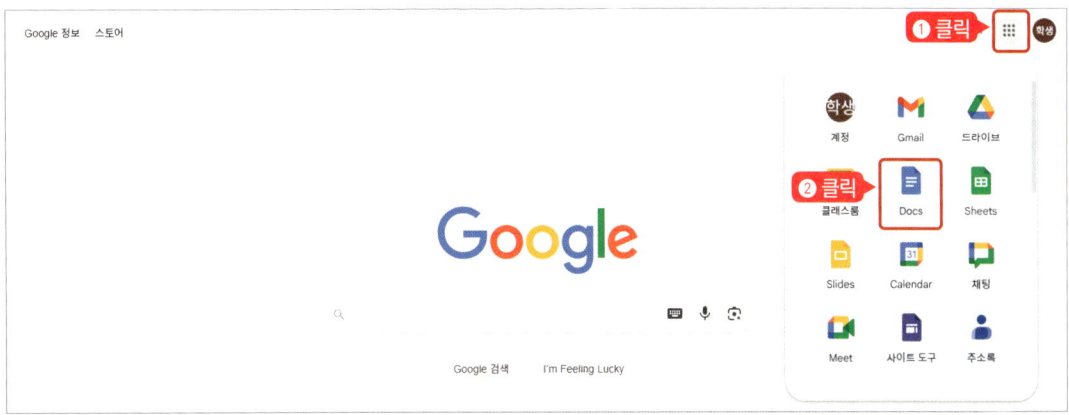

로미의 꿀팁

01 Docs 아이콘이 보이지 않는다면 스크롤을 아래로 내려봐요.

02 Docs 아이콘이 너무 아래 있으면 1장에서 배운 드래그 & 드롭으로 하면 위로 올릴 수도 있어요.

02 '빈 문서' 클릭하기

2단계 ▶ 문서 내용 작성하기(신문 기사 작성하기)

03 빈 문서에서 마우스를 클릭한 뒤 커서가 생기면 내용 입력하기

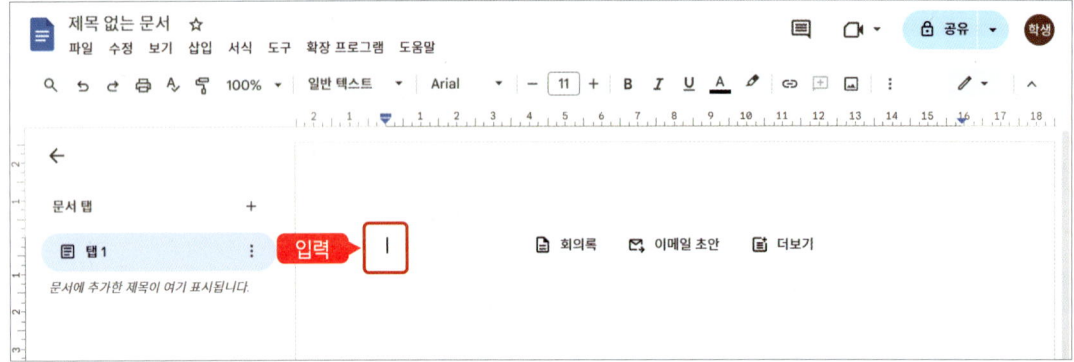

04 '제목 없는 문서' 입력 칸을 클릭하고 문서 제목 입력하기

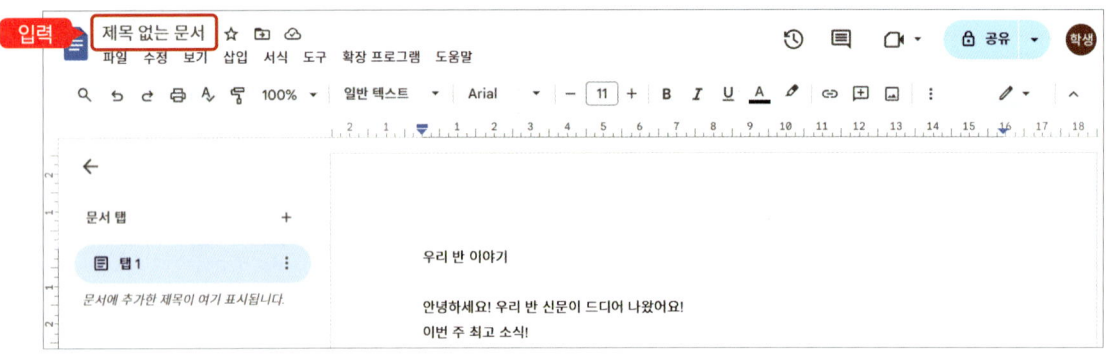

3단계 ▶ 저장된 문서 확인하기

05 '문서 홈' 아이콘 클릭하기

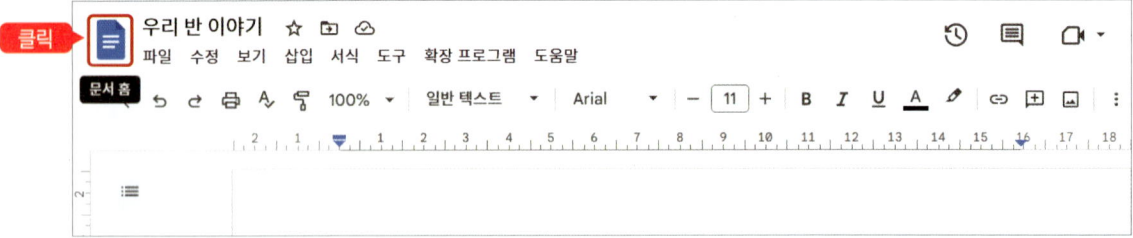

06 문서 첫 화면 '최근 문서'에서 작성한 문서 확인하기

로미의 꿀팁

01 문서 왼쪽 상단의 '제목 없는 문서'를 클릭해서 파일 이름을 정해주면 나중에 다시 찾기 쉬워요.
02 구글 문서는 내가 글을 쓸 때마다 자동으로 저장되니까, 저장 버튼을 찾아 헤맬 필요가 없답니다.

그리의 미션

☑ 우리 반 최근 소식으로 기사 작성해보기

☑ 내가 작성한 기사의 제목은?

(   )

☑ 구글 문서 홈(docs.google.com)으로 돌아가 내가 만든 문서 찾아보기

☑ 문서가 자동으로 저장되는 기능의 편리한 점은 무엇인가요?

(   )

☑ 문서 홈 화면 상단 검색창에서 작성한 문서 제목으로 검색해보기

☑ 문서 홈 화면 상단 검색창에서 작성한 문서에 들어간 내용으로 검색해보기

☑ '파일' ➜ '세부 정보'에서 문서를 마지막으로 수정한 시간 확인하기

(   )

☑ 빈 문서 대신 템플릿을 선택하여 문서 작성해보기

☑ '파일' ➜ '페이지 설정'에서 페이지 색상을 노란색으로 바꿔보기

☑ '파일' ➜ '페이지 설정'에서 페이지를 페이지 없음으로 바꿔보기

☑ '도구' ➜ '단어 수' 기능을 이용해서 내가 쓴 기사가 총 몇 글자인지 확인해보기

글자에 마법을 거는 시간

글자 스타일 바꾸기

 "밋밋한 글자들을 진짜 신문 기사처럼 변신시켜 볼까? 구글 문서 위쪽의 도구 모음만 있으면 마법처럼 바꿀 수 있어!"

1단계 꾸미고 싶은 글자 선택하기

01 마우스로 꾸미고 싶은 글자들을 쭉 '드래그'해서 블록으로 지정하기

우리 반 이야기

2단계 글꼴, 크기, 색깔 바꾸기

02 '상단 도구 모음'에서 ❶ 현재 글꼴(기본은 'Arial')을 클릭하기

03 ❷ 마음에 드는 글꼴로 선택하여 바꾸기

04 ❸ 글자 크기 조절하기(-,+ 버튼을 클릭하거나 직접 숫자를 수정)

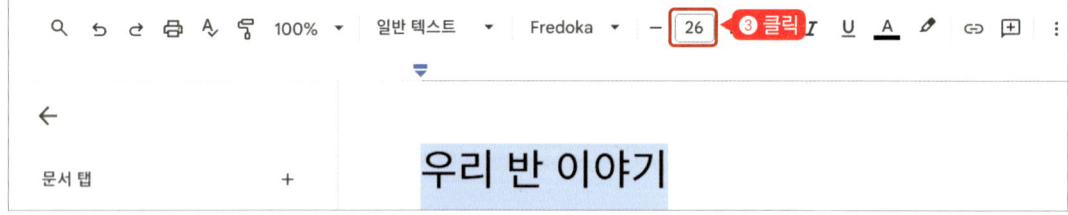

① 굵게: 글자를 굵게 설정할 수 있습니다.

② 기울임: 글자를 기울이게 설정할 수 있습니다.

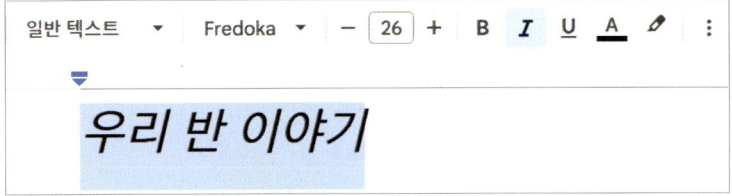

③ 밑줄: 글자에 밑줄을 표시할 수 있습니다,

④ 텍스트 색상: 글자 색상을 변경하여 원하는 색으로 포인트를 줄 수 있습니다.

⑤ 배경색: 형광펜으로 칠한 것처럼 글자 배경 색상을 변경할 수 있습니다.

로미의 꿀팁

01 키보드 단축키를 사용하면 더 빨리 꾸밀 수 있습니다.

02 `Ctrl` + `B` 는 굵게, `Ctrl` + `I` 는 기울임꼴, `Ctrl` + `U` 는 밑줄을 입력하는 단축키입니다.

그리의 미션

☑ 문서에 '우리 반 최고'라는 문장을 쓰고 세 가지 다른 스타일(굵게, 기울임, 밑줄, 색상 등)로 꾸며보기

☑ 위에서 변경한 것 중 가장 마음에 드는 스타일은?

(   )

☑ 'rainbow'를 일곱 글자 각각 다른 색으로 칠해보기 (예: r 빨간색, a 주황색…)

☑ 슬픔과 기쁨이라는 두 단어를 각각의 감정이 느껴지는 글꼴과 색깔로 표현해보기

☑ 굵게 변경하고 싶은 단어를 드래그하고 'Ctrl + B' 눌러보기

☑ 우리 반 온라인 신문의 제목을 굵고(B) 크게 만들고, 파란색으로 바꿔보기

☑ 한 문단의 글을 쓰고, 가장 중요하다고 생각하는 단어 3개 빨간색으로 바꾸기

☑ 기사에서 가장 중요하다고 생각하는 문장에 형광펜으로 칠해보기

☑ 내가 형광펜으로 칠한 문장의 내용은?

(   )

☑ 제목을 드래그하고 글꼴 왼쪽 '일반 텍스트'를 클릭하여 '제목' 스타일 적용해보기

☑ 문서 제목 옆의 ☆(별표) 클릭해보기

02 사진으로 말해요
우리 반 뉴스에 생동감 더하기!

학습 영상 **10**  단축키 URL bit.ly/그리와로미

학습내용

1 구글 문서에 사진을 넣어 글을 더 생생하게 만들 수 있다.

2 사진과 글을 함께 배치하여 포토 뉴스를 만들 수 있다.

#포토뉴스 #사진넣기 #이미지삽입 #현장감

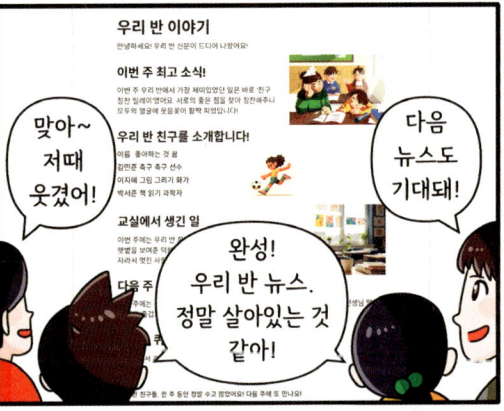

찰칵! 우리반 소식을 사진과 함께

문서에 사진 넣기

 "그리야, 글만으로는 표현하기 힘든 생생한 순간들을 사진으로 보여주자! 우리 반 친구들의 모습을 담으면 모두가 더 즐겁게 뉴스를 볼 수 있을 거야."

1단계 다양한 이미지 삽입 방식 알아보기

❶ **컴퓨터에서 업로드:** 내 컴퓨터에 저장된 사진 파일을 불러올 때 사용합니다.

❷ **웹 검색:** 구글 문서 안에서 바로 원하는 이미지를 검색해서 넣을 수 있습니다.

❸ **드라이브:** 내 구글 드라이브에 저장된 사진을 가져올 수 있습니다. (7장에서 더 자세히 배워요!)

❹ **포토:** 구글 포토에 저장된 사진을 바로 불러옵니다.

❺ **URL 사용:** 이미지의 인터넷 주소로 불러옵니다.

❻ **카메라:** 기기에 연결된 카메라로 바로 사진찍어 삽입합니다.

그리의 궁금증 | 구글 포토가 뭐예요?

스마트폰으로 찍은 모든 사진과 동영상을 마법처럼 보관해 주는 커다란 온라인 앨범이에요. 이 앨범의 이름이 '구글 포토'인데, 내 스마트폰, 컴퓨터, 태블릿 어디서든 열어볼 수 있답니다. 스마트폰을 잃어버려도 사진은 사라지지 않고 안전하게 보관되요.

2단계 사진이 들어갈 위치 클릭하기

01 ❶ '삽입' 메뉴에서 ❷ '이미지' 선택, ❸ '컴퓨터에서 업로드' 선택하기

02 파일 탐색기에서 ❹ '업로드' 할 파일 선택하고 ❺ '열기' 클릭하기

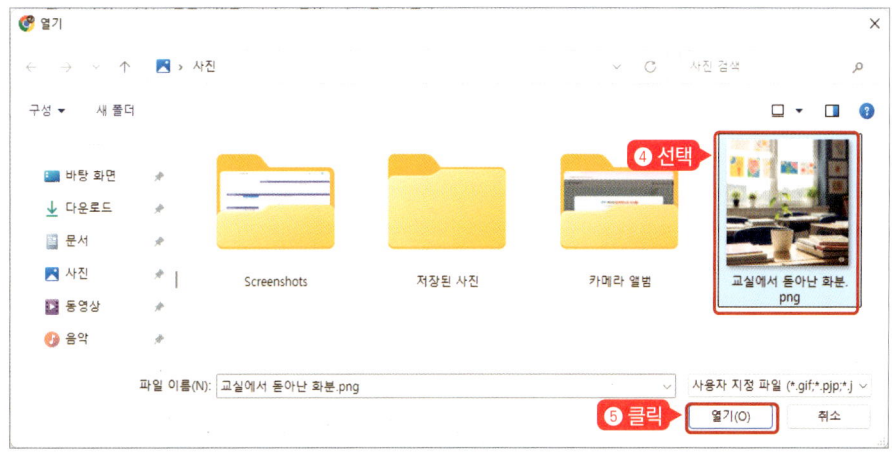

03 ❶ '이미지'를 선택하고 ❷ '모서리 한쪽 끝 이미지 조절점'을 클릭하기

04 '원하는 만큼 드래그'하여 사이즈 조절하기

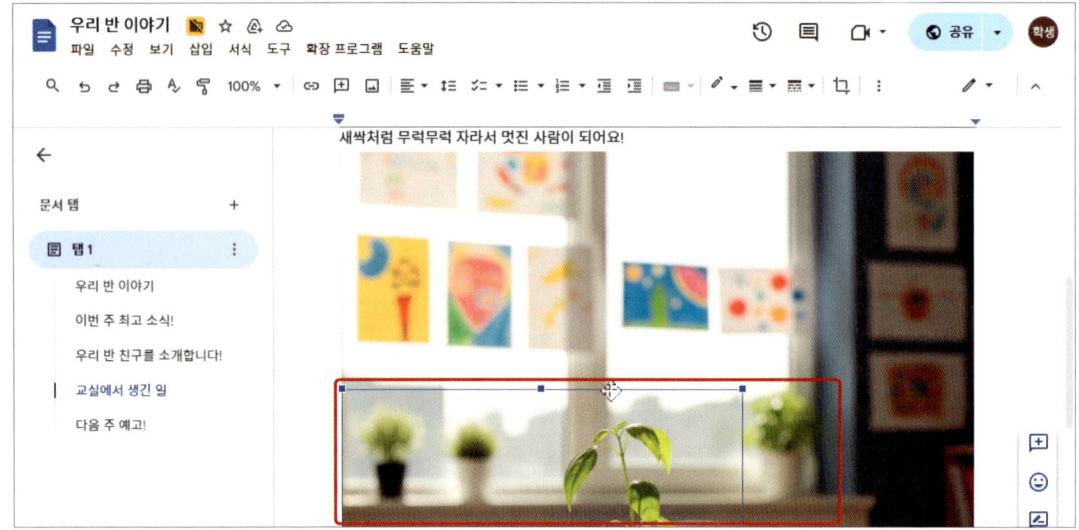

로미의 꿀팁

'웹 검색'을 사용하면 굳이 내 컴퓨터에 사진을 저장하지 않아도, 구글 문서 안에서 바로 필요한 이미지를 찾아서 넣을 수 있어서 편리합니다.

그리의 미션

☑ 내 컴퓨터에 있는 가장 좋아하는 사진을 문서에 넣어보기

☑ 내가 넣은 사진은 어떤 사진인가요?
( )

☑ '웹 검색' 기능으로 내가 좋아하는 음식을 검색해서 사진 넣어보기

☑ 내가 검색한 음식의 이름은?
( )

☑ 오늘 나의 기분을 표현할 수 있는 사진 찾아서 넣어보기

☑ 넣은 음식 사진의 크기를 아주 작게 줄여보기

레이아웃 마법!

사진과 글 어우러지게 배치하기

 "사진을 넣었는데 글과 따로 노는 느낌이 들어."

 "진짜 잡지나 신문처럼 사진과 글이 자연스럽게 어우러지게 만들어 보자!"

1단계 삽입한 사진을 ❶ 클릭하고 ❷ '이미지 배치방식' 선택하기

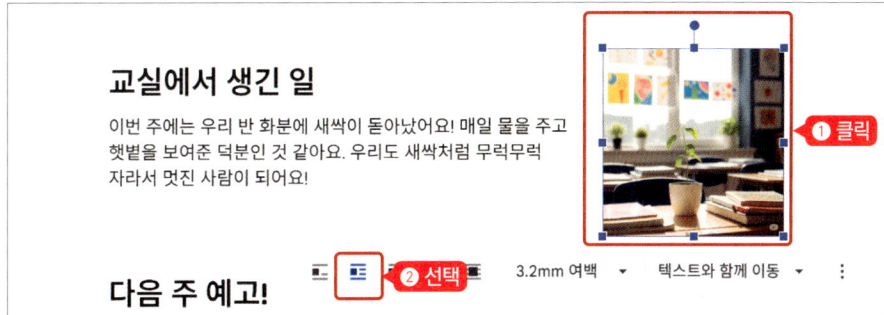

로미의 꿀팁

이미지를 클릭했는데도 이미지 배치방식 아이콘이 보이지 않으면 '파일' ➡ '페이지 설정'에서 페이지 없음으로 설정되어있는 것이 아닌지 확인해보세요.

2단계 이미지와 텍스트 배치 아이콘 기능 익히기

아이콘	아이콘	설명
▣	줄 맞춤	사진이 하나의 큰 글자처럼 취급되어 글자와 함께 한 줄에 놓입니다.
▣	텍스트 줄바꿈	글자가 사진 주변을 감싸듯이 자연스럽게 흘러갑니다.
▣	텍스트 분리	사진을 기준으로 글이 위아래로 나뉩니다.
▤	텍스트 뒤	사진이 글자들의 배경처럼 뒤에 놓입니다. 워터마크처럼 희미한 효과를 줄 때 사용할 수 있습니다.
▤	텍스트 앞	사진이 글자들을 덮고 제일 위로 올라옵니다. 특별한 디자인 효과를 낼 때 사용합니다.

🧒 그리의 궁금증 텍스트 줄바꿈이 뭐예요?

사진 주변을 글자가 강물처럼 자연스럽게 흘러가도록 만드는 기능이에요. 이 기능을 사용하면 글과 사진이 따로 놀지 않고 하나의 그림처럼 예쁘게 어우러지기 때문에 잡지나 책에서 많이 볼 수 있는 기술입니다.

🧑 로미의 꿀팁

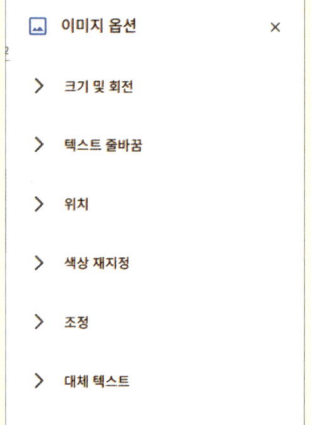

01 '더보기 : '-'모든 이미지 옵션'을 선택하면 스타일별 직관적인 예시를 확인할 수 있습니다.

02 '더보기 : '-'모든 이미지 옵션' - '크기 및 회전'을 선택하면 사진을 빙글빙글 돌리거나, 찌그러지지 않게 크기를 조절할 수 있습니다.

03 '더보기 : '-'모든 이미지 옵션' - '위치'는 텍스트와 이미지를 어떻게 배치할지 결정하는 기능입니다.

04 '더보기 : '-'모든 이미지 옵션' - '색상 재지정'을 선택하면 사진을 흑백 영화처럼 바꾸거나, 옛날 사진 느낌을 내는 등 다양한 필터를 적용할 수 있습니다.

05 '더보기 : '-'모든 이미지 옵션' - '조정'을 선택하면 슬라이더를 마우스로 드래그 & 드랍하여 이미지의 불투명도, 밝기, 대비 등을 조절할 수 있습니다.

06 '더보기 : '-'모든 이미지 옵션' - '대체 텍스트'는 콘텐츠를 보는 데 어려움을 겪는 사용자를 위해 스크린 리더가 이미지 설명을 읽어주는 기능입니다.

그리의 미션

☑ '삽입' ➡ '이미지' ➡ '웹 검색'에서 '강아지' 검색하고 오른쪽 하단의 돋보기 클릭해보기

☑ 강아지 사진을 추가하고 텍스트 줄바꿈 선택하기

☑ 삽입한 이미지 위에서 마우스 우클릭하고 이미지 자르기를 찾아 이미지 잘라보기

   (모서리와 가장자리에 생긴 까만색 선을 드래그 앤 드롭해보세요)

☑ 삽입한 이미지 위에서 마우스 우클릭하고 이미지 바꾸기 찾아 이미지 바꿔보기

☑ 내가 좋아하는 동물 사진을 넣고, '텍스트 줄바꿈'을 이용해 동물 소개 글쓰기

☑ '삽입' ➡ '이미지' ➡ '웹 검색'에서 '앵무새' 이미지 넣고 '텍스트 분리'를 이용해 사진 위

   아래로 글쓰기

☑ '삽입' ➡ '이미지' ➡ '웹 검색'에서 '종이 질감' 이미지 넣고 크게 키운 뒤 '텍스트 뒤'로

   보내 배경으로 깔고 그 위에 텍스트 적어보기

☑ 원하는 사진 한 장 추가하고 '텍스트 앞'을 옵션으로 설정한 뒤, 글 적어보기

☑ 사진을 2장 넣어 여러 배치 옵션 눌러 비교해보기

☑ '줄 맞춤'을 이용해 글 중간에 글자 크기와 비슷하게 이미지를 아이콘처럼 넣어보기

☑ '이미지 옵션'에서 사진을 90도 회전시켜서 옆으로 눕혀보기

☑ '이미지 옵션' ➡ '색상 재지정'에서 사진을 흑백으로 바꿔서 옛날 신문 느낌 내보기

☑ '이미지 옵션' ➡ '색상 재지정'에서 사진을 여러 옵션으로 바꿔보기

☑ '이미지 옵션' ➡ '조정'에서 불투명도 20으로 바꿔보기

☑ '이미지 옵션' ➡ '조정'에서 대비 30으로 바꿔보기

03 정보가 한눈에 쏙
표로 만드는 알찬 소식

학습 영상 **11**

단축키 URL ▶ bit.ly/그리와로미

학습내용

1 구글 문서의 표 삽입 기능을 이용할 수 있다.

2 표를 활용하여 정보를 깔끔하고 보기 쉽게 정리할 수 있다.

#표만들기 #표꾸미기 #정보정리 #결과비교

복잡한 정보, 표로 깔끔하게 변신!

문서에 표 넣기

 "로미야! 우리반 친구를 소개하는 내용을 추가하고 싶은데 줄글로만 입력하니까 내용이 한 눈에 잘 안들어와."

 "그리야, 친구들의 정보를 그냥 글로만 나열하면 읽는 사람이 이해하기 어려울 수 있어. 이럴 땐 마법의 정리 도구, 표를 꺼낼 시간이야!"

1단계 ▶ 표가 들어갈 위치 정하기

01 문서에서 표를 넣고 싶은 곳에 마우스 커서를 클릭하기

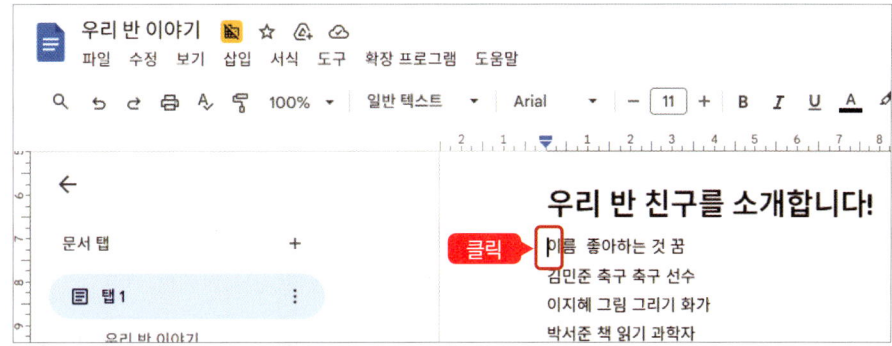

2단계 ▶ 표 삽입하기

02 ❶ '삽입' 메뉴에서 ❷ '표' 클릭, ❸ 원하는 줄과 칸 수 선택하기

그리의 궁금증 표를 만든 다음에 줄이나 칸을 잘못 만든 걸 알았을 때는 어떻게 해요?

표 안에서 마우스 오른쪽 버튼을 클릭하면 '위에 행 1개 삽입', '아래에 행 1개 삽입', '왼쪽에 열 1개 삽입', '오른쪽에 열 1개 삽입', '행 삭제', '열 삭제' 같은 메뉴가 나타납니다. 언제든지 표 모양을 자유롭게 바꿀 수 있어요!

03 만들어진 표의 각 칸을 클릭하기

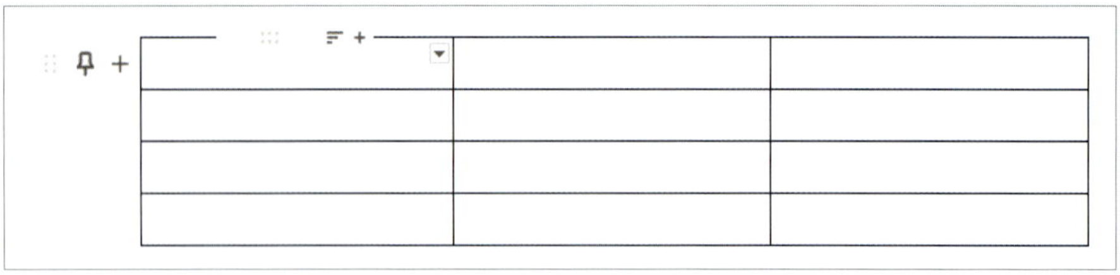

04 조사한 내용 입력하기

이름	좋아하는 것	꿈
김민준	축구	축구 선수
이지혜	그림 그리기	화가
박서준	책 읽기	과학자

 **로미의 꿀팁**

표의 맨 마지막 칸에서 ' Tab ' 키를 누르면 새로운 줄이 바로 생겨나요! 내용을 계속 추가할 때 정말 편리한 비밀 기술이지요.

그리의 미션

☑ 5칸, 3줄짜리 표를 만들어보기

☑ 내가 만든 표에 '아래에 행 삽입'을 눌러 새로운 줄을 추가해보기

표 디자인에 색깔 옷 입히기

표 안의 글자 모양 바꾸기

구글 문서의 표를 디자인 할 수 있어요.

 "로미야! 표는 잘 작성했는데 너무 심심해보이는걸?"

 "기본 표가 너무 심심해 보인다면, 우리만의 스타일로 꾸며볼까? 색깔을 넣고 테두리를 바꾸면 훨씬 눈에 잘 띄는 표를 만들 수 있어!"

1단계 ▶ 표 전체 선택하기

01 마우스 '드래그'로 표 1행 1열부터 마지막 행열까지 모두 선택하기

이름	좋아하는 것	꿈
김민준	축구	축구 선수
이지혜	그림 그리기	화가
박서준준	책 읽기	과학자

2단계 ▶ 입력 내용 정렬하고 꾸미기

02 상단 도구모음에서 ❶ '정렬 및 들여쓰기' - ❷ '가운데 맞춤'을 클릭하여 정렬하기

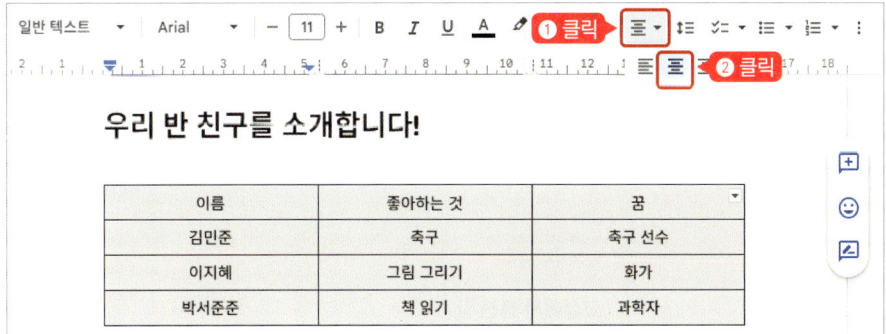

03 마우스 '드래그'로 글자 크기나 굵기를 변경할 행 선택하기

이름	좋아하는 것	꿈
김민준	축구	축구 선수
이지혜	그림 그리기	화가
박서준	책 읽기	과학자

04 ❶ '글꼴'과 ❷ '글자 크기', ❸ '굵게' 선택하여 변경하기

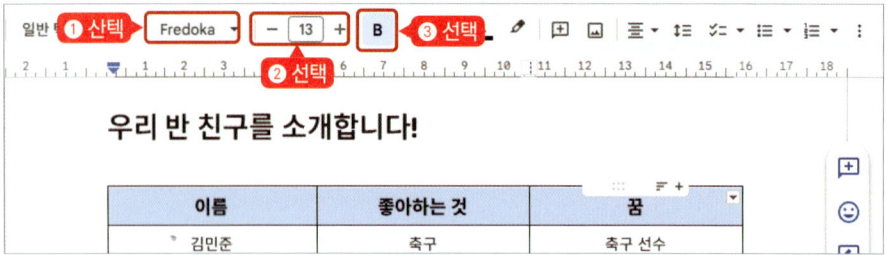

표 모양 바꾸기

1단계 ▶ 표 옵션 선택하기

01 표 위에서 ❶ '마우스 우클릭' - ❷ '표 옵션' 클릭하기

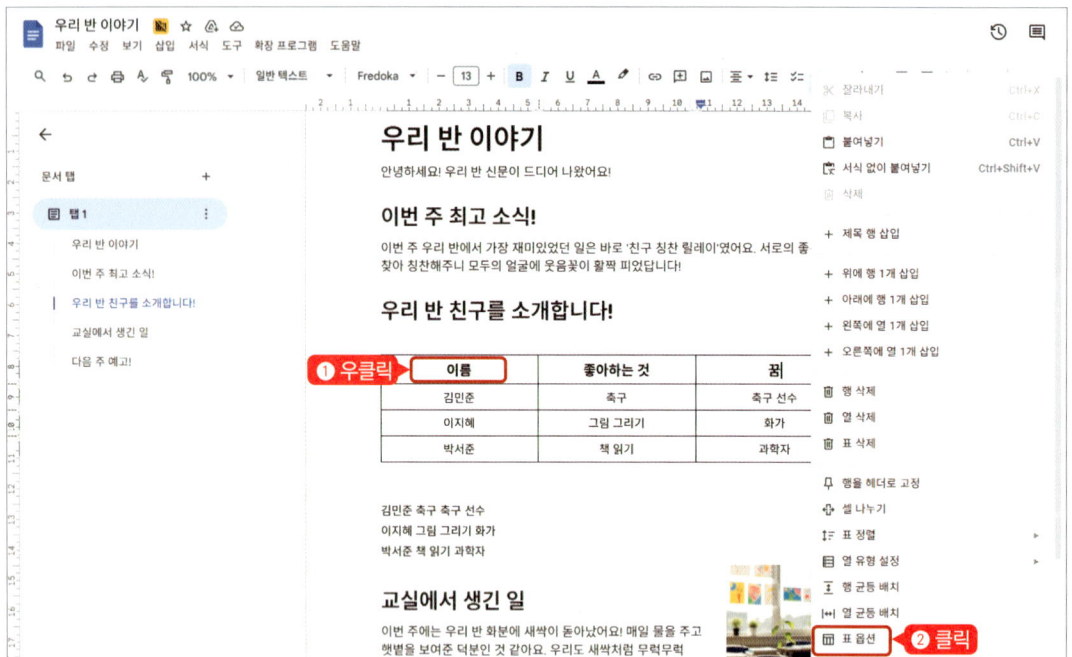

02 '표 옵션'에서 '색상' 선택하기

03 ❶ 표 테두리 아래 '색상 팔레트'에서 ❷ '마음에 드는 색상' 선택하기

04 ❶ 셀 배경을 '변경할 셀을 모두 선택'하고 ❷'마우스 우클릭', '표 옵션' ➔ '색상' ➔ '셀 배경 색상의 색상 팔레트'에서 ❸ 마음에 드는 색상 선택하기

05 테두리를 없애고 싶은 선을 ❶ ' Ctrl 키를 누른채로 모두 선택'한 후 ❷ '테두리 너비'를 ❸ '0pt'로 조정하기

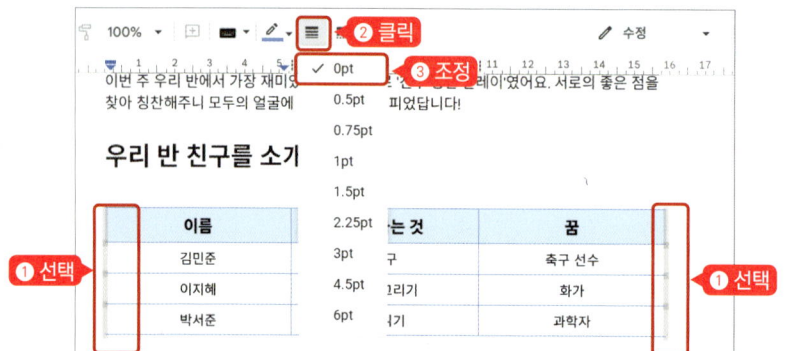

로미의 꿀팁

01 표의 첫 번째 제목 줄은 배경색을 넣어주면 본문과 구분되어 내용을 파악하기 훨씬 쉬워집니다. 중요한 내용이 담긴 칸에만 배경색을 살짝 넣어주는 것도 정보를 강조하는 좋은 방법이지요.

02 제목은 가운데 정렬, 숫자는 오른쪽 정렬로 맞추면 훨씬 보기 좋은 표가 완성됩니다.

그리의 궁금증   셀 병합은 뭐예요?

여러 개의 칸(셀)을 합쳐서 하나의 넓은 칸으로 만드는 기능이에요. 표의 제목처럼 여러 칸에 걸쳐 내용을 쓰고 싶을 때 사용하면 아주 깔끔하게 정리할 수 있어요. 병합하고 싶은 칸들을 드래그한 뒤, 마우스 오른쪽 버튼을 눌러 '셀 병합'을 찾아보세요.

그리의 미션

☑ 7×2 표 만들기

☑ 표의 첫 번째 행에 월요일부터 토요일까지 쓰기

☑ 표의 두 번째 행에 요일별 나의 일정 작성하기

☑ 이번 주 나의 가장 중요한 약속이 있는 칸에 배경색 칠하기

☑ 토요일과 일요일 칸의 테두리 색을 다르게 바꿔보기

☑ 표의 테두리를 점선으로 바꿔서 독특한 느낌 주기

☑ 한 칸을 두 개의 행으로 나누는 셀 나누기 기능 사용해보기 (힌트: 마우스 우클릭)

☑ 각 칸마다 다른 배경색을 넣어 무지개색 표 만들기

☑ 특정 열의 선만 드래그해서 너비를 더 넓게 조정해보기

04 온라인 신문 발행
번역하고 세상에 알리기

학습 영상 **12**

단축키 URL bit.ly/그리와로미

3주

학습내용

1️⃣ 구글 문서의 번역 기능을 사용하여 문서를 다른 언어로 바꿀 수 있다.

2️⃣ '웹에 게시' 기능을 사용하여 누구나 볼 수 있는 웹 페이지 링크를 만들 수 있다.

#문서번역 #웹에게시 #링크공유 #세상과연결

세상과 통하는 번역 마법

문서 번역하기

구글 문서에 작성된 내용을 한 번에 다른 나라의 언어로 번역할 수 있어요.

 "로미야! 우리 반 친구들만 보기엔 우리 신문이 너무 멋져서 아까워"

 "그리야! 구글 문서에서는 클릭 몇 번으로 전체 문서를 번역할 수 있어!. 이젠 전 세계 친구들에게 우리 소식을 전해 보자!"

1단계 문서 번역 선택하기

01 구글 문서 상단의 ❶ '도구' 메뉴에서 ❷ '문서번역' 클릭하기

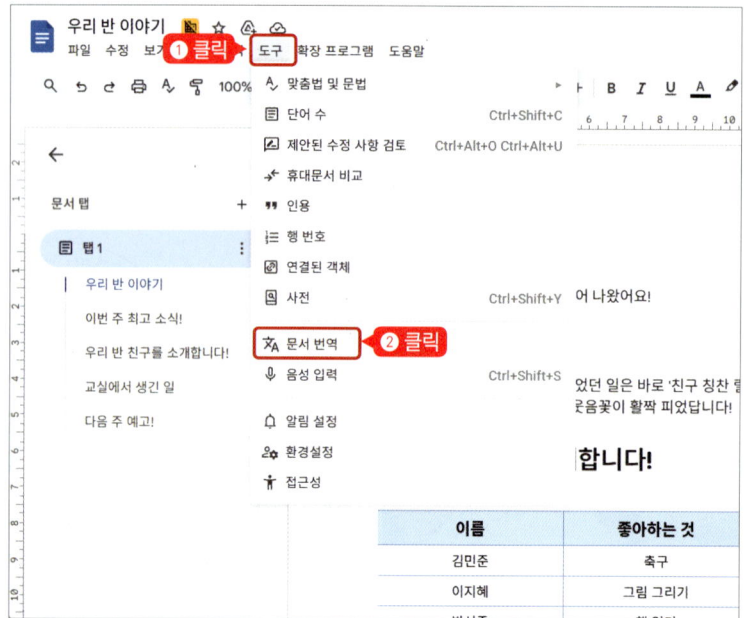

2단계 현재 문서의 번역된 사본 만들기

❶ '새 문서 제목' 변경하기

❷ '언어' 선택하기

❸ '번역' 클릭하기

3단계 ▶ 번역된 문서 확인하기

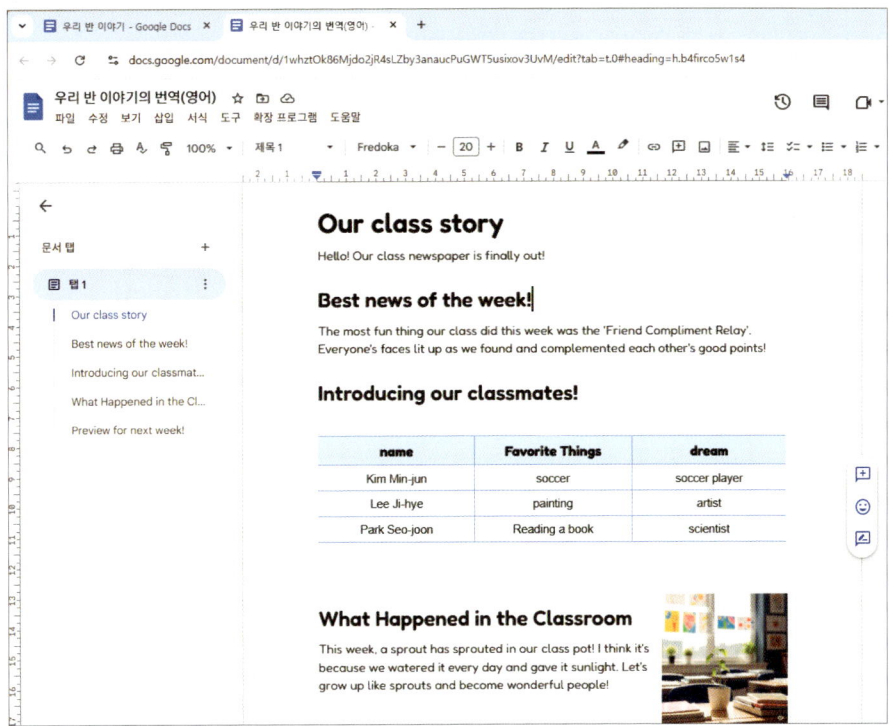

3장

그리의 궁금증   번역이 항상 정확한가요?

자동 번역은 정말 편리하지만, 가끔은 어색하거나 틀리게 번역될 때도 있어요. 중요한 내용을 번역할 때는 꼭 선생님이나 부모님께 한번 확인받는 게 좋아요!

로미의 꿀팁

01 번역된 문서는 새로운 파일로 만들어집니다.

02 원래 내가 작성했던 문서는 그대로 남아있으니 걱정하지 않아도 됩니다.

그리의 미션

☑ 내 이름을 문서에 쓰고 영어와 한자로 각각 번역해보기

☑ 영어 이름

(   )

☑ 한자 이름(힌트: 중국어로 번역)

(   )

☑ 나의 한자 이름과 동일한가요?

(   )

☑ 애국가 1절 문서에 입력한 뒤 여러 언어로 번역해 보기

☑ '감사합니다'를 5개 나라 말로 번역하고 써보기

(   ), (   ), (   ), (   ), (   )

☑ 다른 나라 언어로 번역한 문서를 다시 한국어로 번역하고 비교해보기

☑ 다른 나라 언어로 번역한 문서를 다시 한국어로 번역했을 때 원본 문서의 한국어 문서와 동일한가요?

(   )

우리 신문, 세상에 자랑하기!

 문서 번역하기

구글 문서에 작성된 내용을 웹사이트로 만들 수 있어요.

 "로미야! 번역한 신문을 온라인에서 보게 할 수 있을까?"

"그리야! '웹에 게시' 기능으로 우리 신문의 인터넷 주소를 만들어보자!"

1단계 게시할 문서 선택하기

01 구글 문서 홈에서 게시하고 싶은 문서 선택하기

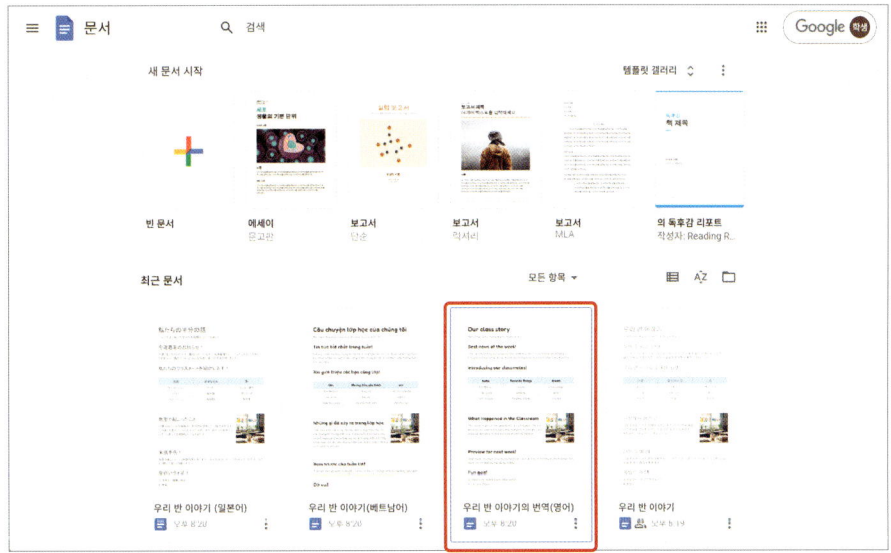

2단계 웹에 게시하기

02 ❶ '파일' ➡ ❷ '공유' ➡ ❸ '웹에 게시' 선택하기

03 '게시' 버튼 클릭하기

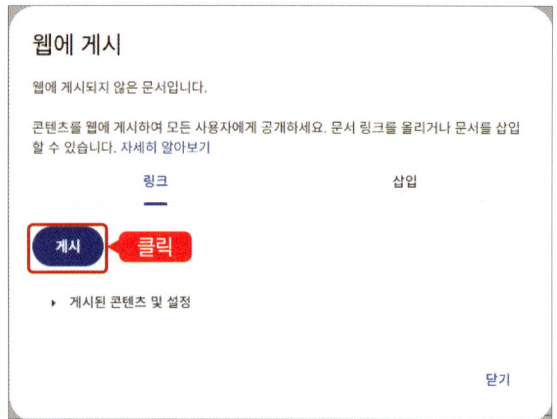

04 팝업창의 '확인' 버튼 클릭하기

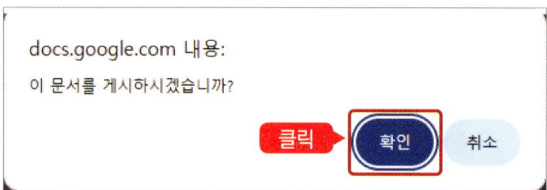

3단계 게시된 페이지의 링크 확인하기

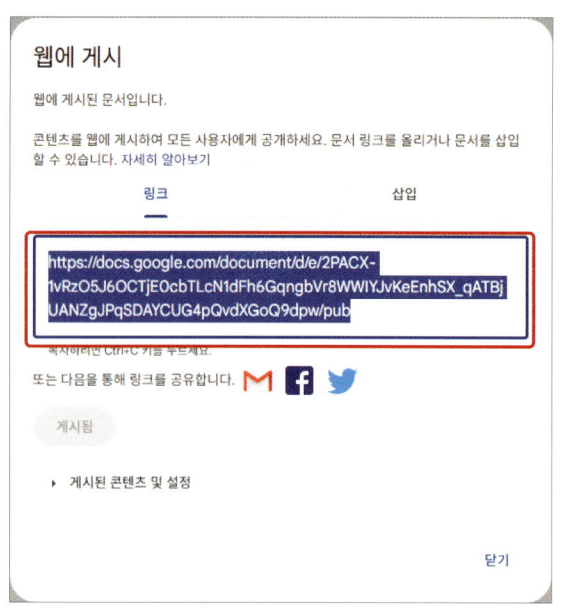

그리의 궁금증 '웹에 게시'랑 그냥 '공유'는 뭐가 달라요?

'공유'는 주로 특정 친구들과 함께 문서를 편집할 때 사용합니다. 하지만 '웹에 게시'는 편집은 못 하지만, 링크만 있으면 누구나 쉽게 볼 수 있는 진짜 '읽기 전용' 웹페이지를 만드는 거예요. 많은 사람에게 내 작품을 보여주고 싶을 때 딱이지요!

4단계 게시된 페이지 확인하기

05 주소 링크가 선택된 상태에서 Ctrl + C 키를 눌러 복사하기

06 크롬 브라우저에 Ctrl + V 키를 눌러 붙여넣기하고 Enter 키 누르기

로미의 꿀팁

'웹에 게시'를 한 후 원본 문서를 수정하면, 게시된 웹 페이지에도 잠시 후에 자동으로 변경 내용이 반영됩니다.

그리의 미션

☑ '게시 중단'을 눌러 내 페이지를 인터넷에서 잠시 내리기

☑ 게시를 중단한 페이지에 다시 접속하면 어떻게 보이나요?

( )

☑ '웹에 게시' 기능을 또 어떤 상황에 사용하면 좋을지 한 가지 이상 써 보기

( )

그리와 로미의
네 번째 모험

우리 동네 셀프 투어 가이드 발표회

01 발표의 첫인상
전문가급 테마 적용하기

학습 영상
13

단축키 URL · bit.ly/그리와로미

학습내용

1 구글 슬라이드에서 새 프레젠테이션을 만들 수 있다.

2 테마 기능을 활용하여 슬라이드 전체 디자인을 바꿀 수 있다.

#GoogleSlides #구글슬라이드 #발표자료 #테마 #디자인 #첫인상

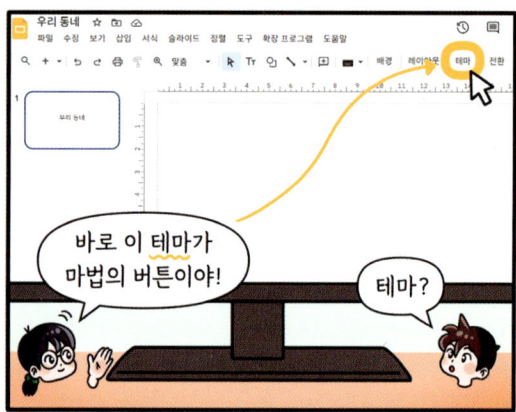

마법 같은 첫인상, 테마로 꾸미기

구글 슬라이드로 발표 자료 만들기

 "로미야! 우리 동네 발표 자료를 만드는데, 하얀 화면에 글씨만 있으니 너무 심심해 보여. 친구들이 지루해 하면 어떡하지?"

 "걱정 마, 그리야! 구글 슬라이드의 '테마' 마법으로 첫인상을 확 사로잡는 거야! 우리만의 발표 자료에 멋진 옷을 입혀주자!!"

 "'테마'? 그게 뭔데? 내 발표 자료를 멋지게 만들어 줄 수 있어?"

구글 슬라이드를 이용하여 발표에 필요한 시각 자료를 만들 수 있어요.

1단계 구글 슬라이드 접속하기

01 크롬 브라우저 첫 화면에서 ❶ 'Google 앱' 클릭 후 ❷ 'Slides' 클릭하기

로미의 꿀팁

01 Slides 아이콘이 안 보이면 아래로 스크롤을 내려봐요.

02 Slides 아이콘이 너무 아래 있으면 1장에서 배운 드래그 & 드롭으로 화면 위로 올릴 수도 있어요.

2단계 새 프레젠테이션 만들기

02 '빈 프레젠테이션' 클릭하기

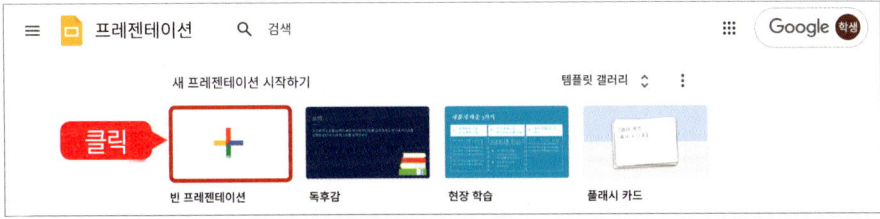

3단계 테마 적용하기

03 프레젠테이션이 만들어지고 오른쪽에 자동으로 나타나는 '테마' 메뉴 확인하기

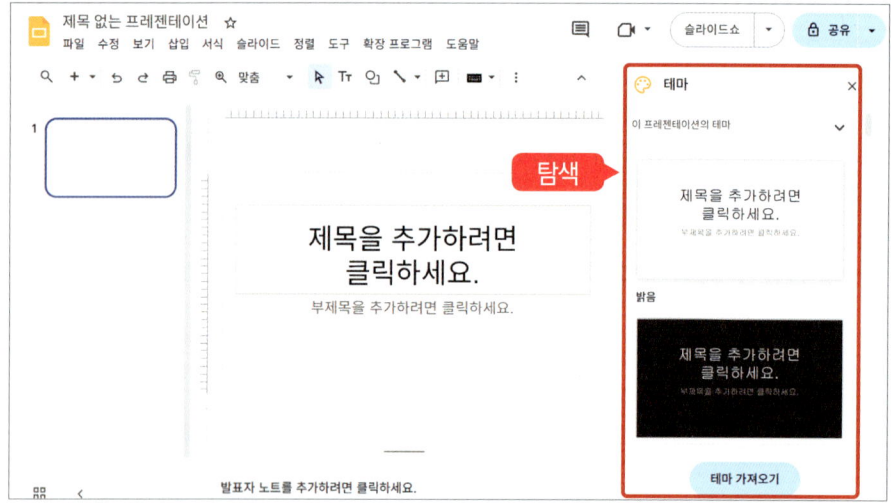

04 스크롤바를 내려 다양한 테마 디자인을 구경하고 마음에 드는 테마 클릭하기

4장

그리의 궁금증 테마를 정했는데, 색깔만 살짝 바꾸고 싶을 땐 어떻게 해요?

물론 가능합니다. 상단 메뉴에서 '보기' ➡ '테마 만들기 도구'로 들어가면 아주 세세한 부분까지 바꿀 수 있지만, 우선은 '배경' 버튼을 눌러서 간단하게 배경색만 바꿔보는 걸 추천합니다.

그리의 미션

☑ 템플릿 갤러리에서 마음에 드는 슬라이드 양식 둘러보고 열어 보기

☑ 템플릿 갤러리에서 사진 앨범 템플렛 열어보기

☑ 첫 페이지의 제목 글꼴을 'Noto Sans KR'로 바꿔보기(글꼴이 보이지 않으면 글꼴 더 보기에서 찾아서 '확인'버튼 클릭)

☑ 슬라이드 제목 바꿔보기

내가 만든 슬라이드 제목: (   )

☑ 기본 배경색을 내가 좋아하는 색으로 변경해 보기
   (힌트: 마우스 우클릭 '배경 변경' ➡ '색상')

☑ 테마를 선택하고 '어두움' 테마 적용해보기

☑ 구글 슬라이드에서 제공하는 테마 중 '기하학' 느낌의 테마를 찾아 적용해 보기

☑ 상단 도구모음의 테마 옆에 '전환'을 클릭하고 슬라이드 전환 효과를 바꿔보기

척척 정리정돈, 레이아웃 변경하기

구글 슬라이드 레이아웃 변경하기

 "우와! 테마를 바꾸니 순식간에 근사해졌어! 이제 내용을 채워야 하는데, 사진과 글을 깔끔하게 넣고 싶어."

 "좋아! 그럴 땐 '레이아웃'을 사용하는 거야. 내용에 딱 맞는 구조를 고르면 슬라이드가 훨씬 깔끔해져!"

 "레이아웃? 그건 또 뭐야? 옷을 입혔으니 이제 가구를 놓는 건가? 얼른 알려줘!"

1단계 페이지 추가하기

01 왼쪽 위의 ❶ '+' 버튼을 누르거나, 슬라이드 축소판에서 Enter 키를 눌러 ❷ 새 슬라이드 만들기

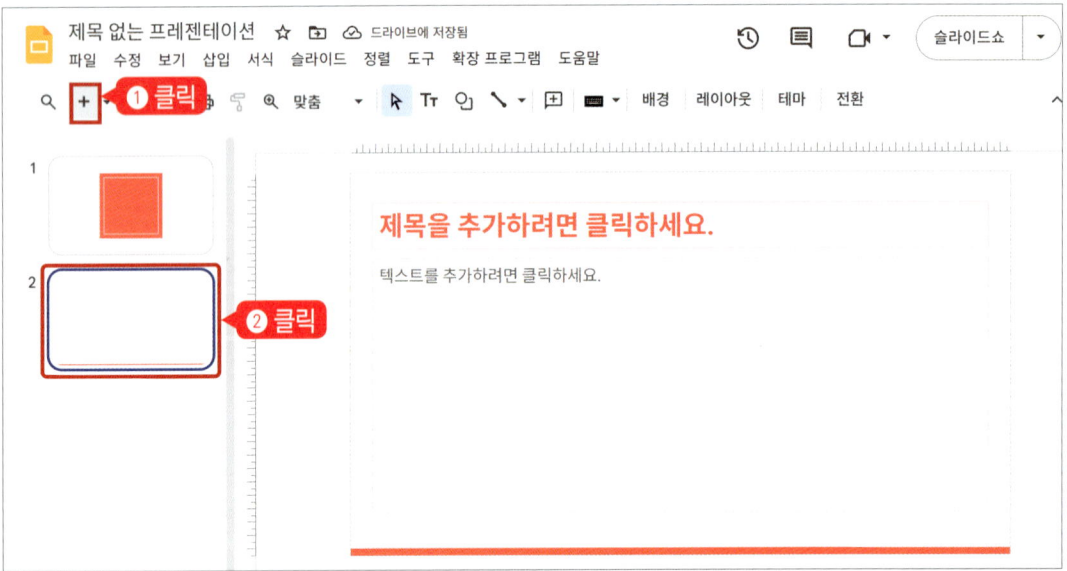

 로미의 꿀팁

01 슬라이드 축소판 위에서 마우스 우클릭을 하면 '+ 새 슬라이드 추가' 버튼이 있습니다.

02 단축키 Ctrl + M 을 클릭하여도 새 슬라이드를 추가할 수 있습니다.

02 상단 도구모음에서 '레이아웃' 아이콘 클릭하기

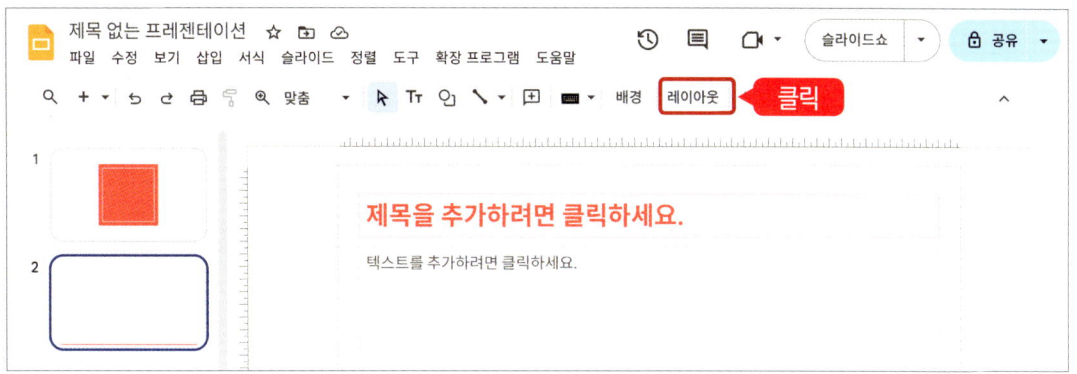

03 '마음에 드는 레이아웃'을 찾아 클릭하기

로미의 꿀팁

01 '제목 및 본문', '섹션 헤더', '제목 및 열 2개' 등 다양한 레이아웃 중에서 내용에 가장 어울리는 것을 선택하세요.

02 예를 들어, 우리 동네 맛집과 놀이터를 비교하고 싶다면 '제목 및 열 2개' 레이아웃을 사용하면 좋습니다.

03 각 레이아웃의 텍스트 상자에는 어떤 내용을 넣으면 좋을지 회색 글씨로 안내되어 있습니다. '제목을 추가하려면 클릭하세요' 같은 안내 문구를 따라 내용을 채워보세요.

04 슬라이드 축소판의 슬라이드 위에서 마우스 우클릭을 하면 '레이아웃 적용' 메뉴가 있습니다. '레이아웃 적용' 메뉴 위에 마우스를 올리면 레이아웃을 한 눈에 보고 변경할 수 있습니다.

그리의 미션

- ☑ 프레젠테이션에 새 슬라이드 7개 추가하기

- ☑ 첫 번째 슬라이드에 '동물 친구들'이라는 제목 추가하기

- ☑ 두 번째 슬라이드에 '제목 및 열 2개' 레이아웃을 사용하여 '강아지 vs 고양이'의 장단점을 비교하는 슬라이드 만들기

- ☑ 세 번째와 네 번째 슬라이드에 '섹션 헤더' 레이아웃으로 '1. 강아지', '2. 고양이'를 적고 발표의 큰 주제를 나눠보기

- ☑ 다섯 번째 슬라이드에 '요점' 레이아웃을 사용하여 내가 가장 강조하고 싶은 주장을 적어보기

- ☑ 여섯 번째 슬라이드에 '큰 숫자' 레이아웃을 사용하여 텍스트 28.6% 쓰고 강조해 보기

- ☑ 일곱 번째 슬라이드에서 '내용 없음' 레이아웃에 텍스트 상자 3개, 이미지 2개를 내 마음대로 배치하여 나만의 잡지 페이지처럼 꾸며보기

- ☑ 작성한 슬라이드를 한 눈에 보는 바둑판 보기 '⊞'아이콘 찾아 클릭해보기

- ☑ 슬라이드 레이아웃 '▣'아이콘을 찾아 클릭해보기

- ☑ 왼쪽 슬라이드 레이아웃 보기에서 슬라이드 순서를 드래그 앤 드롭으로 바꿔보기 (예 1번과 3번 슬라이드 순서 바꾸기)

- ☑ 슬라이드 축소판에서 복사를 원하는 슬라이드 마우스 우클릭 후 '슬라이드 복사' 하기

- ☑ 복제해서 추가된 슬라이드 위에서 마우스 우클릭하고 '삭제'해보기

- ☑ '되돌리기(Ctrl + Z)' 단축키로 위에서 삭제한 슬라이드 되살려보기

02 슬라이드 꾸미기 대작전
사진, 글꼴, 순간이동 하이퍼링크!

학습 영상 **14**  단축키 URL bit.ly/그리와로미

4주

학습내용
1 슬라이드에 이미지와 텍스트를 삽입하고 꾸밀 수 있다.
2 하이퍼링크 기능을 사용하여 다른 슬라이드로 이동하는 버튼을 만들 수 있다.

#사진넣기 #글꼴꾸미기 #하이퍼링크 #상호작용 #발표자료꾸미기

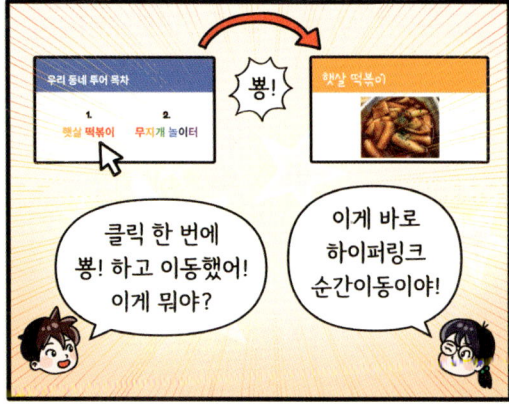

맛있게 꾸미기! 사진 추가와 글꼴 변경

슬라이드에 이미지 넣고 꾸미기

"김이 모락모락 나는 떡볶이 사진을 넣고, 글씨체도 맛있어 보이게 바꿔서 군침이 돌게 만들어 보자!"

1단계 슬라이드 선택하기

01 '이미지를 삽입할 슬라이드' 선택하기

2단계 이미지 삽입하기

02 ❶ '삽입' ➡ ❷ '이미지' ➡ ❸ '스톡 및 웹' 클릭하기

03 검색창에 '떡볶이' 입력하고 `Enter` 키 누르기

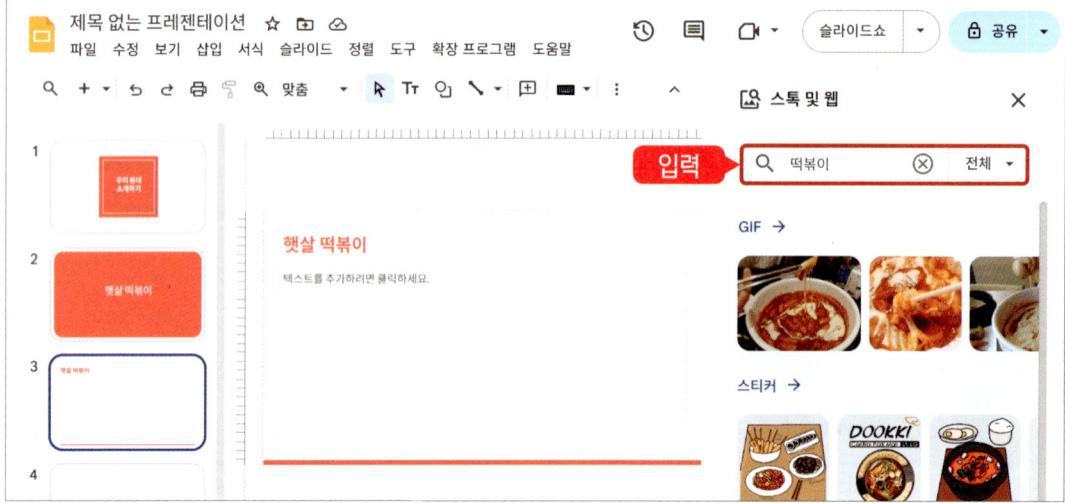

04 '`Google 이미지`' 클릭하기

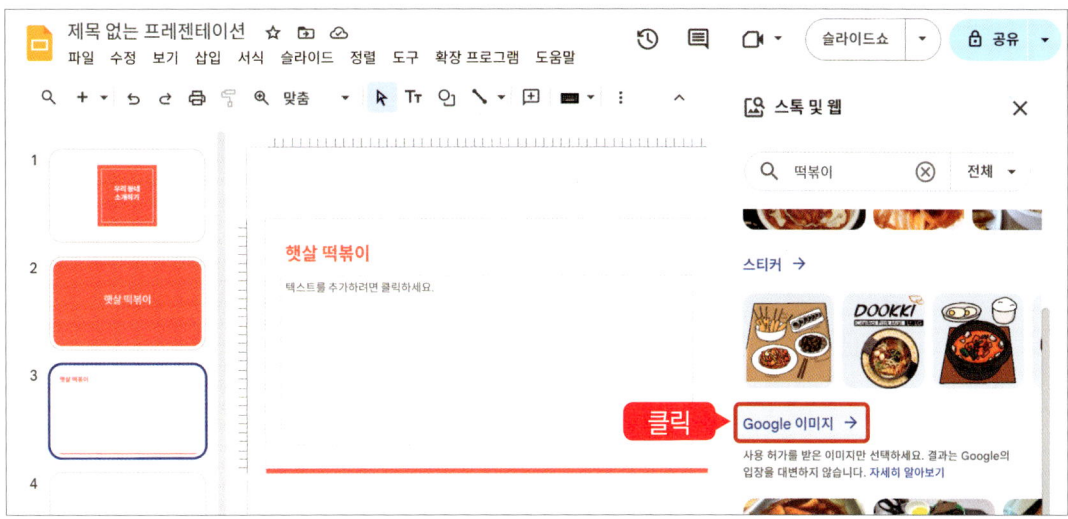

05 '`마음에 드는 이미지`'를 골라 클릭

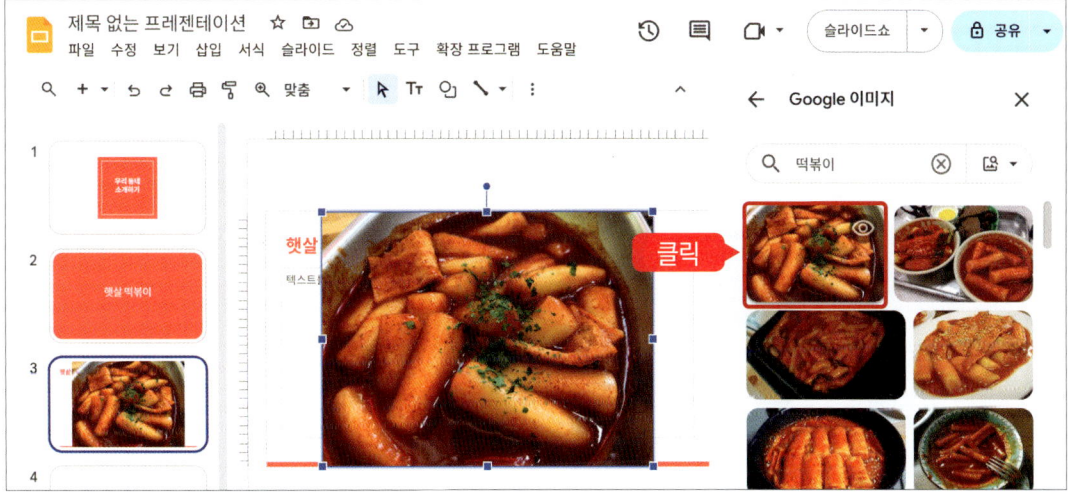

06 이미지 사이즈 조절하고 배치하기

로미의 꿀팁

01 오른쪽 사이드 바에서 '스톡 및 웹 아이콘 🖼️'을 클릭해도 이미지를 검색할 수 있습니다.

02 이미지를 클릭하면 파란색 조절점이 생겨요. 모서리의 조절점을 드래그하면 크기를 조절할 수 있고, 이미지를 끌어다 놓으면 위치를 옮길 수 있어요. `Shift` 키를 누른 채로 모서리를 조절하면 비율이 변하지 않아요!

그리의 궁금증 인터넷 사진 말고 내가 직접 그린 그림이나 직접 찍은 사진을 넣을 수는 없나요?

❶ '삽입' → ❷ '이미지' → ❸ '컴퓨터에서 업로드'를 선택하면 내 컴퓨터에 저장된 어떤 그림 파일이든 올릴 수 있어요. 직접 그린 멋진 그림을 스캔하거나 사진으로 찍어서 넣어보세요!

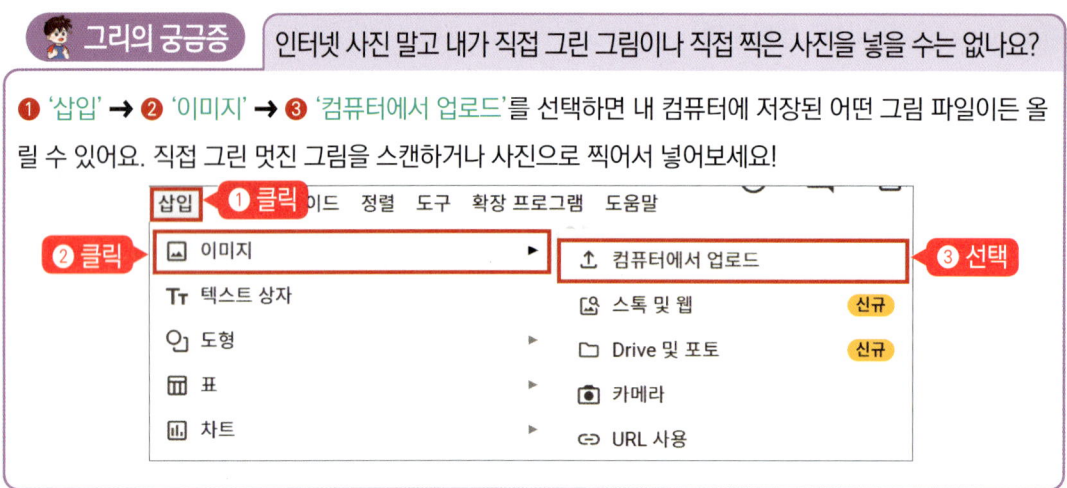

3단계 글꼴 변경하기

07 ❶ '텍스트 상자' 클릭하고 ❷ '글꼴 서식' 변경하기

글꼴 서식 변경 아이콘은 3장에서 배운 것과 동일해요.

그리의 미션

☑ 내가 넣은 과일 이미지에 그림자 효과 넣어보기 '서식 옵션' → '그림자'

☑ 내가 좋아하는 연예인 사진 넣고, 동그라미 모양으로 잘라보기 '이미지 선택' → '자르기 아이콘 옆 화살표 ⌐⌐ ▾' → '도형' → '원'

뿅! 순간이동! 하이퍼링크 만들기

슬라이드에 하이퍼링크 걸기

 "발표할 때 목차를 보고 바로 그 페이지로 찾아가고 싶어."

 "바로 그게 하이퍼링크 마법이 필요한 순간이야! 목차의 글자를 누르면 원하는 슬라이드로 순간이 동하도록 만들어 보자!"

1단계 목차 슬라이드 만들기

01 표지 슬라이드에서 Enter 키를 입력하여 새 슬라이드 3개 추가하기

02 두 번째 슬라이드 '레이아웃'을 제목 및 열 2개로 바꾸기

03 '제목을 추가하려면 클릭하세요' 칸에 '우리 동네 투어 목차'라고 제목 쓰기

04 아래 '텍스트를 추가하려면 클릭하세요.' 칸에 각각 '1. 햇살 떡볶이', '2. 무지개 놀이터' 목록 만들기

05 단어에 어울리게 '글꼴 서식' 바꾸기

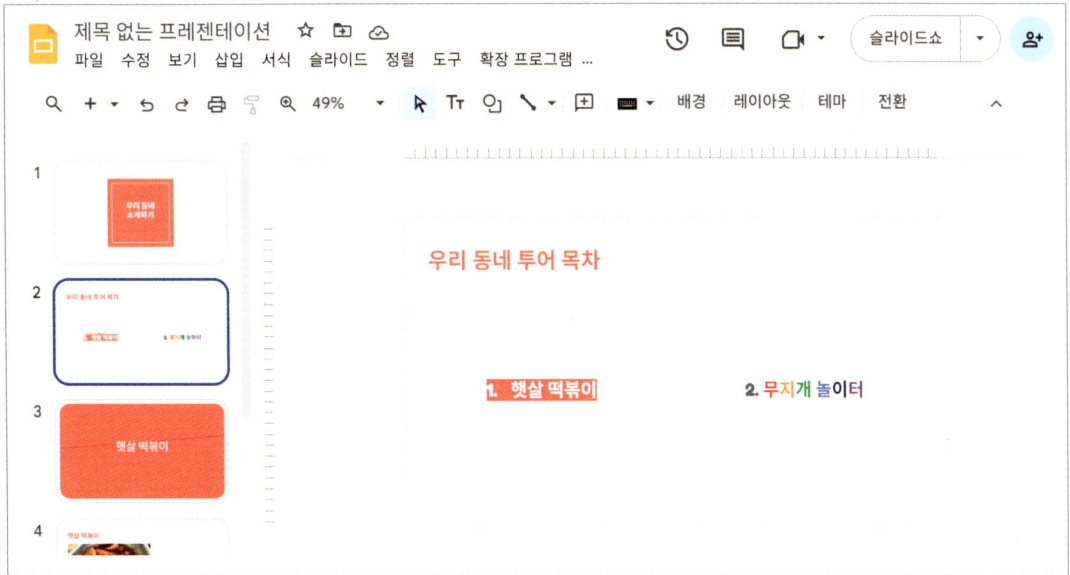

 **로미의 꿀팁**

목차 목록을 만들 때, 상단 도구 모음의 '번호 매기기 목록' 버튼을 사용하면 1, 2, 3 숫자를 직접 입력 하지 않아도 자동으로 번호가 붙습니다.

06 텍스트 상자 위에서 ❶ '마우스 우클릭' ➡ ❷ '링크' 선택하기

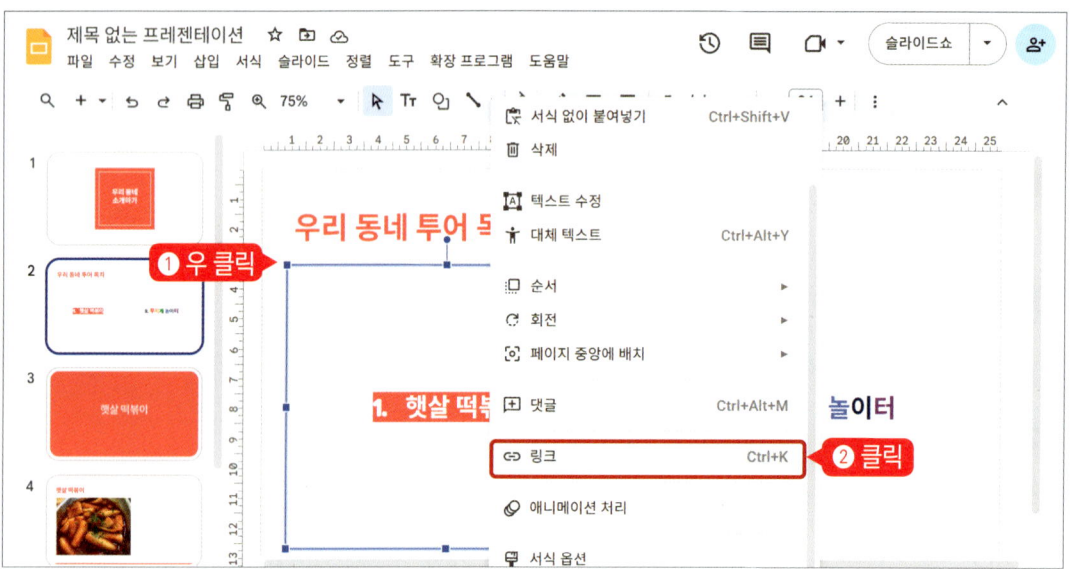

07 '이 프레젠테이션의 슬라이드' 클릭하기

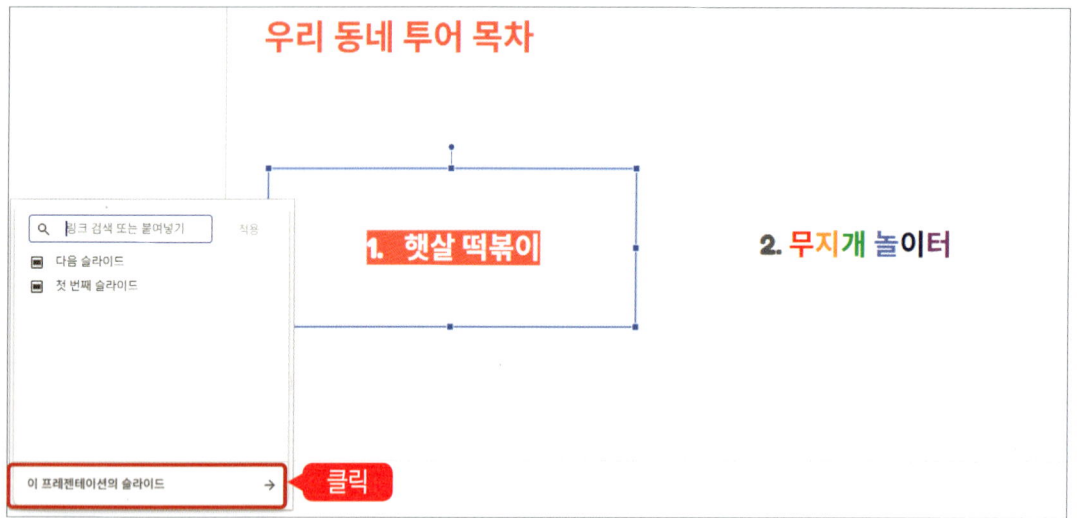

🧑 **로미의 꿀팁**

각 장소 슬라이드에 '목차로 돌아가기'라는 글자나 '집 모양 아이콘'을 만들어 목차 슬라이드로 다시 하이퍼링크를 걸어두면, 발표할 때 자유자재로 슬라이드를 오갈 수 있습니다.

08 '연결할 슬라이드' 클릭하기

09 적용된 링크 확인하기

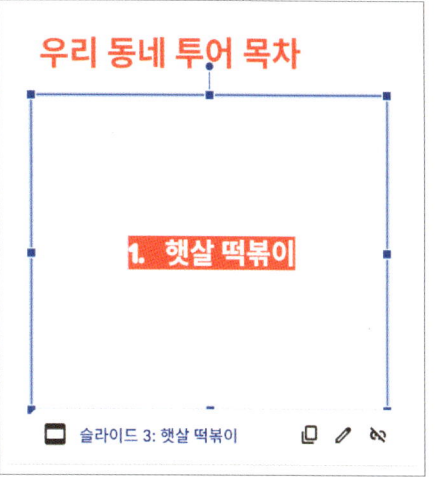

그리의 미션

☑ 프레젠테이션에서 슬라이드 여러 장을 만들고 맨 마지막페이지에 '시작!'이라고 쓴 뒤, 첫 번째 슬라이드로 하이퍼링크 걸어보기

☑ 우리 학교 이름을 쓰고 학교 이름에 우리 학교 홈페이지 주소를 하이퍼링크로 연결해 보기

☑ ' ✏ ' 버튼을 클릭하여 하이퍼링크를 수정해보기

☑ ' 🔗 ' 버튼 클릭해보기, 무슨 일이 벌어지나요?
(   )

☑ 슬라이드 쇼 상태에서 하이퍼링크가 걸린 텍스트는 마우스 커서 모양이 어떻게 변하는지 관찰하기

☑ 이미지에도 하이퍼링크를 걸 수 있는지 직접 시도해 보기

03 영상으로 생생하게!
유튜브 영상 삽입과 편집

학습 영상
15

단축키 URL   bit.ly/그리와로미

학습내용

1 구글 슬라이드에서 유튜브 동영상을 검색하고 삽입할 수 있다.

2 삽입된 동영상의 시작과 끝 시간을 조절하여 원하는 부분만 재생할 수 있다.

#유튜브영상삽입 #동영상편집 #생생한발표 #시작시간 #종료시간

영상으로 생생함 채우기!

유튜브 영상 삽입하기

1단계 동영상 삽입 메뉴 열기

01 영상을 삽입할 '슬라이드' 클릭하기

02 ❶'삽입' - ❷'동영상' 메뉴 클릭하기

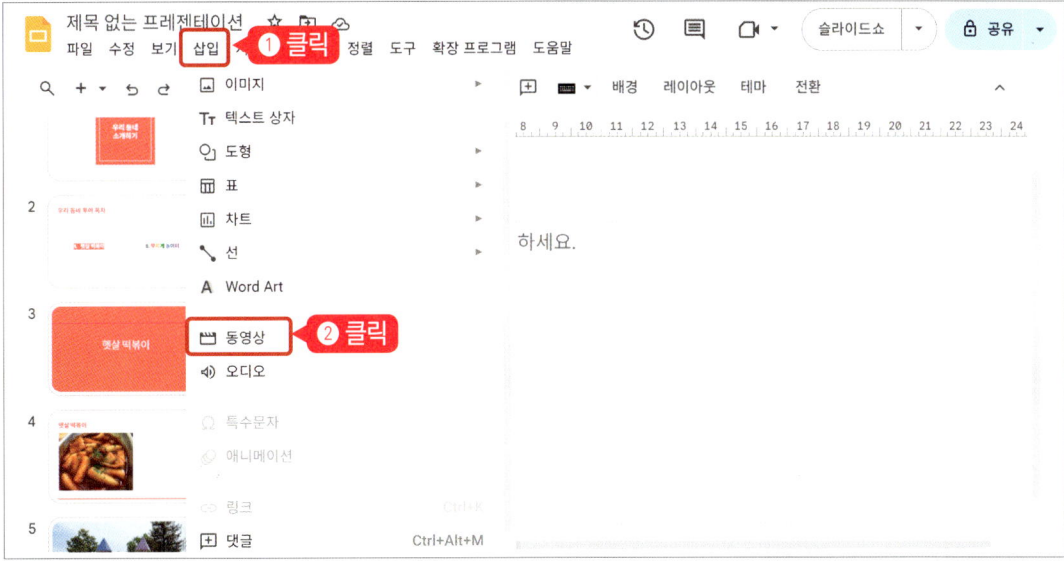

2단계 영상 검색하기

03 Youtube 전체 검색 또는 URL 붙여넣기 창에서 '키워드' 입력하고 Enter 키 누르기

3단계 ▶ 영상 삽입하기

04 적합한 ❶ 영상을 선택하고 ❷ '삽입' 클릭하기

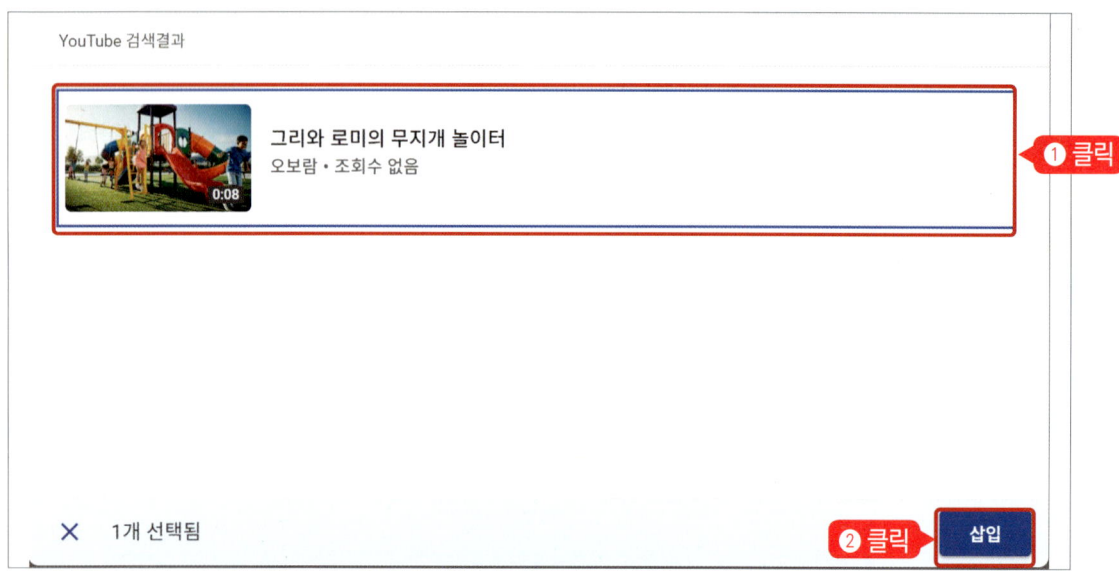

05 모서리 끝의 '파란색 조절점'을 클릭하여 영상의 사이즈 조절하기

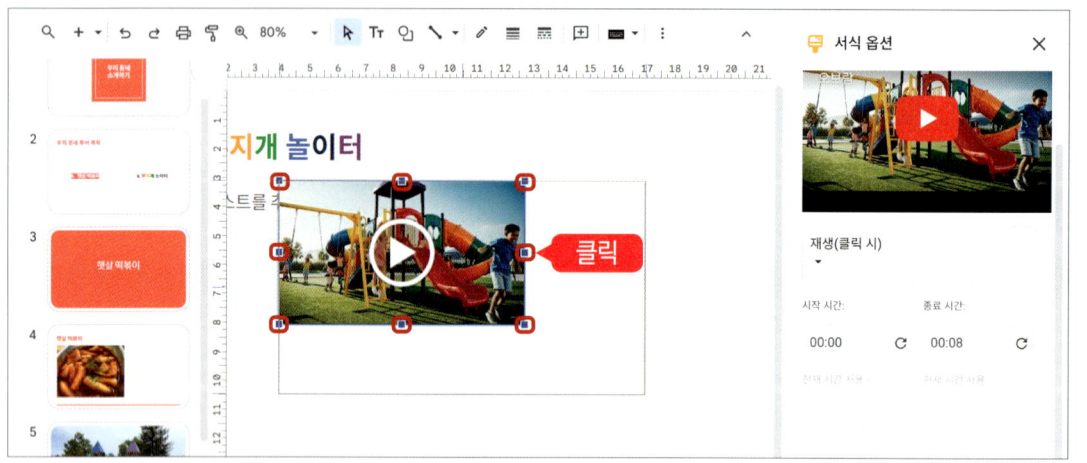

🎨 로미의 꿀팁

만약 보고 있던 유튜브 영상의 주소(URL)를 알고 있다면, 주소를 붙여넣기 해서 영상을 바로 삽입할 수도 있습니다 훨씬 정확하게 원하는 영상을 삽입할 수 있지요.

그리의 궁금증 내가 직접 찍은 우리 동네 영상은 넣을 수 없나요?

내가 찍은 영상을 내 구글 드라이브에 먼저 올려두면 가능합니다. 그리고 '삽입' ➡ '동영상' ➡ 'Google 드라이브' 탭을 선택하면 드라이브에 있는 내 영상을 바로 슬라이드에 넣을 수 있습니다.

그리의 미션

☑ 유튜브 주소로 검색하여 동영상 삽입하기

☑ 동영상 삽입 검색창에서 '360° VR Spacewalk Experience'을 찾아 슬라이드에 삽입하고 어떻게 재생되는지 관찰하기 무슨 일이 벌어지나요?(힌트: 마우스로 화면을 클릭한 채로 움직여보세요),

(   )

☑ 삽입한 동영상의 크기를 슬라이드 전체 화면에 꽉 차게 조절해 보기

☑ 내가 직접 찍은 영상을 구글 드라이브에 올린 후, 슬라이드에 삽입해 보기

☑ 삽입한 영상의 '서식 옵션'에서 '그림자' 효과를 추가해 보기

☑ 영상의 재생 속도를 빠르게 하거나 느리게 할 수 있는지 탐색해 보기
(힌트: 유튜브 자체 기능)

☑ 외국어로 된 영상에 자막을 생성하는 방법 탐색해 보기 (힌트: 유튜브 자체 기능)

☑ 슬라이드에 영상을 넣으면 어떤 점이 좋은지 3가지 이상 이야기해 보기

(   )
(   )
(   )

하이라이트만 쏙! 영상 편집하기

유튜브 영상 길이 조절하기

 "영상을 넣으니까 정말 좋다! 그런데 영상이 5분이나 돼. 너무 길어서 친구들이 지루해할 것 같아."

 "걱정 마! 영상 전체를 다 보여줄 필요는 없어. 우리가 보여주고 싶은 가장 신나는 부분만 딱 잘라서 보여주는 마법을 알려줄게!"

1단계 서식 옵션 창 열기

01 슬라이드에 삽입된 ❶ '동영상' 클릭하기

02 상단 도구 모음에서 ❷ '서식 옵션' 메뉴 클릭하기

2단계 재생 시간 조절하기

03 서식 옵션 창에서 '동영상 재생' 부분찾기

04 시작 시간과 종료 시간에 '원하는 시간' 직접 입력하기 (예를 들어, 2초부터 7초까지만 보여주고 싶다면 시작 시간을 00:02, 종료 시간을 00:07로 설정)

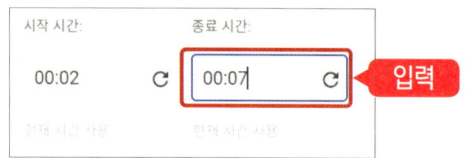

 **로미의 꿀팁**

01 영상 아래에 있는 '오디오 음소거' 상자를 체크하면, 소리 없이 영상만 배경처럼 보여줄 수도 있습니다. 발표자가 직접 설명할 때 유용하겠지요?

02 서식 옵션에서 '재생(자동)'을 선택하면 슬라이드 쇼에서 해당 슬라이드로 넘어갔을 때 클릭하지 않아도 영상이 바로 시작돼서 더 전문가 같아 보일 수 있습니다.

03 영상의 크기를 조절한 뒤, 위치 메뉴에서 최솟값은 중앙을 선택, X와 Y축을 각각 '0cm'로 입력하면 슬라이드 정중앙에 영상을 정확하게 배치할 수 있습니다.

그리의 궁금증 재생(클릭 시), 재생(자동), 재생(수동)은 어떻게 달라요?

– **재생(클릭 시)**: '다음 슬라이드로 넘기는 버튼 〉'을 클릭하거나 Enter 키를 눌렀을 때 영상이 재생됩니다.

– **재생(자동)**: 이 설정을 하면 해당 슬라이드로 넘어가는 순간 자동으로 영상이 시작됩니다. 친구들의 시선을 확 사로잡는 오프닝 영상에 사용하면 멋지겠지요?

– **재생(수동)**: 내가 슬라이드 쇼 중에 영상을 마우스로 직접 클릭해야만 재생됩니다. 언제 시작할지 내가 정하고 싶을 때 좋습니다.

3단계 슬라이드쇼 진행하기

05 상단 '슬라이드쇼'를 클릭합니다.

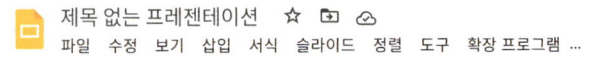

06 영상이 의도한대로 잘 재생되는지 확인합니다.

☑ 애국가 1절만 나오도록 유튜브 영상을 찾아 삽입하고 시간 조절하기

☑ 애국가 1절만 나오는 슬라이드를 복제하여 2절만 나오도록 시간 조절하기

☑ 내가 가장 좋아하는 노래의 뮤직비디오를 삽입하고, 가장 좋아하는 부분 30초만 재생되도록 편집하기

☑ 과학 실험 영상을 찾아 삽입하고, 실험이 성공하는 결정적인 순간만 10초 재생되도록 만들기

☑ '고요한 숲속 풍경' 영상을 찾아 삽입한 뒤 오디오 음소거를 클릭하여 소리를 끄고 슬라이드 배경처럼 활용해 보기

☑ 서식 옵션에서 동영상이 '재생(클릭 시)'가 아닌 '재생(자동)'이 되도록 설정 바꿔보기

☑ 삽입한 영상 위에 겹치도록 텍스트 상자를 추가해서 글자 입력해보기

☑ 위에서 추가한 텍스트가 슬라이드쇼 실행 후 동영상 재생 시작 이후에도 보이는지 확인하기

(   )

☑ 삽입한 영상 위에 '삽입' ➡ '도형' ➡ '설명선'에서 '말풍선'을 선택하여 추가해보기

☑ 한 슬라이드에 두 개의 영상을 넣어보기

☑ 두 영상이 동시에 재생되도록 설정해보기 (힌트: 두 영상 모두 자동 재생으로 설정)

☑ 하나의 동영상에 그림자를 추가해보기 (힌트: 서식 옵션에서 그림자에 체크)

☑ 그림자의 색상을 바꿔보기

☑ 슬라이드를 웹에 게시해보기 (3장에서 배웠던 내용을 떠올려봐요)

떨지 않고 발표하기
발표자 노트와 함께 멋진 슬라이드 쇼!

학습 영상 16

단축키 URL bit.ly/그리와로미

4주

학습내용

1 발표자 노트 기능을 활용하여 발표 대본을 작성할 수 있다.

2 '발표자 보기' 모드를 사용하여 자신감 있게 슬라이드 쇼를 진행할 수 있다.

#발표자노트 #슬라이드쇼 #발표자보기 #자신감 #떨지않고발표하기

나만의 비밀 대본, 발표자 노트

발표자 노트 작성하기

 "로미... 드디어 발표 자료가 완성됐는데, 막상 발표할 생각을 하니 너무 떨려. 무슨 말을 해야 할지 다 잊어버리면 어떡하지?"

 "그리야, 모든 발표자는 너처럼 떨리는 마음이 들어. 그래서 우리에겐 비밀 무기, '발표자 노트'가 필요해! 여기에 대본을 적어두면 안심하고 발표할 수 있어."

1단계 발표자 노트 창 찾기

01 슬라이드 편집 화면 맨 아래에서 '발표자 노트를 추가하려면 클릭하세요' 창 찾기

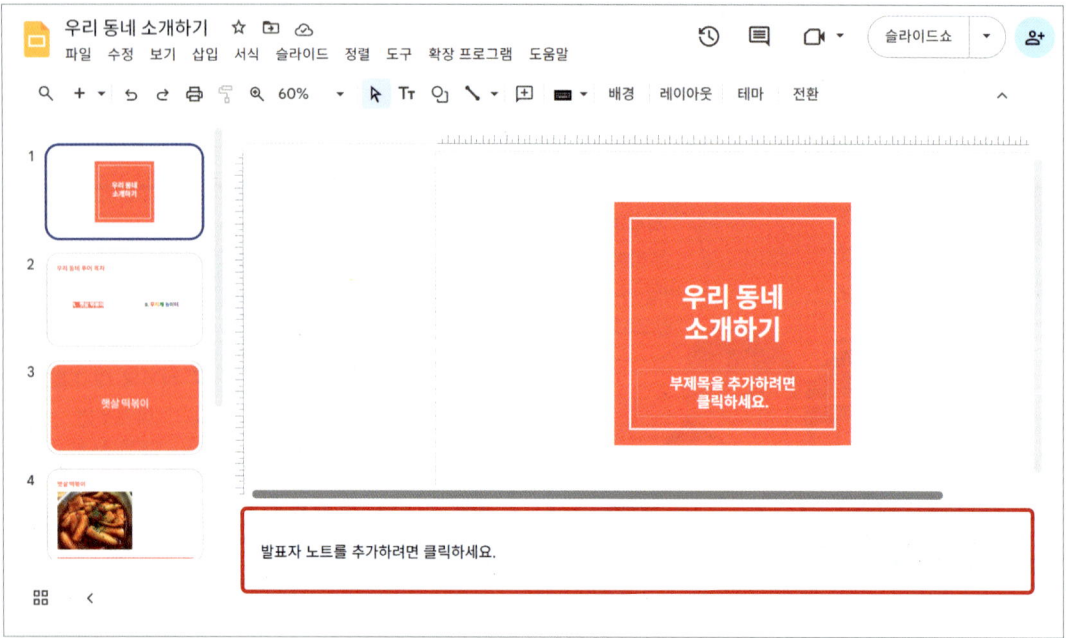

로미의 꿀팁

01 만약 발표자 노트 창이 보이지 않는다면, 창 아래쪽의 경계선을 마우스로 잡아 위로 끌어올리면 나타납니다.

02 발표자 노트 창을 잠깐 숨기고 슬라이드 편집 화면을 더 넓게 보고 싶다면, 상단 메뉴에서 '보기' → '발표자 노트 표시'를 눌러 '체크 표시'를 없애면 됩니다.

03 발표자 노트를 다시 보고 싶을 때 똑같이 '보기' → '발표자 노트 표시'를 눌러서 체크하면 다시 나타납니다.

02 '발표자 노트' 창을 클릭하고, 현재 슬라이드에서 발표할 내용을 적습니다.

로미의 꿀팁

01 완전한 문장으로 적어도 좋고, '놀이터의 역사 설명하기', '친구들에게 질문하기'처럼 핵심 단어만 적어둬도 좋습니다.

02 발표자 노트에는 발표하려는 대본 뿐만 아니라 '여기서 잠깐 쉬기', '친구들과 눈 맞추기', '목소리 크게!' 같은 나만의 다짐을 적어두면 발표할 때 큰 도움이 됩니다.

그리의 궁금증 ▏ 발표자 노트에 글씨 크기나 색깔도 바꿀 수 있을까요?

발표자 노트도 일반 텍스트 상자처럼 글꼴, 크기, 굵기, 색깔 등을 자유롭게 바꿀 수 있습니다. 중요한 부분은 굵게, 빨간색으로 강조해두면 눈에 확 들어옵니다.

그리의 미션

☑ QR코드를 스캔하여 '우리 동네 소개하기' 프레젠테이션 사본 만들기

☑ 첫 번째 슬라이드 발표자 노트에 '안녕하세요! 지금부터 우리 동네의 보물 같은 장소들을 소개할 OOO입니다.'라고 자기소개 대본 적어보기

단축URL bit.ly/그리사본

☑ '햇살 떡볶이' 슬라이드 노트에 떡볶이의 맛을 실감 나게 표현하는 단어 5개 적어보기 (예) 매콤달콤, 쫄깃쫄깃)

☑ '무지개 놀이터' 슬라이드 노트에 '여러분은 이 놀이터에서 어떤 기구를 가장 타고 싶나요?'라고 친구들에게 할 질문 적어보기

☑ 마지막 슬라이드 노트에 '지금까지 저의 발표를 들어주셔서 감사합니다.'라고 끝인사 작성해보기

☑ 발표자 노트의 글자 크기를 24로 키워보기

전문가처럼 발표! 슬라이드 쇼 & 발표자 보기

발표자 노트 작성하기

 "대본까지 쓰니 마음이 놓여. 이제 진짜 발표만 잘하면 되는데!"

 "좋아! 그럼 최종 리허설을 해보자. '발표자 보기' 모드로 전환하면, 네가 쓴 비밀 대본을 보면서 전문가처럼 멋지게 발표할 수 있어!"

1단계 슬라이드 쇼 시작하기

01 슬라이드 쇼 메뉴 옆 ❶ '화살표' 클릭하고, ❷ '발표자 보기' 클릭하기

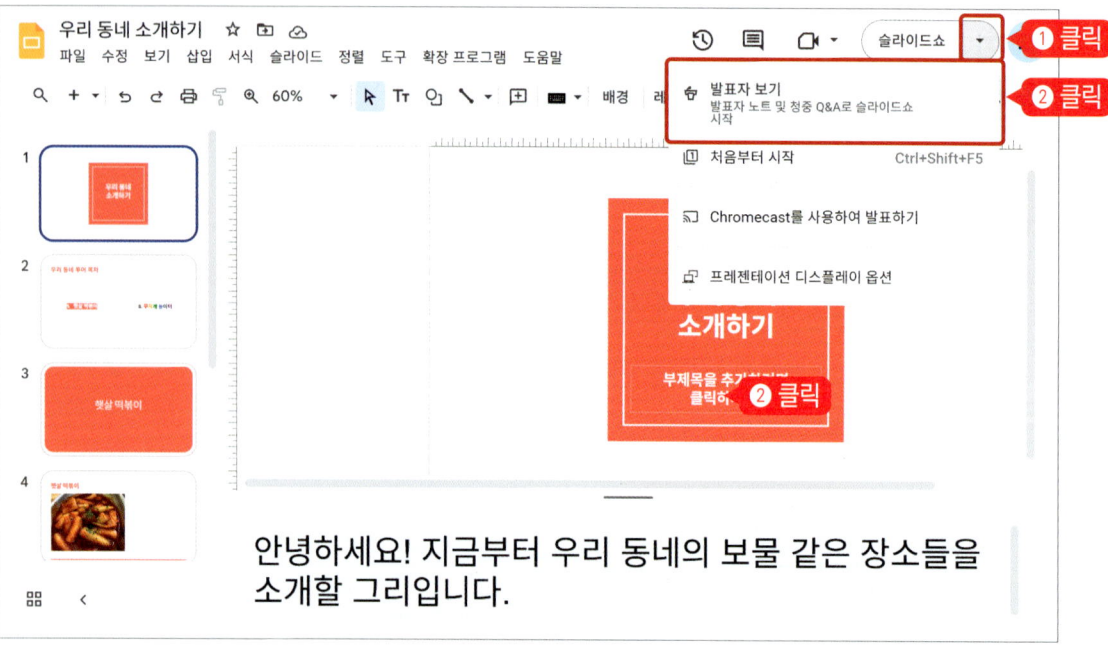

로미의 꿀팁

01 컴퓨터에 모니터를 두 개 연결해서 발표할 때, 발표자 보기 창이 청중에게 보이면 안 되겠죠? 그럴 땐 당황하지 말고 발표자 보기 창 오른쪽 위의 '디스플레이 전환' 버튼을 눌러보세요. 발표자 화면과 청중 화면을 서로 바꿀 수 있습니다.

02 '슬라이드쇼' 버튼을 클릭하면 현재 슬라이드부터, '처음부터 시작'을 클릭하면 첫 번째 슬라이드부터 보여집니다.

2단계 발표자 보기 화면 확인하기

02 발표자 보기 기능 익히기

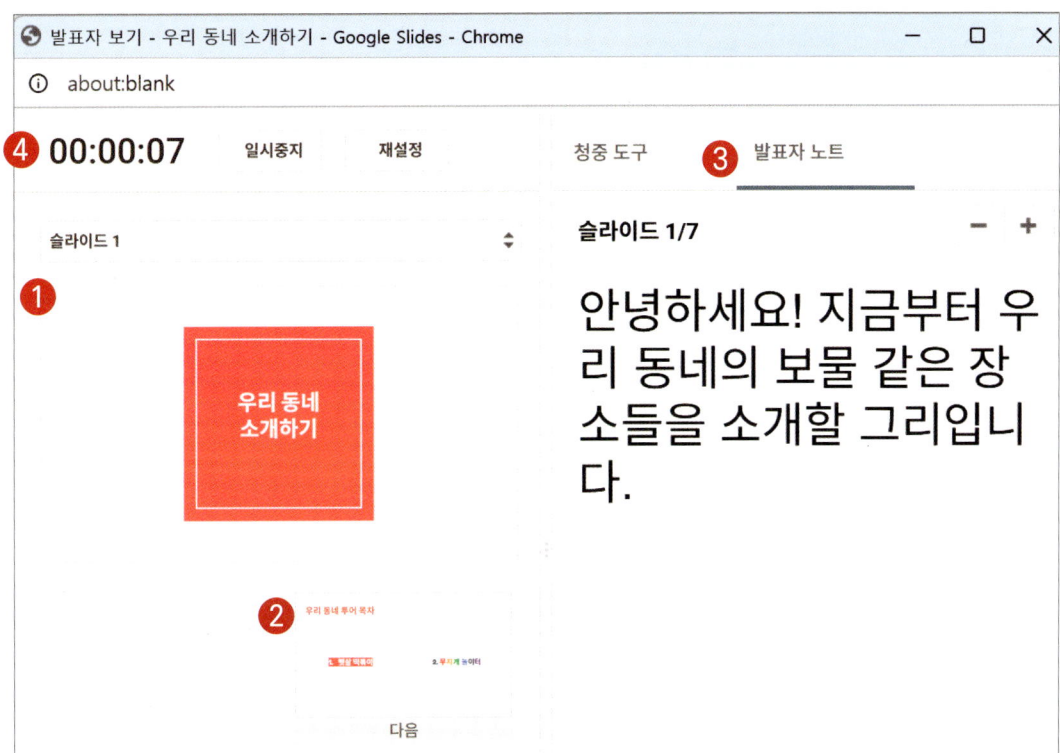

❶ **현재 슬라이드:** 청중에게 보여지는 슬라이드와 동일한 화면을 보여줍니다.

❷ **다음 슬라이드 미리 보기:** 다음 슬라이드 내용을 미리 확인하여 자연스러운 전환을 준비할 수 있습니다.

❸ **발표자 노트:** 각 슬라이드에 내가 작성한 발표자 노트 내용을 보면서 발표할 수 있습니다.

❹ **시간 관리:** 프레젠테이션 시간을 효율적으로 관리할 수 있도록 타이머 기능을 제공합니다. 일시중지를 클릭하면 타이머가 멈추고, 재설정을 클릭하면 00:00:00으로 초기화됩니다.

그리의 궁금증 모니터가 하나뿐인데, '발표자 보기' 창이랑 친구들에게 보여줄 큰 화면을 어떻게 같이 볼 수 있나요?

보통은 모니터가 두 개여야 발표자 보기 화면을 따로 볼 수 있습니다. 하지만 모니터가 하나라도 방법이 있습니다. 발표를 시작한 뒤에, 친구들에게는 전체 화면을 보여주고, 나는 스마트폰이나 태블릿으로 똑같은 구글 슬라이드 파일을 열어서 발표자 노트를 보면서 발표하는 것이지요! 구글 슬라이드는 여러 기기에서 동시에 열 수 있으니 걱정 없습니다.

03 '발표 도구(⋮)' 기능 익히기

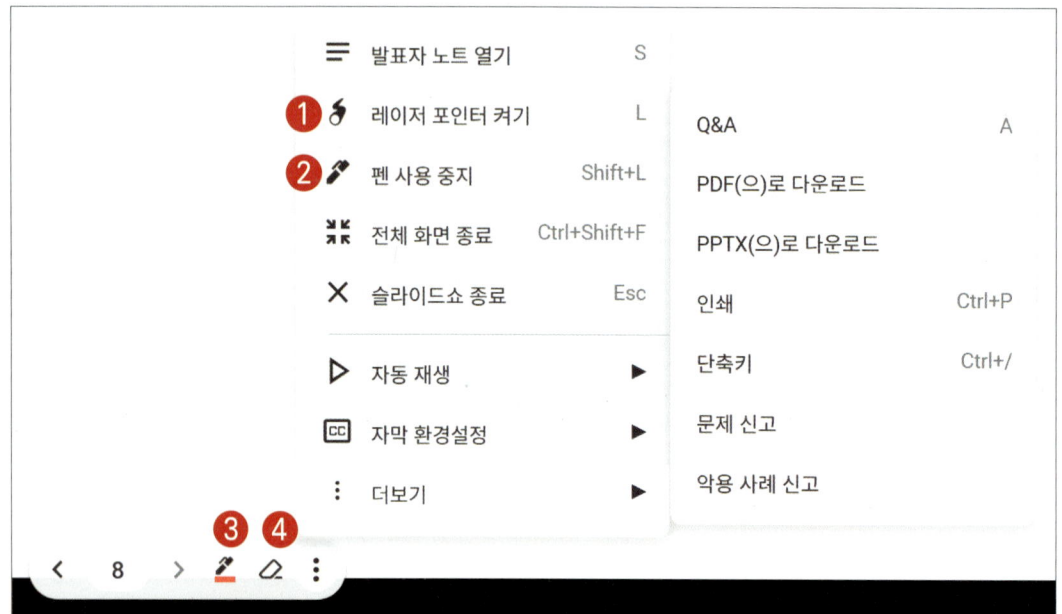

❶ **레이저 포인터 켜기/끄기:** 마우스를 움직이면 빨간 점이 나타나서 청중의 시선을 집중시킬 수 있습니다.

❷ **펜 사용 시작/중지:** 펜 쓰기를 시작하거나 중지합니다. 슬라이드에 직접 동그라미를 그리거나 밑줄을 그으면서 강조할 수 있습니다.

❸ **펜:** 클릭하면 4가지 색상 중 선택할 수 있습니다.

❹ **지우개:** 클릭하여 모두 섹지를 클릭하면 펜으로 그린 내용이 모두 삭제됩니다.

로미의 꿀팁

01 발표자 보기 창의 '청중 도구'를 클릭, '새 세션 시작'버튼을 클릭하면, 친구들이 내 발표를 보면서 실시간으로 질문을 보낼 수 있는 특별한 링크가 생깁니다! 발표 마지막에 함께 질문을 보면서 답해주면 정말 멋진 소통왕이 될 수 있을거예요.

02 발표 중에 키보드의 B 키를 누르면 화면이 까맣게, W 키를 누르면 하얗게 변해서 청중의 시선을 발표자인 나에게 집중시킬 수 있습니다. 다시 원래 화면으로 돌아오려면 아무 키나 누르면 된답니다!

4단계 자신감있게 발표하기

04 '발표자 보기' 창의 '타이머'를 보며 시간 조절하기

05 다음 슬라이드를 미리 확인하며 자연스럽게 발표 이어가기

06 발표자 노트에 적어 둔 키워드를 보며 중요한 내용 놓치지 않기

07 펜과 레이저 포인터로 청중의 시선을 사로잡으며 핵심 내용 강조하기

그리의 미션

☑ 발표자 보기 창에서 타이머를 일시중지 해보기

☑ 발표자 보기 창에서 타이머를 재설정 해보기

☑ 발표자 보기 창에서 '다음'을 클릭하고 다음 슬라이드로 전환되는 것 확인하기

☑ 발표자 보기 창에서 '이전'을 클릭하고 이전 슬라이드로 전환되는 것 확인하기

☑ 　전체 화면으로 전환　 버튼 클릭해보기

☑ 　전체 화면 종료　 버튼 클릭해보기

☑ 레이저 포인터 ⚡ 기능을 사용해서 슬라이드의 특정 부분을 가리키는 연습하기
　(단축키 'L')

☑ 발표 도구의 펜 기능을 사용해서, 슬라이드에 그림 그려보기(단축키 'Shift + L')

☑ 　▷ 자동 재생　 – '2초마다' 선택 – 　▷ 재생　 버튼 누르고 관찰하기

☑ '청중 도구'를 켜고, '새 세션 시작' 눌러보기

☑ '청중 도구' 상단의 '링크'를 친구에게 보낸 뒤 질문 받아보기

☑ '청중 도구' 상단의 '질문 수락 버튼' 꺼보기

그리와 로미의
다섯 번째 모험

궁금증 많은 그리의 설문조사 만들기

01 질문 공장 가동
내가 만드는 첫 설문

학습 영상 **17**  단축키 URL bit.ly/그리와로미

학습내용

1 구글 폼즈에서 새 설문지를 만들 수 있다.

2 질문을 작성하여 설문지를 완성할 수 있다.

#구글폼즈 #설문지만들기 #질문작성 #온라인설문

설문 요정의 첫 임무 시작!

구글 폼즈로 설문 만들기

1단계 구글 폼즈 접속하기

01 크롬 브라우저 첫 화면에서 ❶ 'Google 앱' 클릭 후 ❷ 'Forms' 아이콘 클릭하기

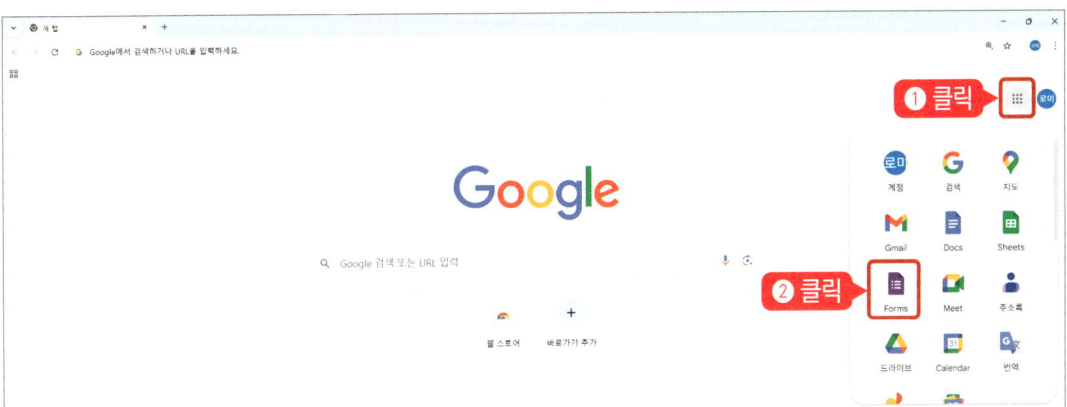

로미의 꿀팁

01 Forms 아이콘이 안 보이면 아래로 스크롤을 내려봐요.

02 Forms 아이콘이 너무 아래 있으면 1장에서 배운 드래그 & 드롭으로 화면 위로 올릴 수도 있어요.

02 '빈 양식' 클릭하기

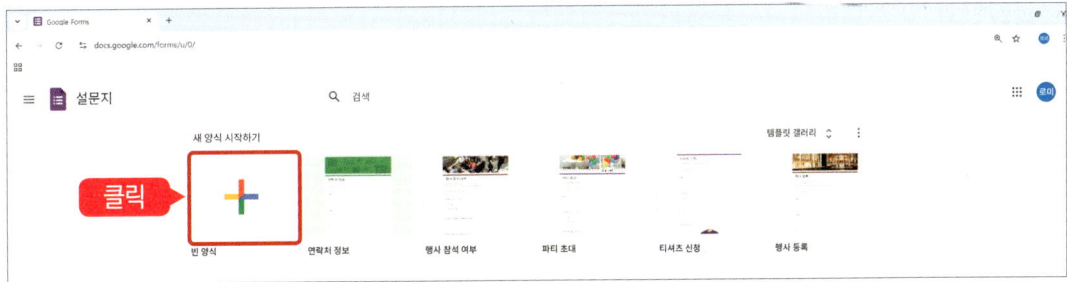

로미의 꿀팁

위의 빈 양식 클릭하는 화면에서 오른쪽에 보면 다양한 템플릿이 있어요. 템플릿 갤러리 버튼을 눌러 구글에서 제공해주는 다양한 템플릿을 활용해봐요.

5장

03 기본 메뉴 이해하기

※ 가장 기본적인 메뉴만 알아봐요. 다른 메뉴는 뒤에서 더 배울 수 있어요.

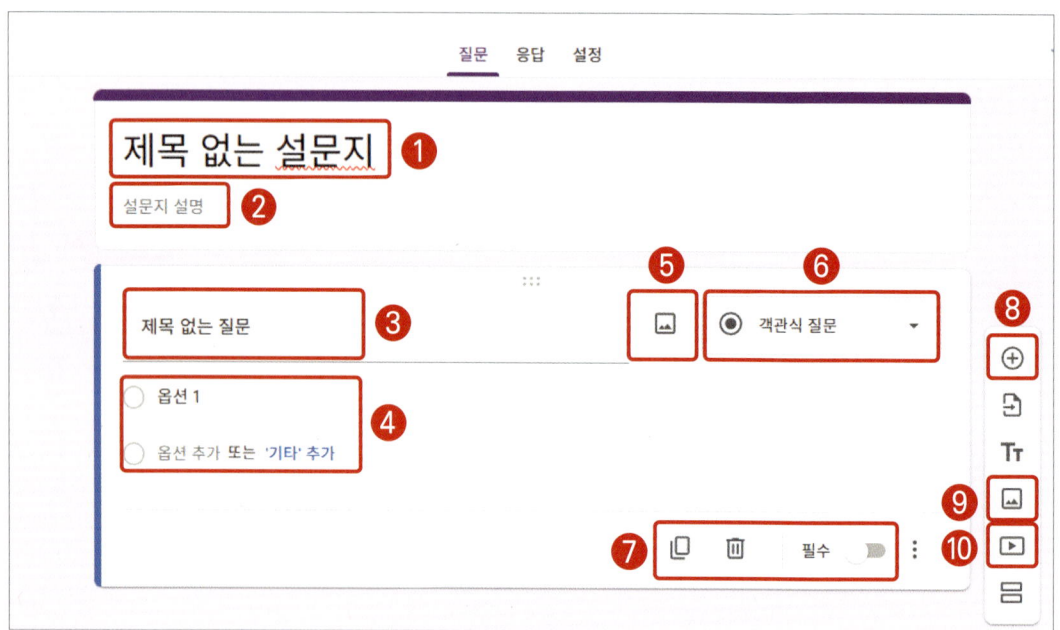

❶ **제목 입력:** 설문을 대표할 수 있는 제목을 입력합니다.

　📋 그리의 설문조사, 좋아하는 과목 설문조사, 우리반 MBTI 조사 등

❷ **설문지 설명:** 설문에 대한 자세한 설명을 적습니다.

　📋 설문에 응답해주셔서 감사합니다. 이 설문은 ~~ 목적으로 조사하게 되었습니다.

❸ **설문 문항 질문 입력:** 묻고 싶은 질문을 적습니다.

　📋 이름이 무엇인가요? 당신이 좋아하는 과일은? 이메일을 적어주세요. 등

❹ **옵션 입력:** 객관식이면 보기, 체크박스면 선택할 수 있는 항목을 입력합니다.

❺ 질문에 참고할 수 있는 사진을 넣을 수 있습니다.

　📋 다음 사진을 보고 떠오르는 내용을 적어주세요.

❻ **문항 유형 선택:** 객관식, 주관식, 선형 배율, 체크박스 등 문항 유형을 선택합니다.

　＊ 자세한 내용은 5-(2) 주제(155p)에서 배울 수 있습니다.

❼ 같은 문항을 복제하거나 지울 수 있습니다. 필수 문항으로 지정할 수도 있습니다.

　＊ 필수 문항으로 지정하면 꼭 응답해야 설문이 완료될 수 있어요.

❽ 새로운 질문을 추가할 수 있습니다.

❾ ❺번이 질문에 참고할 이미지를 넣는거라면 ❾는 질문없이 이미지만 제공합니다.

❿ 유튜브 영상을 ❾번과 같이 질문없이 참고용으로 제공합니다.

04 ❶ '제목'과 ❷ '설문 내용' 입력하기

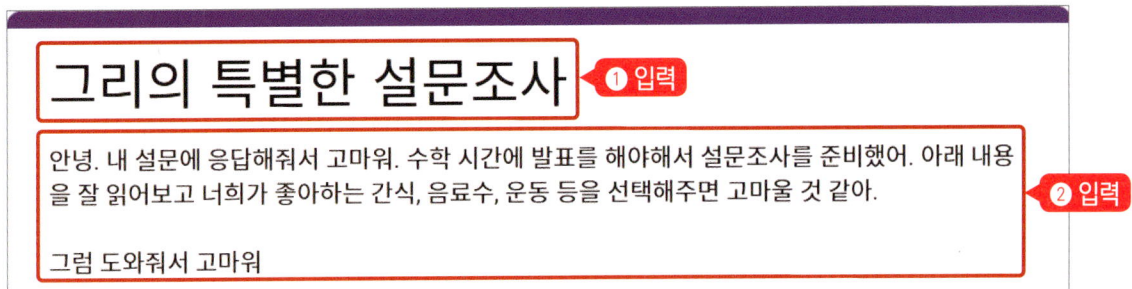

05 '질문' 입력하기

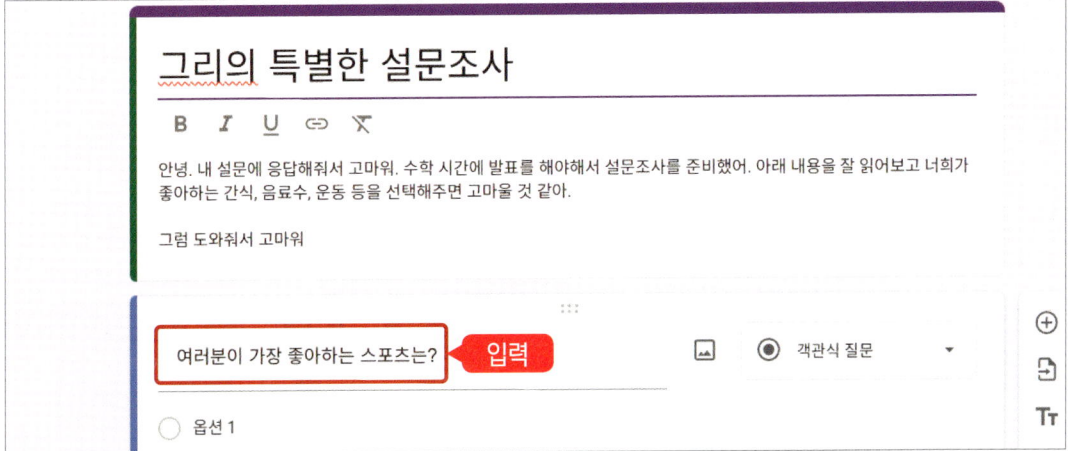

06 '선택할 수 있는 항목' 입력하기

07 '이미지' 메뉴 클릭하기

여러분이 가장 좋아하는 스포츠는?   **클릭** 🖼   ◉ 객관식 질문   ▼   ⊕ 🗗

08 'Google 이미지' 선택 후 '스포츠' 검색하기

08-1 메뉴 알아보기

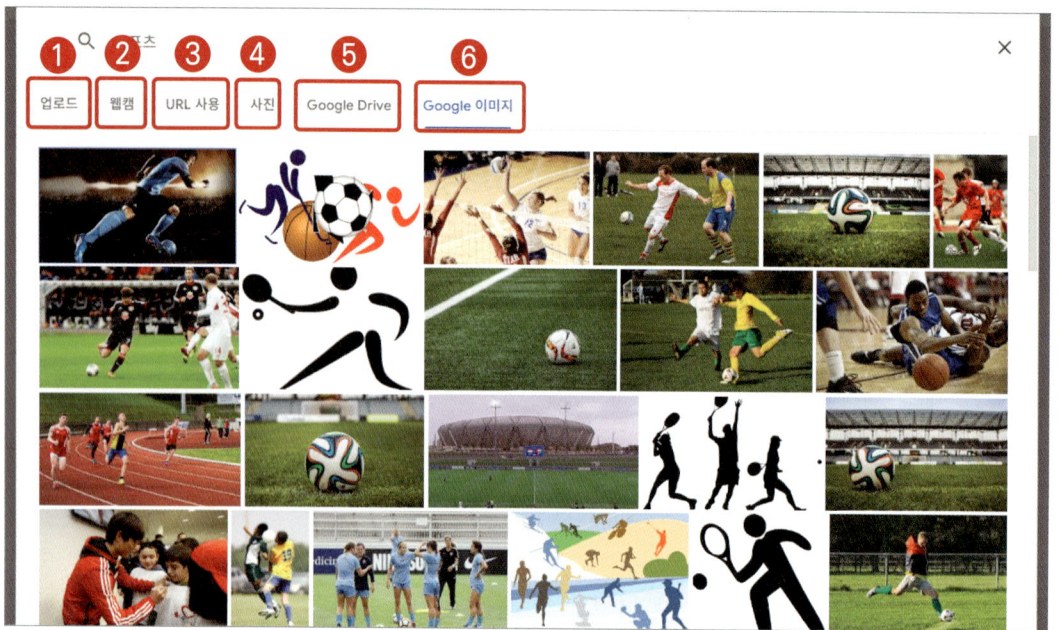

❶ **업로드**: 갖고 있는 파일로 사진을 넣습니다.

❷ **웹캠**: 웹캠으로 자신의 얼굴이나 사물을 실시간 촬영합니다.

❸ **Url**: 인터넷 이미지 주소를 안다면 여기에 복사-붙여넣기 하면 됩니다.

❹ **사진**: Google 포토에 사진이 있는 경우 여기서 바로 넣을 수 있습니다.

❺ **Google Drive**: 구글 드라이브에 사진이 저장되어 있는 경우 불러올 수 있습니다.

  * 구글 드라이브는 7장에서 더 자세히 다룰 예정입니다.

❻ **Google 이미지**: Google 이미지 검색 결과를 바로 찾아서 넣을 수 있습니다.

09 ❶'원하는 이미지' 선택 후 ❷'삽입' 클릭하기

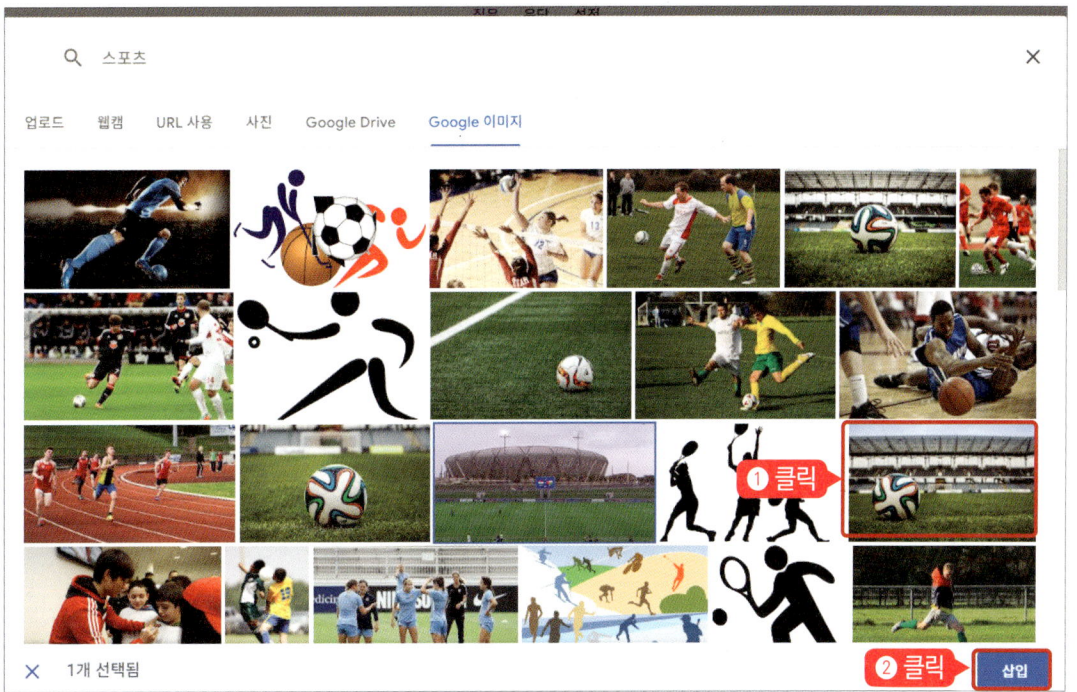

10 '필수' 버튼 누르기

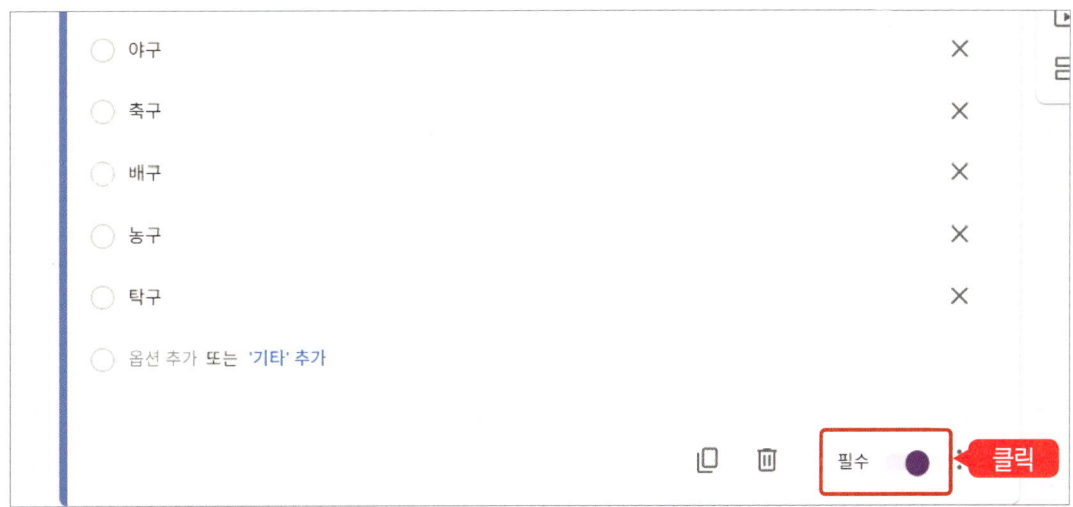

3단계 추가 질문 만들기

11 '질문 추가' 버튼 누르기

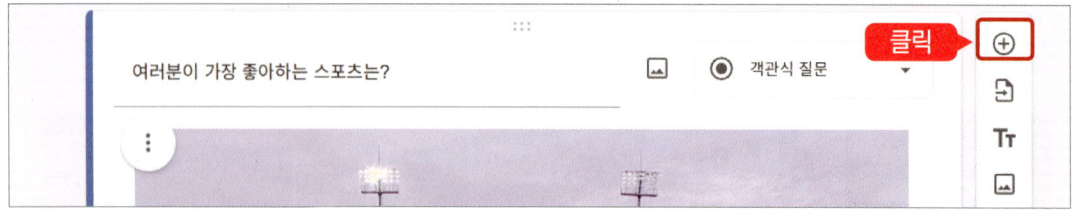

12 5~11의 방법으로 질문 계속 만들기

로미의 꿀팁

똑같은 형식(예 객관식-객관식-객관식)이 나오는 경우 복제 버튼을 눌러 내용을 변경하면 빠르게 설문 문항을 만들 수 있어요.

13 '사진', '영상' 버튼 클릭해서 미디어 추가하기

14 '원하는 영상 검색'해서 추가하기

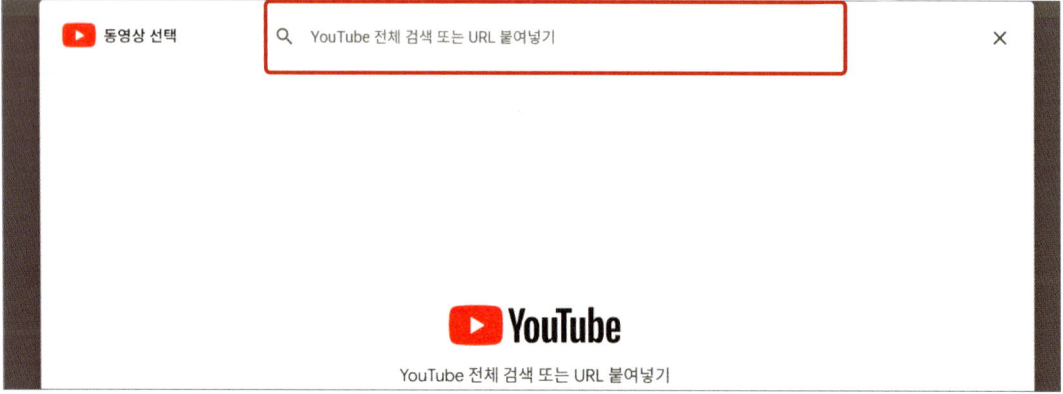

🧑‍💻 그리의 미션

☑ 템플릿 갤러리에서 마음에 드는 설문 양식 둘러보고 열어보기

☑ 설문지 제목 적어보기

   내가 만든 설문지 제목: (　　　　　　　　)

☑ 설문지 설명 문장 한 줄 이상 써 보기

   (　　　　　　　　　　　　　　　　　　　　　　　　　　　　　　　　　)

☑ 객관식 문항에서 보기 '기타' 추가해 보기

☑ 문항 하나를 주관식으로 만들고 질문 적어보기

   (　　　　　　　　　　　　　　　　　　　　　　　　　　　　　　　　　)

☑ 문항 하나를 복제해서 내용만 바꾸기. 바꾼 문항의 질문 적어보기

   (　　　　　　　　　　　　　　　　　　　　　　　　　　　　　　　　　)

☑ 설문 문항 총 10개 만들기

☑ PC나 스마트폰에 있는 사진이나 파일을 '업로드'로 넣어보기

02 우리 반 인기 조사 대작전
다양한 질문 만들기

학습 영상 **18**

단축키 URL → bit.ly/그리와로미

학습내용

1 구글 폼즈에서 다양한 질문 유형을 사용할 수 있다.

2 구글 폼즈에서 실시간으로 응답 결과를 확인할 수 있다.

#다양한유형 #게시 #공유 #실시간응답 #결과보기

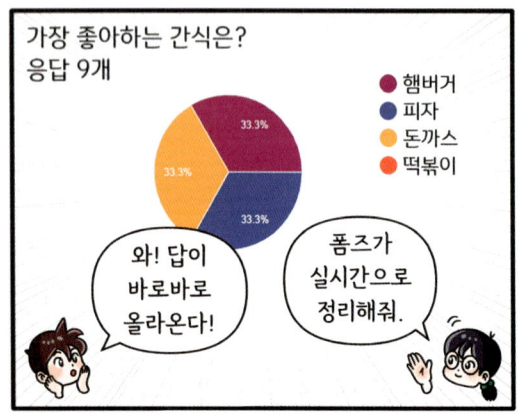

질문 요리사! 내 마음대로 만드는 질문 레시피

다양한 질문 유형 알아보기

구글 폼즈에는 12가지 종류의 질문 유형이 있어요.

1단계 다양한 질문 유형 확인하기

01 '빈 양식' 화면에서 '질문 유형' 탭 클릭하기

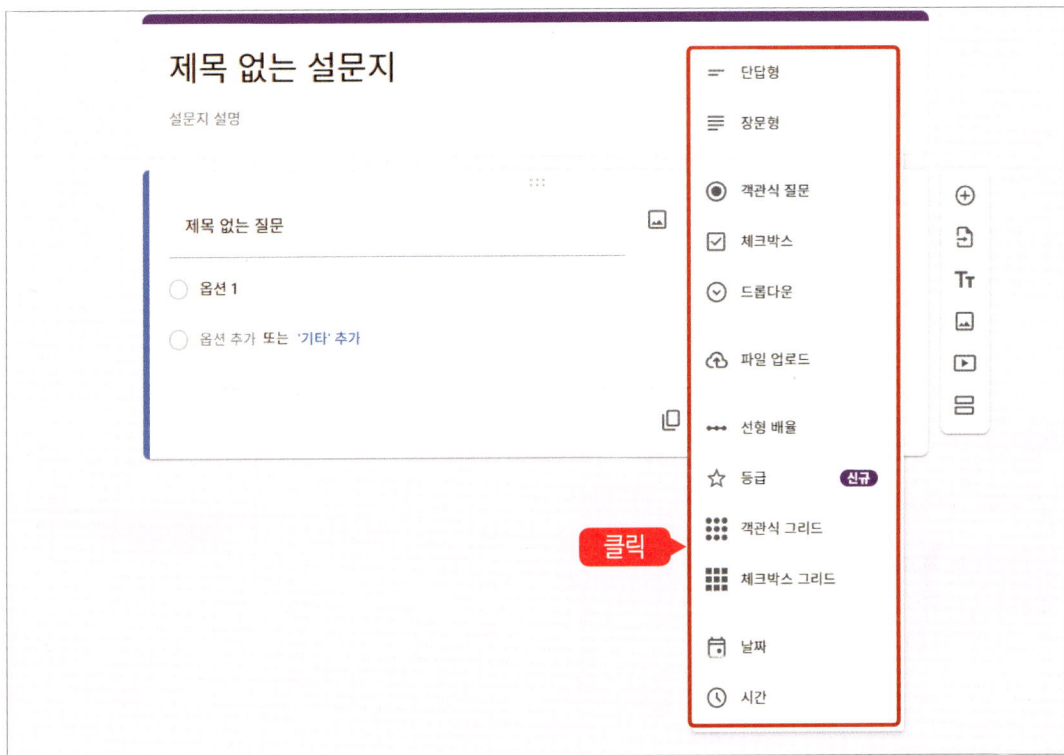

질문 유형	설명	예시
1. 단답형	짧은 글을 입력해요.	이름, 한 단어 정답
2. 장문형	긴 글을 입력해요.	의견 쓰기, 설명하기
3. 객관식 질문	보기 중에서 하나만 선택해요.	좋아하는 색은? (빨강/파랑/노랑)
4. 체크박스	보기 중에서 여러 개를 선택할 수 있어요.	좋아하는 간식 모두 고르기
5. 드롭다운	보기들이 펼쳐지는 목록으로 보여요.	학년 선택 (1학년~6학년)
6. 파일 업로드	파일을 업로드 할 수 있어요.	숙제 파일 올리기, 사진 제출하기

7. 선형 배율	숫자 점수(1~5 등)로 평가할 수 있어요.	오늘 수업 재미는? (1점~5점)
8. 등급 (별점)	별 모양으로 점수를 줄 수 있어요.	친구 발표 별점 주기
9. 객관식 그리드	표처럼 되어 있고, 각 줄마다 하나씩 선택해요.	과목별 만족도 조사
10. 체크박스 그리드	표처럼 되어 있고, 각 줄마다 여러 개 선택할 수 있어요.	활동별 가능 요일 체크
11. 날짜	날짜를 고르는 달력이 나와요.	생일, 약속 날짜 고르기
12. 시간	시간을 직접 입력하거나 고를 수 있어요.	약속 시간 정하기

2단계 다양한 질문 만들기

02 ❶ '단답형' 선택하고 ❷ '질문' 만들기

03 '질문 추가하기' 버튼 클릭하기

04 ❶ '장문형' 선택하고 ❷ '질문' 만들기

 로미의 꿀팁

단답형은 짧은 응답, 장문형은 생각을 묻거나 긴 문장으로 응답을 받을 때 사용해요.

05 ➊ 2단계 3번처럼 '질문 추가하기' 버튼 클릭하고 ➋ '객관식 질문' 선택하고 ➌ '질문' 만들기

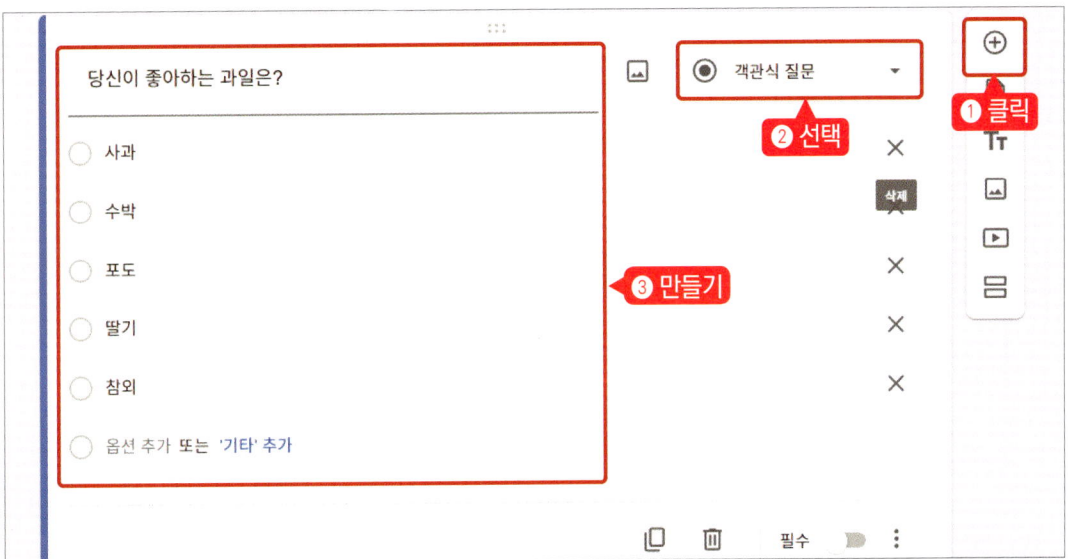

06 ➊ '질문 추가하기' 버튼 클릭하고 ➋ '체크박스' 선택하고 ➌ '질문' 만들기

 로미의 꿀팁

객관식은 하나만 선택, 체크박스는 여러 개를 선택할 수 있어요.

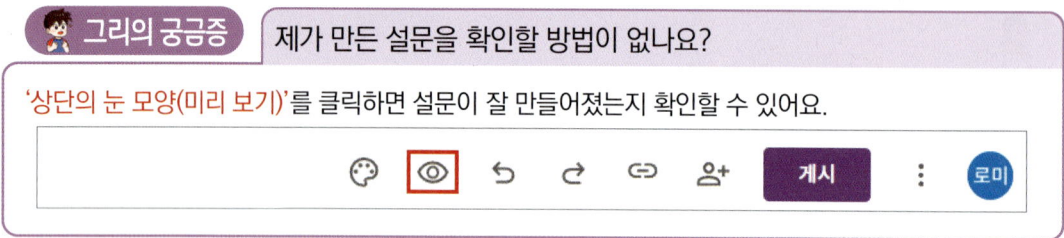

그리의 궁금증 제가 만든 설문을 확인할 방법이 없나요?

'상단의 눈 모양(미리 보기)'를 클릭하면 설문이 잘 만들어졌는지 확인할 수 있어요.

07 ❶ '질문' 추가하기' 버튼 클릭하고, ❷ '드롭다운' 선택하고 ❸ '질문' 만들기

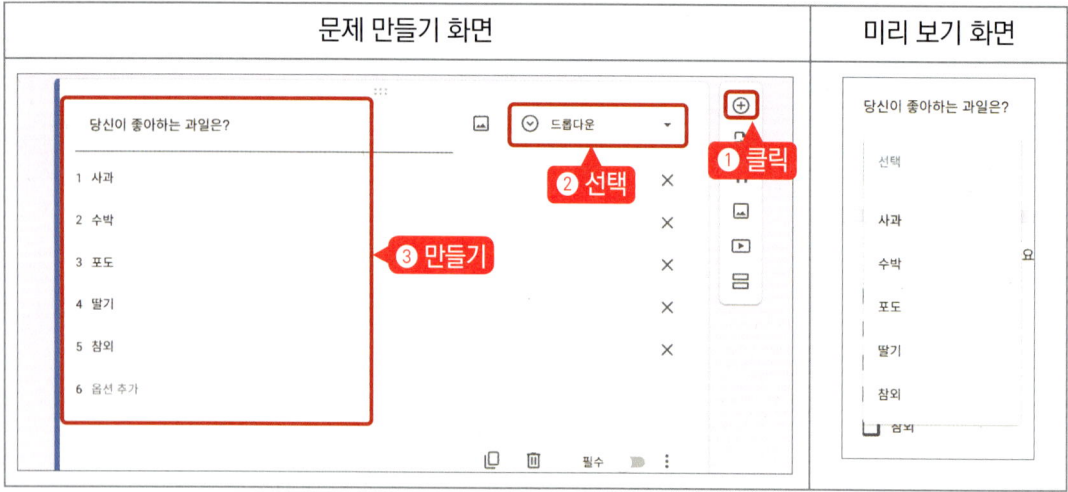

08 ❶ '질문' 추가하기' 버튼 클릭하고, ❷ '파일 업로드' 선택하고 ❸ '질문' 만들기

09 ❶ '질문' 추가하기' 버튼 클릭하고, ❷ '선형 배율' 선택하고 ❸ '질문' 만들기

10 ❶ '질문' 추가하기' 버튼 클릭하고, ❷ '등급' 선택하고 ❸ '질문' 만들기

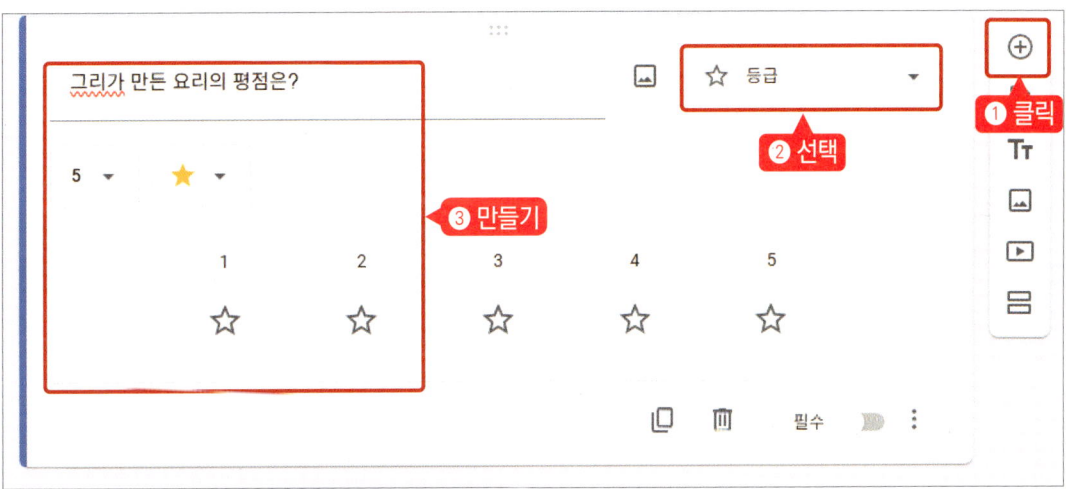

로미의 꿀팁

등급 유형의 문제는 별표 이외에 하트, 좋아요 표시 등으로 바꿀 수 있어요.

설문 게시 및 공유하기

1단계 설문 게시하기

01 오른쪽 상단의 '게시' 버튼 클릭하기

02 ❶ '링크가 있는 모든 사용자' 옵션 확인 후 ❷ '게시' 버튼 클릭하기

03 ❶ 오른쪽 상단의 '게시됨'버튼 누르고 ❷ '응답자 링크 복사' 클릭하기

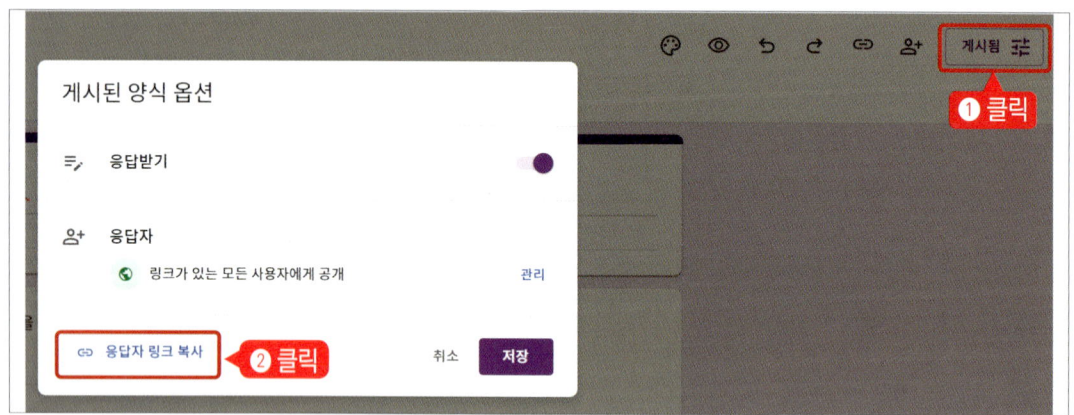

04 '복사' 클릭해서 복사하고 친구에게 전달하기

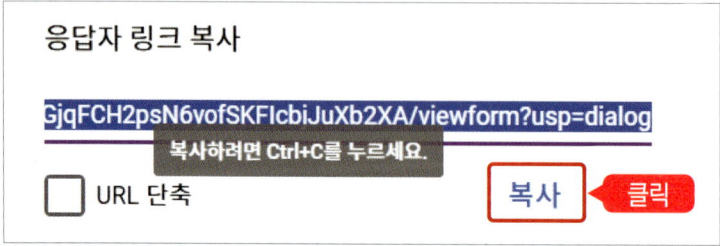

🧒 **그리의 궁금증**	**URL 단축은 무슨 기능이에요?**

긴 Url 주소를 짧게 줄일 수 있어요. 어떤 주소로 접속을 하든 결과는 똑같아요.

기존 주소	단축 주소
https://docs.google.com/forms/d/e/1FAIpQL SfcajGTdzJRnzD2owRJnzGjqFCH2psN6yofSK FlcbjJuXb2XA/viewform?usp=dialog	https://forms.gle/NyuHej2aw44viKNJ6

응답 확인하기

1단계 응답 확인하기

01 상단의 '응답' 메뉴 클릭하기

질문	응답 ❸	◀ **클릭**

그리의 슈퍼파워 설문지

02 응답 확인하기

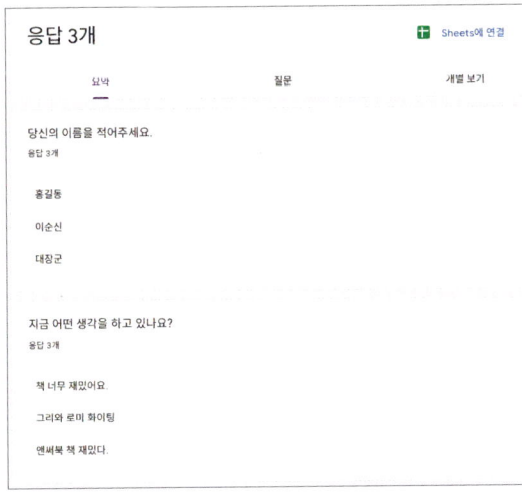

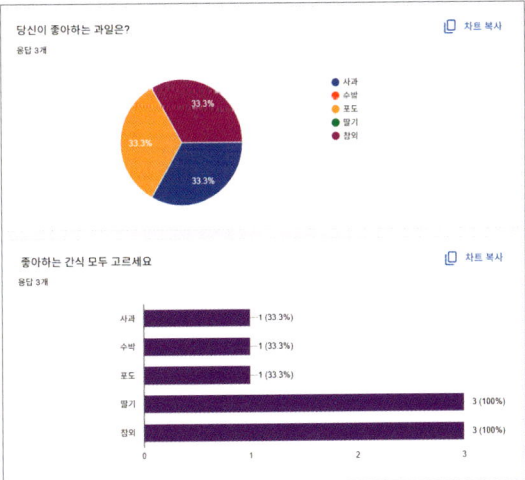

🧑‍💻 그리의 미션

☑ '단답형', '장문형'을 선택하고, 형태에 맞는 질문 1가지씩 만들기

☑ '체크박스'로 좋아하는 간식 모두 고르기 질문 만들어 보기

☑ '드롭다운'으로 학년 선택하는 질문 만들기

☑ '선형 배율'로 오늘 기분은? (1~5점) 질문 만들고 숫자 범위 바꾸기

☑ '등급(별점)' 유형으로 오늘 먹은 급식에 대한 만족도 질문 만들기

☑ '등급(좋아요)' 유형로 '체육을 좋아하나요?' 질문 만들기

☑ '파일 업로드' 유형으로 좋아하는 사진 올리는 질문 만들기

☑ '날짜' 유형으로 생일 물어보는 질문 만들기

☑ '시간' 유형으로 학원 끝나는 시간을 묻는 질문 만들기

☑ 설문 5문항 이상 만들어 '게시'하고 하마샘께 메일로 Url 공유하기 (hama@djehm.kr)

03 나는 방탈출 게임 전문가
섹션 활용하기

학습 영상 **19**  단축키 URL bit.ly/그리와로미

학습내용

1 섹션 기능을 이해하고 활용할 수 있다.

2 구글 폼즈로 방탈출 게임을 만들 수 있다.

#섹션나누기 #방탈출게임 #정답오답

두근두근! 방탈출 퀴즈 미션

방탈출 게임 만들기

1단계 설문지 구성하기

01 '빈 양식' 버튼 클릭하기

02 '섹션 추가' 버튼 6번 클릭하기

총 7개의 섹션을 만들어요. (7중 1 섹션, 7중 2 섹션, ……, 7중 7 섹션)

다음과 같이 페이지를 구성할 거예요. (4개의 문제가 있는 방탈출 게임)

1	2	3	4	5	6	7
안내 페이지	1번 문제	2번 문제	3번 문제	4번 문제	감옥 (오답일 경우)	옥상 (방탈출 성공)

그리의 궁금증 | 섹션이 뭐예요?

섹션은 구글 폼즈에서 질문을 나눠서 보여주는 구역이에요. 예를 들어, 게임 스테이지처럼 첫 번째 문제를 풀면 두 번째 문제로 넘어가게 하고 싶을 때 섹션을 나눠서 만들 수 있어요. 섹션마다 화면이 따로 보여서, 한 번에 너무 많은 질문이 보이지 않게 할 수 있어요.

2단계 안내 페이지 만들기

03 7중 1 섹션 페이지에서 ❶ '제목', ❷ '설명' 만들기

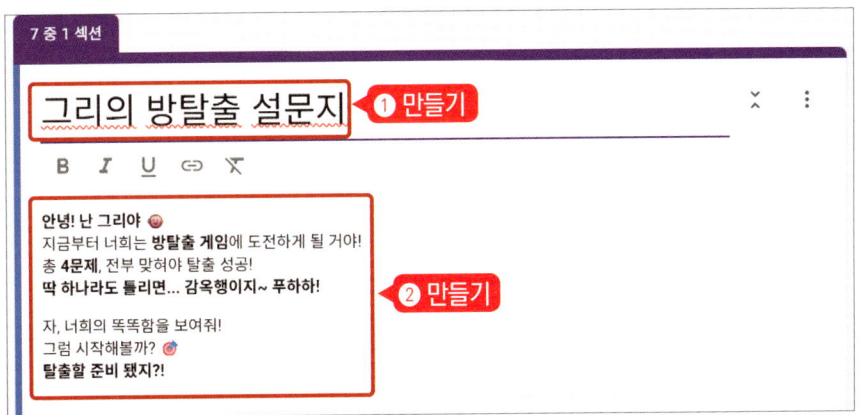

04 7중 1 섹션 페이지에서 ❶ '단답형 질문' 선택하고 ❷ '이름 묻는 질문'하기

로미의 꿀팁

방탈출 게임에서는 모든 질문을 '필수 문항'으로 만들어주세요.

05 오른쪽 위의 '미리보기' 버튼을 눌러 제대로 만들어졌는지 확인하기

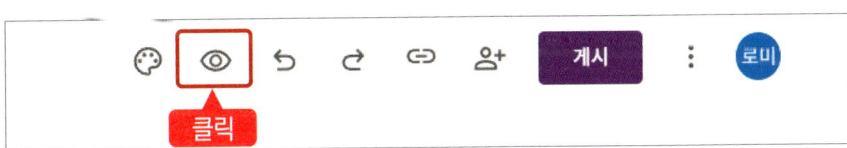

06 7중 2 섹션의 '제목'과 '설명' 간단히 입력하기

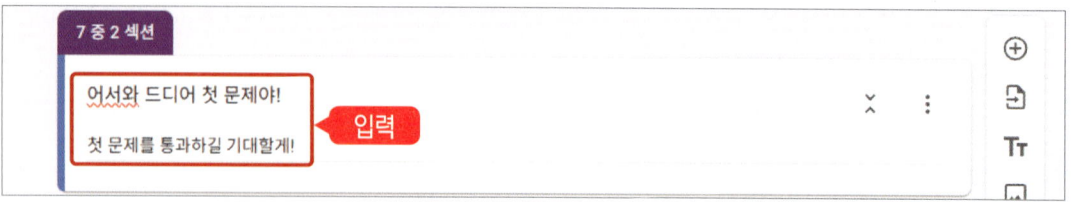

07 7중 2 섹션 페이지에서 '질문 추가' 버튼 클릭하기

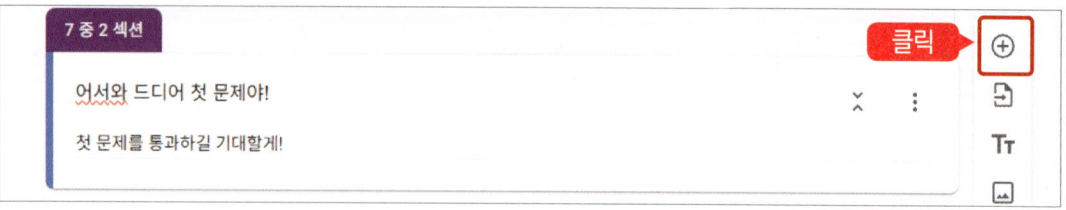

08 ❶ '객관식 질문' 선택하고 ❷ '문제와 보기' 입력하기

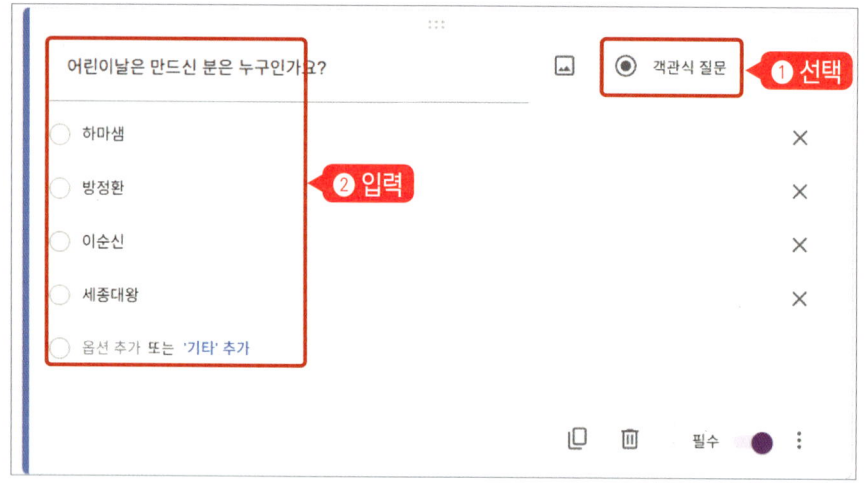

09 ❶ '옵션 더보기' 아이콘 클릭 후 ❷ '답변을 기준으로 섹션 이동' 선택하기

10 정답은 '3 섹션으로 이동'을 고르고, 오답은 '감옥(6 섹션)으로 이동'을 클릭하기

방정환이 정답이니까 방정환만 3 섹션으로 이동하고 나머지 오답은 6 섹션 감옥으로 이동해요.

4단계 ▶ 7중 3~5 섹션 페이지 문제 만들기

11 3단계 6~10와 같은 방법으로 3 섹션 ~ 5 섹션에 문제를 만들기

 **로미의 꿀팁**

답변을 기준으로 섹션 이동이 가능한 건 '객관식'과 '드롭다운'이에요.

5단계 ▶ 7중 6 섹션 페이지 감옥 만들기

12 ❶ '제목'과 '설명'을 적고 ❷ 5-(1) 150p에서 배운대로 '감옥 사진' 넣어보기

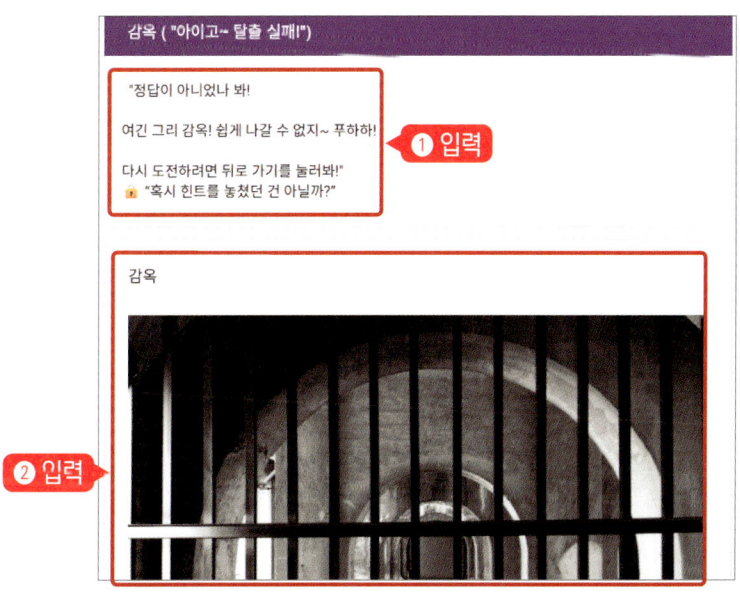

13 방탈출 페이지의 '제목'과 '설명' 적기

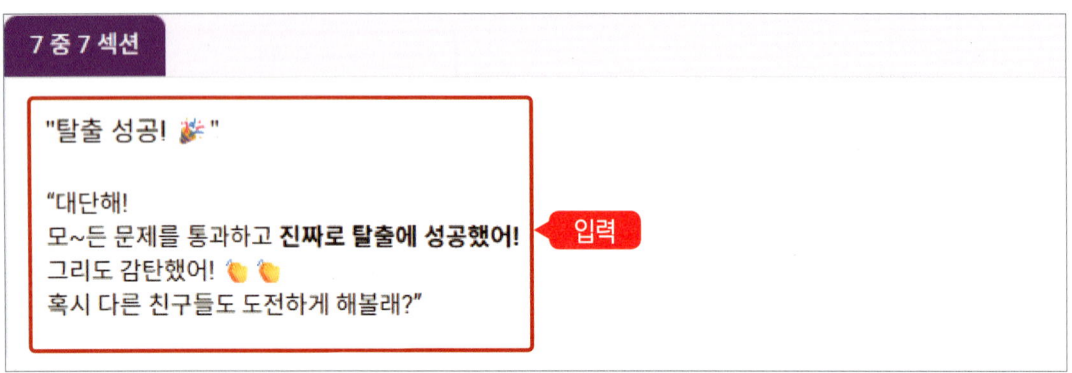

14 ❶ '질문 추가'하고 ❷ '장문형' 선택한 뒤 ❸ '소감' 묻기

15 160p에서 배운대로 설문 '게시'하고 친구들에게 공유하기

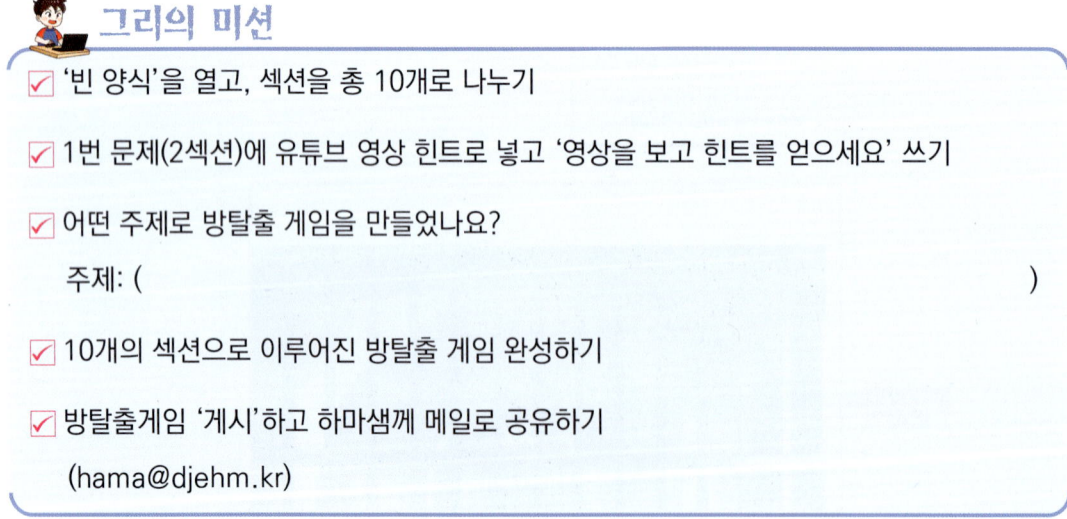

그리의 미션

☑ '빈 양식'을 열고, 섹션을 총 10개로 나누기

☑ 1번 문제(2섹션)에 유튜브 영상 힌트로 넣고 '영상을 보고 힌트를 얻으세요' 쓰기

☑ 어떤 주제로 방탈출 게임을 만들었나요?

　　주제: (　　　　　　　　　　　　　　　　　　　　　　　　　　)

☑ 10개의 섹션으로 이루어진 방탈출 게임 완성하기

☑ 방탈출게임 '게시'하고 하마샘께 메일로 공유하기

　　(hama@djehm.kr)

퀴즈 마법사 따라잡기
내가 만든 퀴즈 친구와 풀어보기

학습 영상 **20**

단축키 URL bit.ly/그리와로미

학습내용

1 구글 폼즈에서 퀴즈 모드를 사용할 수 있다.

2 정답과 점수를 설정하여 자동으로 채점할 수 있다.

#퀴즈모드 #점수설정 #문제만들기 #정답설정 #자동채점

5장

나도 선생님! 내가 만드는 퀴즈

구글 폼즈로 퀴즈 만들기

1단계 퀴즈로 폼즈 변경하기

01 구글 폼즈에 접속하여 '빈 양식' 클릭하기

02 상단의 메뉴 중 '설정' 클릭하기

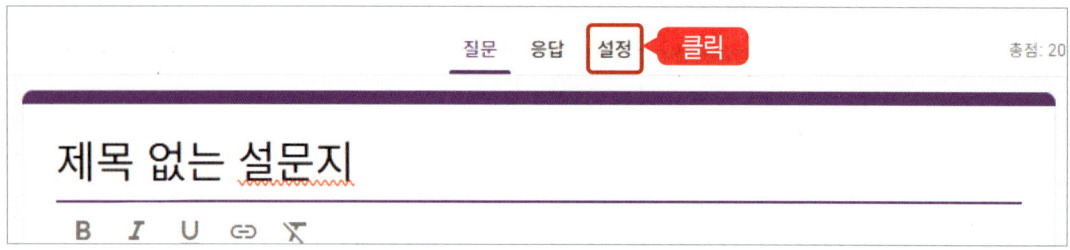

03 '퀴즈로 만들기' 버튼 클릭하기

04 '기본 질문 점수' 5점으로 바꾸기

로미의 꿀팁

기본 점수가 5점이면 20문제일 경우 100점이 만점이에요. 10문제를 만든다면 기본 점수를 10점으로 하면 좋아요.

05 퀴즈에 적합한 문제 유형 알아보기 (자동 채점 가능)

질문 유형	설명	활용 예시
1. 단답형	짧은 단어를 정답으로 할 때	수도, 이름, 과일 이름 등
2. 객관식 질문	보기 중 하나를 선택할 때	알맞은 것 고르시오.
3. 체크박스	보기 중 여러개를 선택할 때	옳은 것을 모두 고르시오.
4. 드롭다운	보기 중 하나를 목록에서 선택할 때	객관식이랑 똑같지만 목록으로 깔끔하게 제시 가능

06 퀴즈의 ❶ '제목'과 ❷ '설명' 입력하기

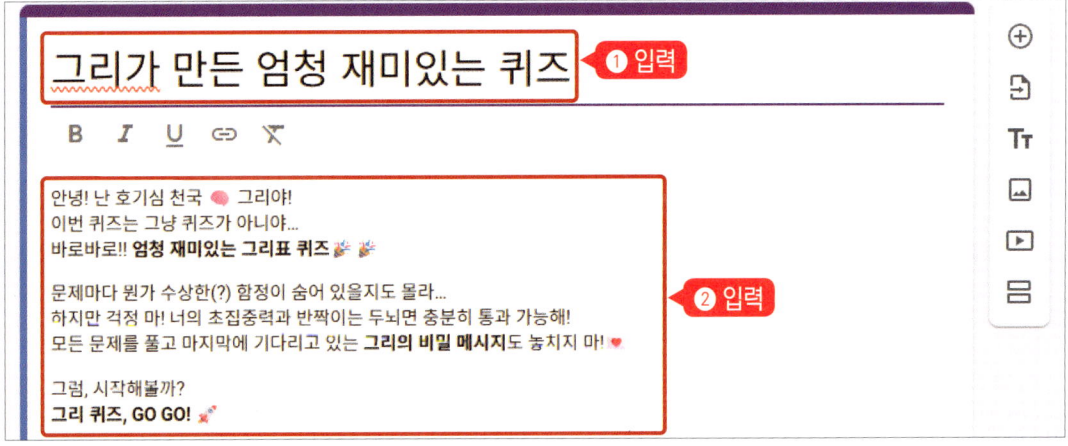

5장

2단계 단답형 퀴즈 질문 만들기

07 ❶ '질문 추가' 해서 ❷ '단답형'으로 바꾼 뒤, ❸ '문제' 입력하기

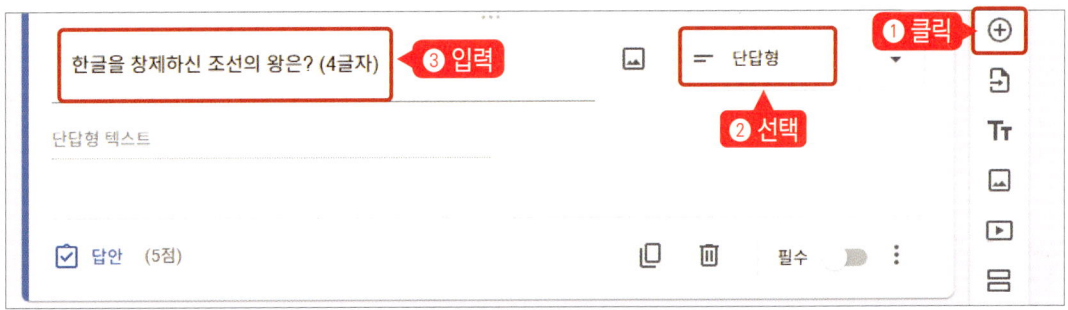

로미의 꿀팁

단답형 유형은 글자를 정확하게 쓸 수 있는 단어를 정답으로 해야 해요. 몇 글자인지 힌트를 주면 좋아요.

예 기분이 어때?(X), 민주주의가 무엇이야?(X), 우리나라의 수도는?(O)

08 '답안' 클릭하기

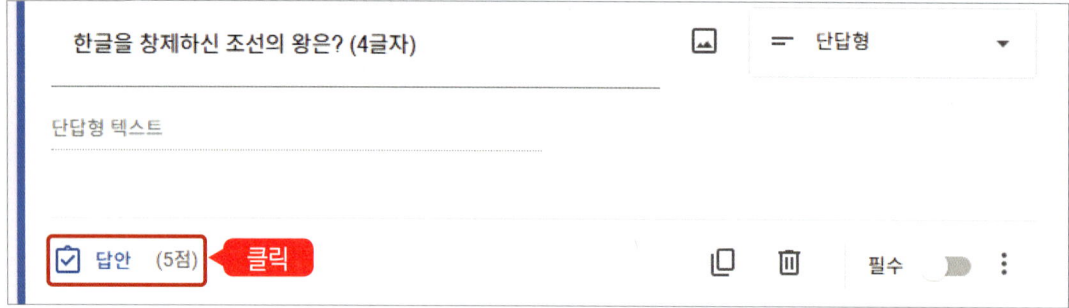

09 '정답 추가'란에 정답 넣기

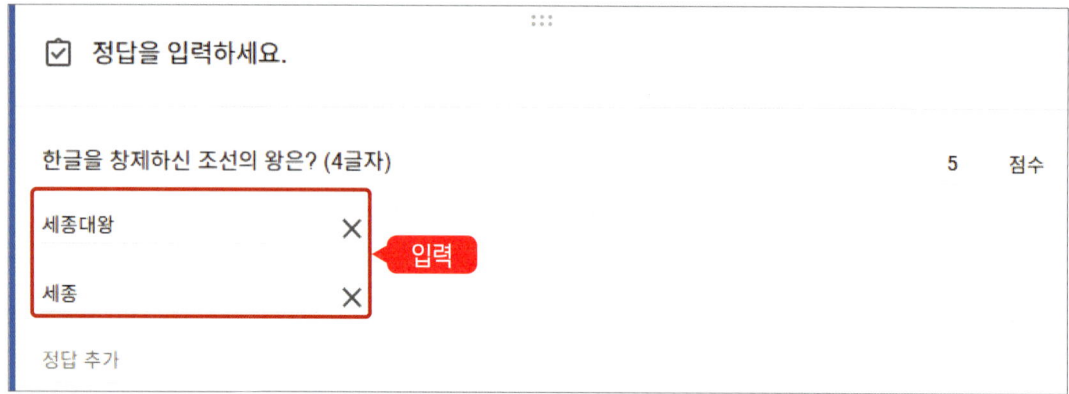

로미의 꿀팁

'세종대왕', '세종'처럼 정답이 2개 이상 나올 수 있는 건 모두 '정답 추가'를 해요.

10 '다른 답은 모두 오답으로 표시' 체크하기

11 '완료' 버튼 클릭하기

3단계 객관식 퀴즈 질문 만들기

12 ❶ '질문 추가'해서 ❷ '객관식'으로 바꾼 뒤, ❸ '문제'와 '보기' 입력하기

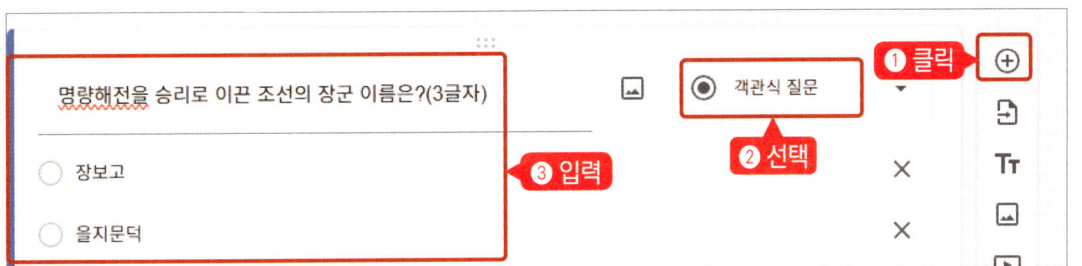

13 ❶ '답안' 클릭하고 ❷ '이순신'을 정답으로 체크하기

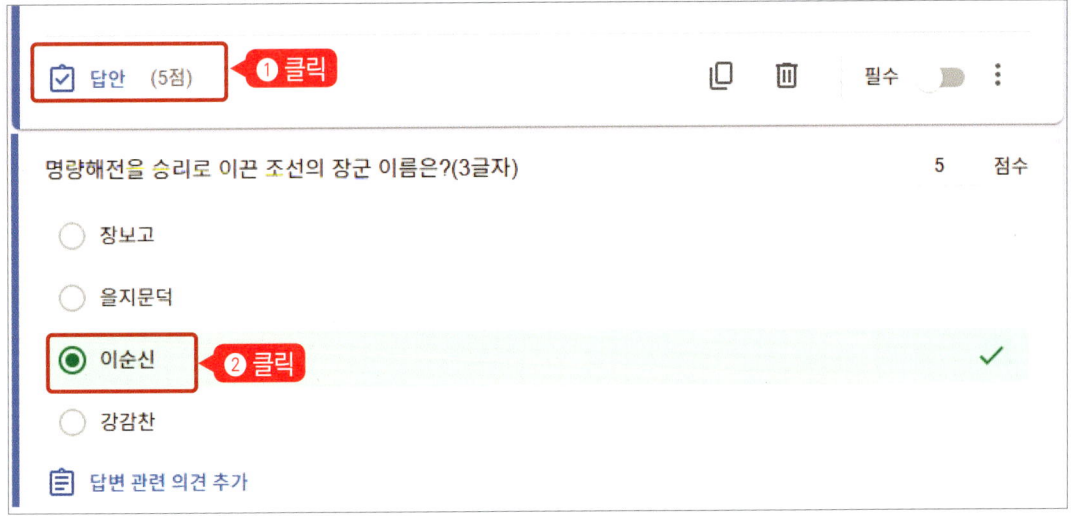

14 '완료' 버튼 클릭하기

객관식은 보기 중 하나만 선택할 수 있어요. 정답이 하나일 때 사용하는 게 좋아요. 드롭다운 방식도 만들어서 객관식과 비교해봐요.

4단계 체크박스 퀴즈 질문 만들기

15 ❶ '질문 추가'해서 ❷ '체크박스'로 바꾼 뒤, ❸ '문제'와 '보기' 입력하기 (정답 2개 이상일 경우에 체크박스 활용)

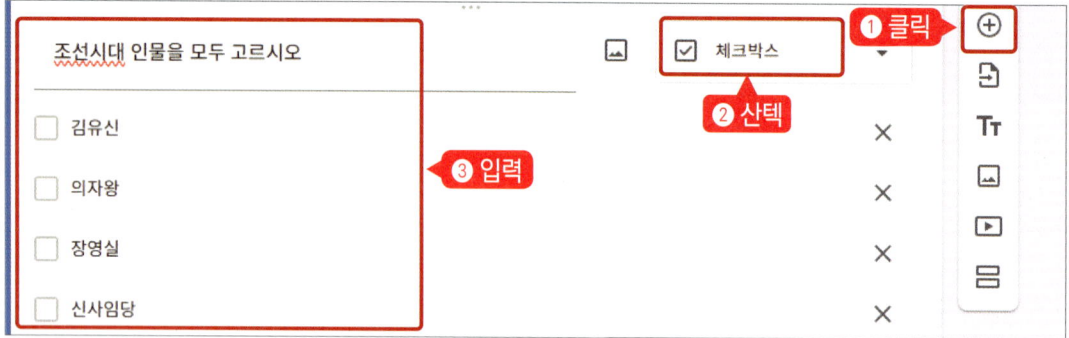

16 ❶ '답안' 클릭해서 ❷ '장영실', '신사임당'을 정답으로 체크하기

17 '완료' 버튼 클릭하기

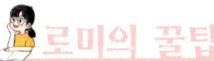 **로미의 꿀팁**

여러 개를 선택할 수 있어요. 정답이 두 개 이상일 때 사용해요. 모든 정답을 정확히 골라야 정답 처리 돼요!

5단계 공유 및 결과 확인하기

18 160p에서 배운대로 설문 '게시'하고 친구들에게 공유하기

19 친구의 입장에서는 퀴즈를 다 풀면 '점수 보기' 클릭하여 점수 확인하기

20 친구들의 결과를 '응답'을 눌러 확인하기

그리의 미션

☑ 똑같은 내용의 문제를 하나는 객관식, 하나는 드롭다운으로 만들기

☑ '답안 ➡ 답안 관련 의견 추가 메뉴'를 클릭하여 정답일 경우/오답일 경우에 각각 퀴즈를 푸는 사람이 볼 수 있도록 메시지 만들기

  📝 잘못된 답변 – 아쉽습니다. 틀렸습니다. / 정답 – 축하해요. 정답입니다.

☑ 점수를 다르게 하여 퀴즈 10문제 만들어 친구에게 공유하기

  📝 1번은 5점, 2번은 3점, 3번은 6점 등

☑ 퀴즈를 친구나 가족 5명 이상에게 보내고, 응답 결과 확인하기

그리와 로미의
여섯 번째 모험

우리들의 이야기로 채우는 사이트 만들기

01 나만의 사이트를 만들 수 있다고?
구글 사이트 만들기

학습 영상 **21**

단축키 URL bit.ly/그리와로미

학습내용

1 Google Sites에 접속하여 새 사이트를 만들 수 있다.

2 사이트에 페이지를 추가하고, 탐색 메뉴(목차)를 수정할 수 있다.

#Google Sites, #구글 사이트, #페이지, #탐색 메뉴, #목차

구글 사이트로 퐁당 빠져들기

 "로미야! 우리도 우리만의 웹사이트를 만들 수 있을까? 컴퓨터 잘하는 어른들만 만드는 줄 알았는데..."

 "물론이지! 구글 사이트를 쓰면 나만의 사이트를 쉽게 만들 수 있어. 하나도 안 어려워! 내가 알려줄게~"

 "와, 신난다! 내 사이트가 생긴다니! 뭐부터 하면 돼?"

구글 사이트 만들기

1단계 Google Chrome (웹브라우저)에서 Google Sites 접속하기

01 바탕화면 or 시작 메뉴의 'Google Chrome' 찾아 실행하기

02-1 ❶ 'Google 앱스'를 클릭하고 ❷ '사이트 도구'를 찾아 클릭하기

02-2 옴니박스에 '구글 사이트' 또는 'sites.google.com' 주소 입력하기

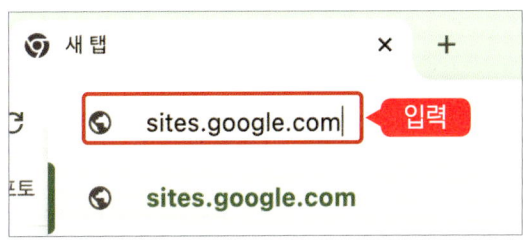

2단계 사이트 만들기

03 ❶ '빈 사이트'를 클릭하여 시작하거나, ❷ '템플릿 갤러리'에서 고르기

 **로미의 꿀팁**

템플릿은 미리 꾸며진 사이트 틀이라고 생각하면 돼요. 템플릿에 대해서는 6-(4)에서 더 자세히 배울 거예요!

구글 사이트 이름과 제목 정하기

1단계 사이트 이름 정하기

01 왼쪽 상단 '제목 없는 사이트' 클릭하기

02 사이트의 '문서 이름' 입력하기

2단계 사이트 제목 정하기

03 메인 화면에서 '내 페이지 제목' 클릭하기

04 사이트의 '제목' 입력하기

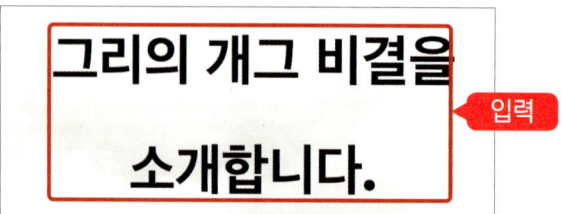

그리의 궁금증 사이트의 이름과 사이트의 제목.. 뭐가 다른 건가요?

'사이트의 이름'은 Google 드라이브에 저장되는 파일 이름이에요. '사이트의 이름'과는 별개로 방문자들이 페이지에서 바로 볼 수 있는 것이 '사이트의 제목'이에요.

로미의 꿀팁

처음 만든 사이트에는 기본적으로 하나의 페이지만 있어요. 새로운 페이지를 만들어 사이트를 여러 내용으로 구성해 보아요.

Google 사이트에서 페이지 추가하기

1단계 새 페이지 만들기

01 ❶ '페이지 탭' 클릭하기

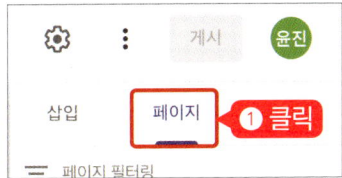

02 하단의 '+' 버튼 클릭하기

03 ❷ '새 페이지' 클릭하기

2단계 새 페이지의 '이름' 적기

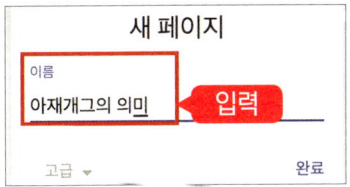

3단계 탐색 메뉴(목차) 확인하기

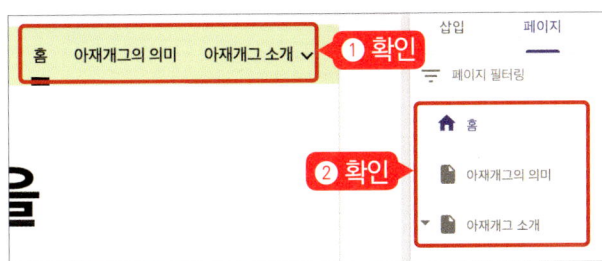

❶ **탐색 메뉴(목차):** 페이지를 추가하면, 만든 페이지의 목록들이 보이는 곳

❷ **페이지 탭:** 추가한 페이지들의 이름 수정 및 삭제, 순서 이동이 가능한 곳

로미의 꿀팁

탐색 메뉴(목차)를 클릭하면, 만든 페이지로 이동할 수 있어요. 이렇게 사이트의 목차 역할을 하는 메뉴를 통해 방문자들은 여러 페이지를 쉽게 찾아다닐 수 있답니다.

그리의 궁금증 페이지의 이름 수정 및 삭제, 순서 이동은 어떻게 하나요?

페이지 순서를 바꾸고 싶다면 페이지를 '드래그 앤 드롭' 하여 위아래로 옮기면 탐색 메뉴 순서와 함께 바뀌어요. 또, '더보기(⋮)' 버튼을 눌러 페이지를 삭제하거나, 홈페이지로 설정할 수 있어요.

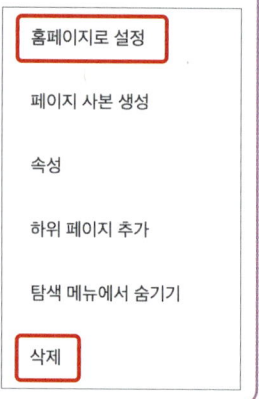

로미의 꿀팁

원하는 정보를 쉽고 빠르게 접근할 수 있도록 '하위 페이지를' 만들 수 있어요.
주제, 시기 등 기준에 따라 하위 페이지가 있다면, 훨씬 체계적이에요.

4단계 하위 페이지 추가하기

04 '점 세 개(⋮)' 버튼 클릭하기

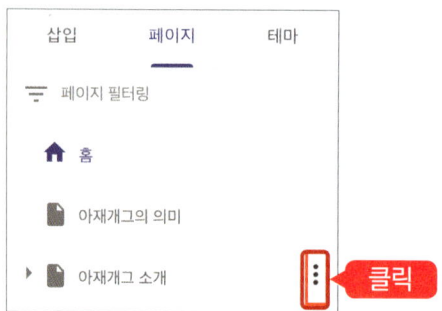

05 '하위 페이지 추가' 클릭하기

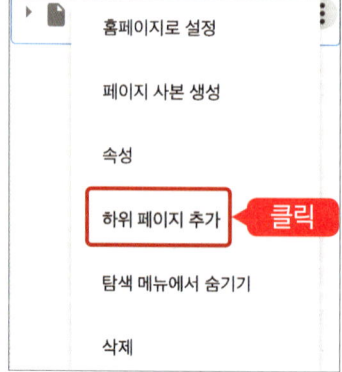

06 '하위 페이지의 이름' 입력하기

07 탐색 메뉴에서 하위 페이지 확인하기

그리의 미션

☑ Google Sites에 접속하여 새로운 빈 사이트 만들기

☑ 사이트의 '이름' 입력하기

☑ 사이트의 '제목' 정하기

☑ 새 페이지 2개 추가하기

☑ 추가한 페이지의 이름 바꾸기

☑ 페이지를 드래그하여 순서 바꿔보기

☑ 탐색 메뉴(목차) 순서가 바뀌는지 확인하기

☑ 한 페이지에서 하위 페이지 2개 추가하고, 이름 바꾸기

02 원하는 내용! 원하는 색! 사이트 꾸미기
구글 사이트 구성하기

| 학습 영상 22 |  | 단축키 URL | bit.ly/그리와로미 |

학습내용

① 사이트에 텍스트, 이미지, 링크를 추가하고 수정할 수 있다.

② 사이트에 구글 드라이브 파일, 동영상(Youtube 등), 문서를 삽입하고 수정할 수 있다.

#Google Sites, #구글 사이트, #페이지 #탐색 메뉴, #목차

구글 사이트 알차게 내용 담기

 "로미야! 이제 페이지는 만들었는데 내 사이트는 아직 텅 비어있어. 글도 넣고 사진도 넣고 꾸며 보고 싶어! 어떻게 해야 해?"

 "걱정 마. Google Sites 에서는 텍스트나 이미지 같은 내용을 원하는 대로 넣을 수 있어. 또 사이트의 색상이나 디자인도 바꿀 수 있어서 네가 원하는 분위기로 꾸밀 수 있지. 자, 한 단계씩 해 보자!"

텍스트 상자 추가하기

1단계 ❶ '삽입' 메뉴 클릭하고, ❷ '텍스트 상자' 클릭하기

2단계 텍스트 옵션 설정하기

01 자신이 전달하고 싶은 내용을 '텍스트'에 입력하기

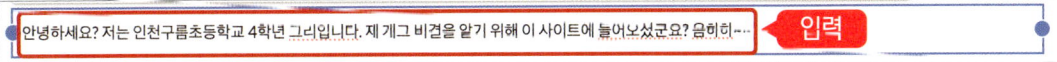

02 텍스트를 마우스로 '드래그'하여 블록하기

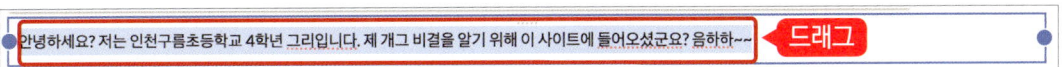

03 '도구 막대'에서 텍스트의 '글꼴', '크기', '정렬', '굵기' 등 옵션 조절하기

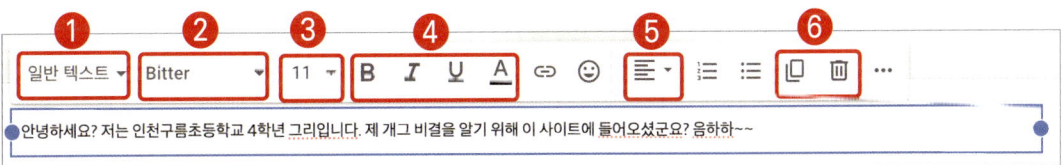

❶ **글꼴 스타일**: 일반 텍스트, 제목, 부제목 등 글꼴 스타일 변경할 수 있습니다.

❷ **폰트**: 원하는 글씨체를 선택할 수 있습니다.

❸ **글꼴 크기**: 글꼴의 크기를 직접 입력하거나 선택할 수 있습니다.

❹ **B 버튼**을 누르면 글씨가 굵게 되고, **I 버튼**을 누르면 글씨가 기울여집니다.

   U 버튼을 누르면 밑줄이 생기고, **A 버튼**을 누르면 색깔을 바꿀 수 있습니다.

❺ **정렬**: 텍스트를 왼쪽, 중앙, 오른쪽 등 정렬을 할 수 있습니다.

❻ 복사하거나 삭제할 수 있습니다.

🧑 로미의 꿀팁

텍스트 상자는 원하는 위치로 드래그해서 옮길 수 있고, 상자의 양쪽 모서리를 드래그하면 너비도 조절할 수 있어요.

이미지 추가하기

1단계 ❶ '삽입' 메뉴 클릭하고, ❷ '이미지 상자' 클릭하기

2단계 이미지 넣고 조절하기

01-1 ❶ '업로드'를 클릭하여 내 컴퓨터에 있는 ❷ '그림 파일'을 ❸ '업로드'하기

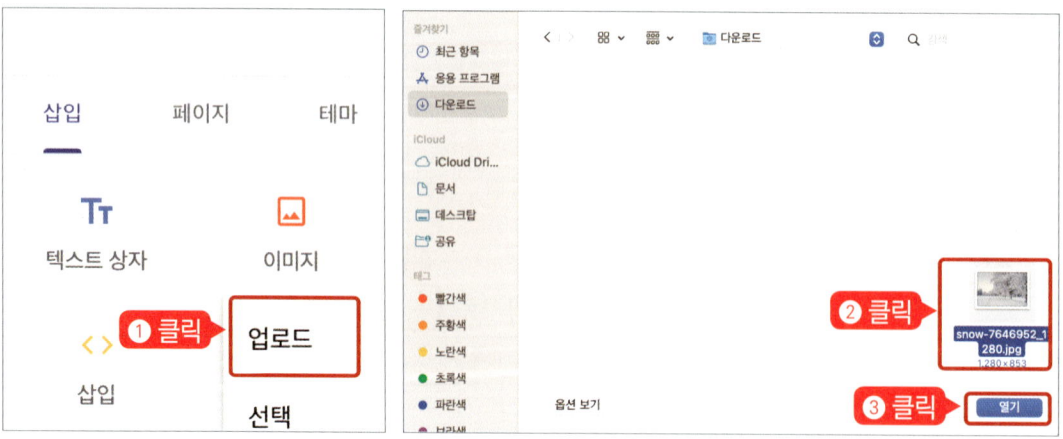

01-2 '선택' 클릭하여 온라인의 이미지 추가하기

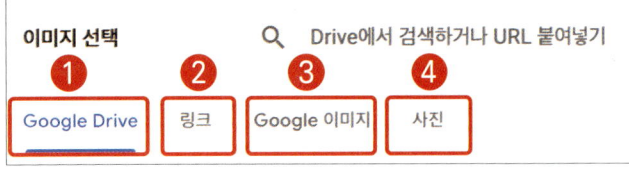

❶ **Google Drive:** 구글 드라이브에 업로드 되어 있는 이미지를 추가할 수 있습니다.

❷ **링크:** 이미지의 주소인 URL을 넣어 추가할 수 있습니다.

❸ **Google 이미지:** 구글 이미지 검색 기능으로 구글의 이미지를 바로 추가할 수 있습니다.

❹ **사진:** Google 포토에 업로드 되어 있는 이미지를 추가할 수 있습니다.

02 이미지 조절하기

❶ **자르기:** 이미지의 불필요한 부분을 잘라낼 수 있습니다.

❷ **자르기 취소:** '자르기'한 것을 되돌리고 싶을 때 누릅니다.

❸ **링크 삽입:** 이미지를 누르면 이동할 페이지를 입력할 수 있습니다.

❹ **복사, 삭제:** 이미지를 복사하거나 삭제합니다.

❺ **크기 조절:** 모서리의 파란색 동그라미를 드래그하여 크기를 조절할 수 있습니다.

링크 삽입하기

01 ❶ '삽입' 메뉴 클릭하고, ❷ '링크 상자' 클릭하기

04 ❶ 'url'을 입력하고 ❷ '삽입' 버튼 클릭하기

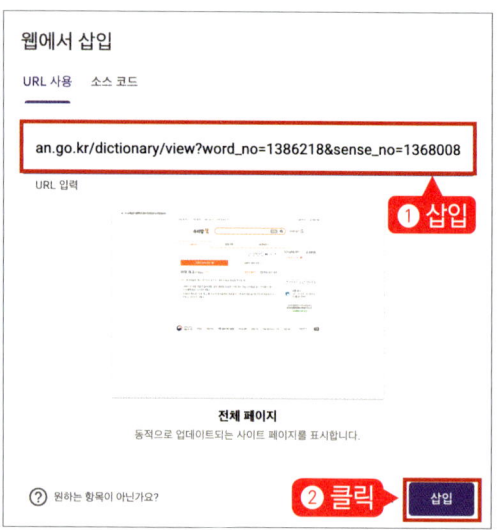

동영상, 지도, 문서 등 삽입하기

01 ❶ '삽입' 메뉴 클릭 후, ❷ 'YouTube'를 클릭하면, 동영상을 추가할 수 있습니다.

❸ **지도:** 구글 지도를 추가할 수 있습니다.

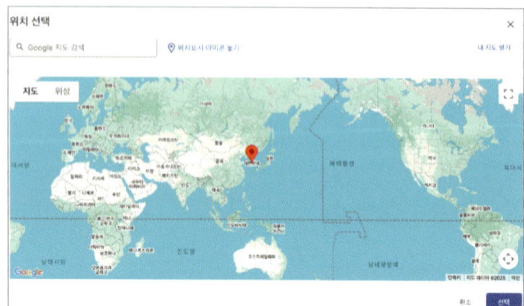

❹ **드라이브 파일:** 내 Google 드라이브에 있는 Docs, Slides, Sheets, 설문지, 차트 등을 추가할 수 있습니다.

"로미야! 내 사이트에서 아재개그와 관련된 이미지 모음을 슬라이드쇼로 보여주고 싶어. 일일이 사진을 올리기 힘든데 방법이 있을까?"

 "그럴 땐 이미지 캐러셀 기능을 써봐! 여러 이미지를 한 번에 올려 놓으면 방문자가 좌우로 넘기며 볼 수 있는 슬라이드쇼가 만들어져. 사진 앨범을 보여줄 때 딱이야. ~"

이미지 캐러셀 활용하기

01 ❶ '삽입' – '이미지 캐러셀'을 클릭하고, ❷ '+' 버튼 눌러 이미지 삽입하기

02 삽입된 이미지 캐러셀 확인하기

테마와 디자인 바꾸기

❶ '테마 메뉴' 클릭하고, ❷ '색상'과 '글꼴 스타일' 변경하기

사이트의 큰 배경 그림 부분인, 헤더 이미지도 바꿀 수 있어요. 직접 이미지를 업로드하거나, 온라인의 이미지를 선택하여 꾸밀 수 있어요.

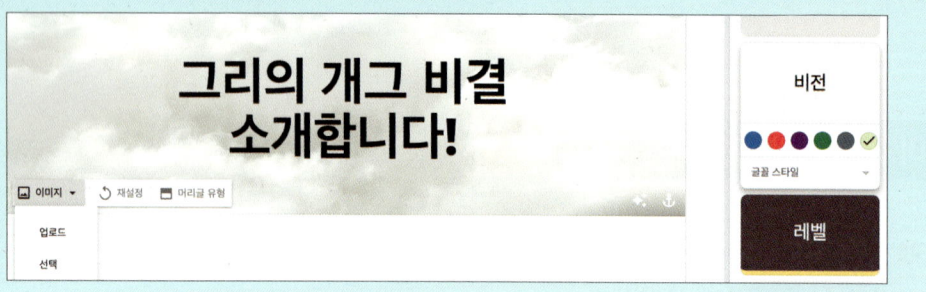

 그리의 미션

☑ 텍스트 상자를 추가하고 자기소개 글 써보기

☑ 텍스트의 글꼴, 크기, 정렬, 굵기 바꿔보기

☑ 내가 좋아하는 과일의 사진을 선택하여 삽입하기

☑ 내가 좋아하는 음식 2가지 이상의 사진을 이미지 캐러셀로 삽입하기

☑ 내가 좋아하는 음악의 뮤직비디오 링크를 삽입하기

☑ 3장에서 만든 Google 문서 또는 4장에서 만든 슬라이드 삽입해 보기

☑ 자신이 좋아하는 색깔로 테마 색깔 변경하기

☑ 자신이 직접 찍은 사진을 업로드하여 헤더 이미지 변경하기

☑ 최근에 재미있게 본 Youtube 영상 한 가지 삽입하기

03 우리의 사이트를 퍼뜨리자!
사이트 공유, 삭제하기

학습 영상 **23**

단축키 URL ▶ bit.ly/그리와로미

학습내용

1 사이트 웹 주소(URL)을 정하고, 사이트를 볼 수 있는 사용자를 선택할 수 있다.

2 더 이상 필요 없는 사이트를 삭제할 수 있다.툴바에 Google 렌즈를 고정할 수 있다.

#웹주소, #URL, #사용자, #공개 범위, #게시, #삭제

6장

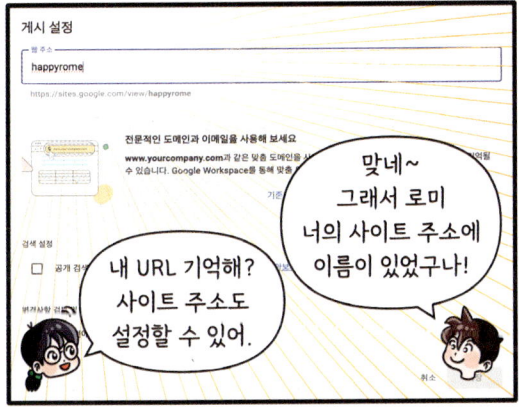

내 사이트를 세상에 올리기

 "로미야! 내 개그의 비결이 가득 담긴 사이트 완성했어~ 이것을 선생님과 친구들에게 보여주고 싶은데, 지금은 나만 볼 수만 있네.. 다른 사람들은 어디서 내 사이트를 찾아?"

 "그건 아직 '게시'를 하지 않았기 때문이야. 지금은 그리 너만 편집 화면에서 보고 있는 거고, 인터넷에 공개하려면 '게시'를 해야 해. 자, 따라 해봐!"

사이트 게시하고 웹주소 저장하기

1단계 '게시' 버튼 클릭하기

2단계 '웹 주소' 설정하기

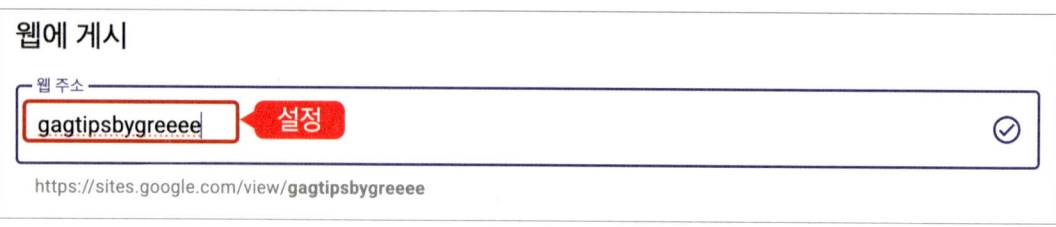

🧑 로미의 꿀팁

대문자, 소문자, 대시(/), 숫자를 이용하여 웹주소를 만들어요. 만약, 누가 사용하고 있는 주소라면 빨간색으로 표시되고, 사용할 수 있는 주소라면 파란색 체크 표시가 뜰 거예요. 나중에 바꿀 수 있으니, 크게 고민하지 않고 정해봐요.

3단계 공개 범위 선택하기

01 '내 사이트를 볼 수 있는 사용자' – '관리' 버튼 클릭하기

02 공개 범위(사용자) 설정하기

❶ **일부 공개**: 링크를 아는 사람이나, 구글 계정으로 초대한 사람만 볼 수 있습니다.

❷ **전체 공개**: 인터넷 사용자 누구나 내 사이트를 볼 수 있게 할 수 있습니다.

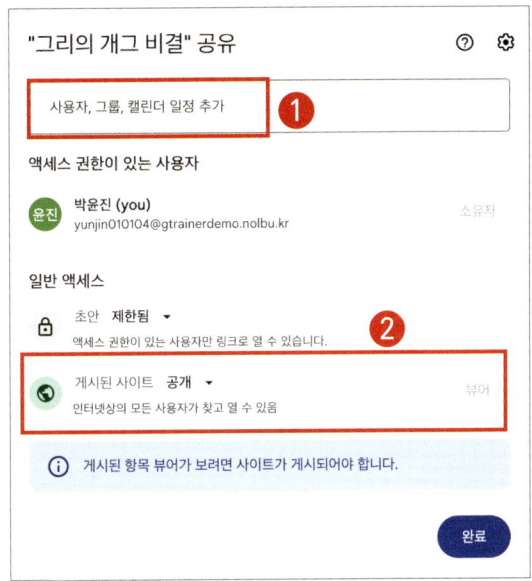

4단계 게시하기

03 '게시' 버튼을 한 번 더 눌러 게시하기

5단계 사이트에 접속하여 잘 게시되었는지 살펴보기

 로미의 꿀팁

사이트를 게시한 후 '공유' 버튼을 눌러 특정 사람을 편집자로 초대할 수 있어요. 친구와 함께 사이트를 만들고 싶다면, 그 친구를 편집자로 추가해 보세요.

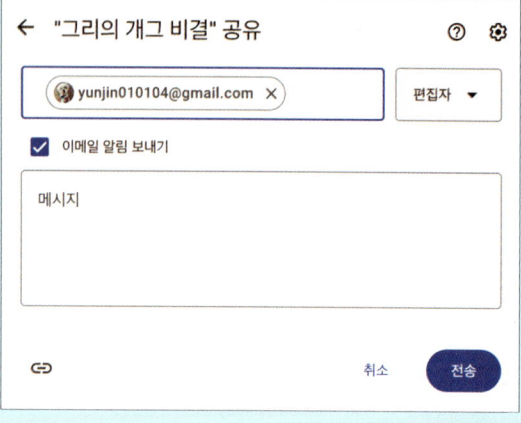

 그리의 미션

☑ 나의 개성이 담긴 웹주소 설정하기

☑ 전체 공개로 사이트 게시하기

☑ 링크가 있는 사용자에게만 사이트 게시하기

☑ 친구의 계정을 입력하여 사이트 편집자로 초대하기

내 사이트 관리하기

 "로미야! 내 사이트를 게시했는데 스마트폰으로 들어가는 친구도 있고, 태블릿, 노트북으로 들어가는 친구도 있어서.. 잘 보이는지 궁금해."

 "미리보기 기능을 사용하면, 게시 후에 어떻게 화면에 보이는지 알 수 있어!"

사이트 미리보기와 공유하기

1단계 상단의 '미리보기' 탭 선택하기

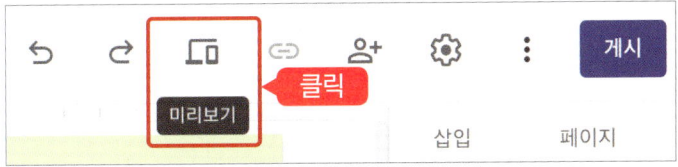

2단계 '휴대전화, 태블릿, 대형 화면'의 사이트 미리보기

3단계 ❶ '게시된 사이트의 링크 복사' 클릭 후, ❷ '링크 복사' 클릭하기

 "오~~ 이렇게 확인할 수가 있구나. 이렇게 미리보기 하니까 고치고 싶은 부분이 생겼어. 이미 게시하고 공유해버렸는데 어쩌지.."

"괜찮아, 그리야!. 이미 게시한 후에도, 편집 화면에서 내용을 고치고 다시 게시 버튼을 누르면 변경 사항이 업데이트돼."

사이트 수정하기

1단계 '수정할 부분' 입력하기

2단계 ❶ 게시 옆 '아래 화살표' 버튼 클릭후 ❷ '변경사항 검토 및 게시' 클릭하기

3단계 '현재 게시된 버전'과 '임시' 버전 확인 후 다시 '게시' 버튼 누르기

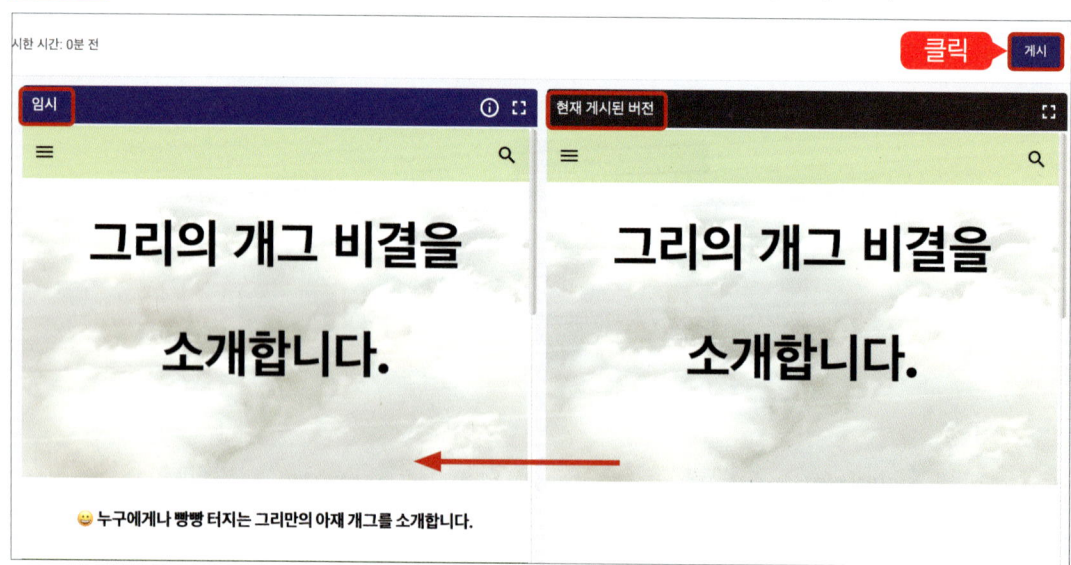

사이트 삭제하기

1단계 '구글 사이트 홈'에 들어가기

2단계 삭제할 사이트의 ❶ '더보기(:)' 버튼 클릭하고, ❷ '삭제' 버튼 클릭하기

 **로미의 꿀팁**

혹시 잘못 삭제했다면 당황하지 말고, 드라이브의 휴지통을 확인해요. 다시 복원하면 사이트가 살아나요.
하지만 휴지통을 비우거나, 30일이 지나면 영구 삭제되니 조심하세요!

그리의 미션

☑ 자신이 만든 사이트 휴대전화, 태블릿, 대형화면 버전으로 미리보기

☑ 일부 내용 수정하여 다시 게시하기

☑ 링크 복사하여 친구에게 자신의 사이트 공유하기

☑ 연습용으로 만든 사이트가 있다면 삭제해보기

템플릿으로 레벨 업!
템플릿 갤러리 활용하기

학습 영상 **24**  단축키 URL bit.ly/그리와로미

학습내용

1 템플릿 갤러리를 사용하여 수업 활동과 관련된 주제의 사이트를 만들 수 있다.

2 사이트를 만들 때 자료 출처를 정확히 밝히고, 저작권을 침해하지 않는 방법을 안다.

#템플릿 갤러리, #출처, #저작권, #미디어 리터러시

템플릿 갤러리로 사이트 레벨 업하기

 "로미야! 이번 모둠 과제로 사이트를 만들어야 하는데 처음부터 다 꾸미려니 막막해…"

 "그럴 땐 템플릿을 쓰면 돼! Google Sites 템플릿 갤러리에 가면 주제별로 멋진 사이트 템플릿이 많아. 우리 주제에 맞는 것을 골라보자!"

템플릿 갤러리에서 사이트 만들기

1단계 ‘템플릿 갤러리’ 열기

2단계 ‘템플릿’ 선택하기

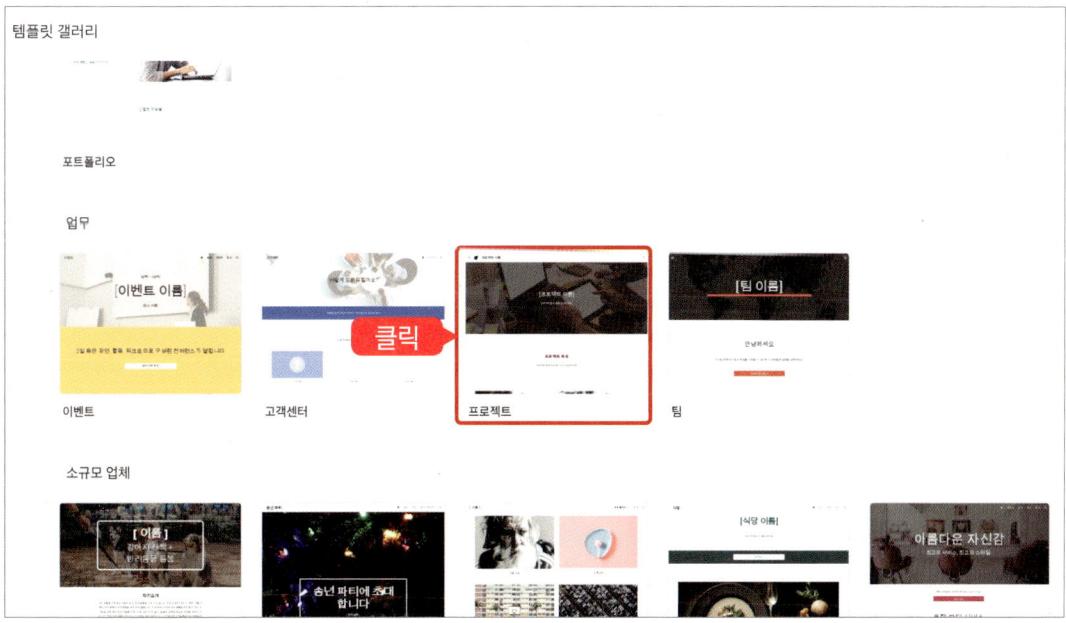

01 '제목' 수정하기

 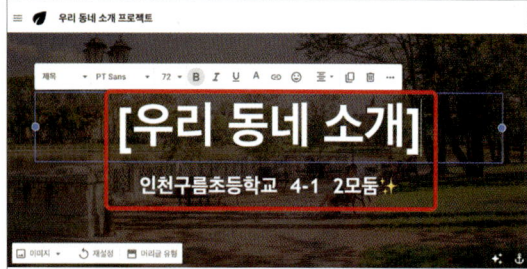

02 '이미지' 교체하기

템플릿에 이미 삽입되어 있는 ❶ '이미지'를 클릭하여 ❷ '점 세 개(⋮)'를 누르고 ❸ '이미지 바꾸기'를 선택하면 자신이 필요한 이미지로 바꿀 수 있어요.

03 페이지 '추가', '삭제' 및 '변경'하기

 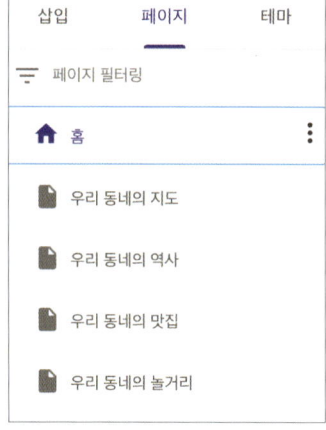

로미의 꿀팁

템플릿에서 설정된 디자인(색상, 폰트)은 유지되므로, 내용만 바꿔도 완성도 있는 사이트가 돼요. 템플릿을 쓰면 어려운 디자인 작업을 덜 수 있어서 시간을 절약하고도 멋진 결과를 얻을 수 있답니다. 하지만, 템플릿은 가이드일 뿐 완전히 똑같이 할 필요는 없어요. 필요한 대로 자유롭게 구조를 조정해 봐요.

그리의 미션

☑ 〈환경 보호 캠페인〉을 주제로 사이트를 만들 때, 템플릿 갤러리에서 어떤 템플릿을 선택하면 좋을까?

– 선택한 템플릿: (   )

– 이유:(   )

☑ 〈우리 반 알뜰시장〉을 홍보하는 사이트를 만들 때, 템플릿 갤러리에서 어떤 템플릿을 선택하면 좋을까?

– 선택한 템플릿: (   )

– 이유:(   )

☑ 마음에 드는 템플릿을 골라 '나'를 소개하는 새 사이트 만들어 보기

☑ 템플릿의 예시 텍스트를 나의 내용으로 바꾸어 채우기

☑ 템플릿에 있는 이미지를 내가 필요한 이미지로 교체하기

☑ 템플릿에 있는 페이지의 이름을 바꾸고 내용 수정하기

인터넷 자료 책임감 있게 사용하기

 "인터넷에 있는 자료들은 공짜인 줄 알고.. 다 복사해 붙여 넣기 해버렸는데 어떡하지?"

 "사용할 수 있는 방법이 몇 가지 있긴 해. 아래 방법을 따라 사이트를 수정해 봐!"

출처 밝히기

1단계 자신이 활용한 정보가 어디서 왔는지 기억하기

01 자료를 찾았을 때, 출처가 되는 곳을 확인하기

예 어떤 웹사이트에서 봤는지? 어떤 책이었는지? 누가 쓴 글인지?

2단계 정보의 종류에 따라 출처를 정리하기

02 웹사이트, 책, 논문 등 종류에 따라 출처를 밝히기

자료 종류	출처 밝히는 법2
웹사이트	누가 쓴 글인지, 글 제목, 주소
책	책 제목, 지은이, 출판사, 출판연도
논문	논문 제목, 저자, 학술지 이름, 발표 연도

3단계 자신이 쓴 텍스트 혹은 이미지와 '출처' 함께 적기

'동네란?'

동네란, 자기가 사는 집을 중심으로 사람들이 모여 사는 일정한 공간을 말해요.

출처: 네이버 국어사전, '동네', https://ko.dict.naver.com/#/main

허락된 자료 사용하기

1단계 누구나 사용해도 되는 자료 찾기

01 필요한 자료 유형에 따라, 무료로 이용할 수 있는 사이트 접속하기

자료 유형	주소 및 단축주소	QR코드
사진이나 그림	1. https://pixabay.com/ko/ (Google에서 '픽사베이' 검색)	
	2. 단축Url: bit.ly/그리사진	
음악이나 소리	* 경로: 유튜브 본인 계정의 채널 ➜ 유튜브 스튜디오 ➜ 오디오 보관함 * 본인의 유튜브 채널을 만들어야 활용가능합니다.	

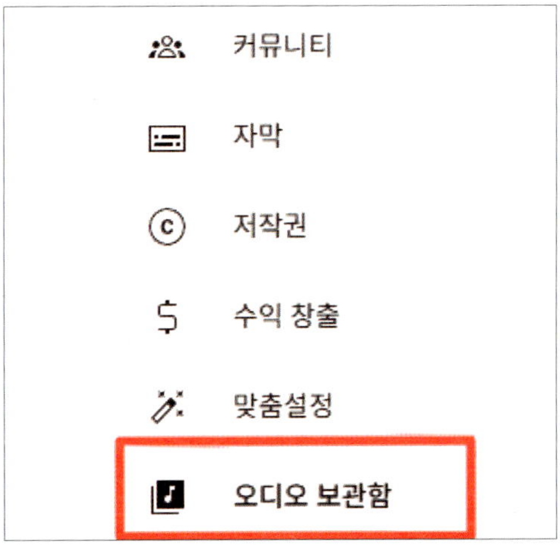
커뮤니티
자막
저작권
수익 창출
맞춤설정
오디오 보관함

6장

그리의 궁금증 자료를 찾다 보니, 공개 라이선스라고 적혀 있어요. 공개 라이선스가 뭐예요?

어떤 사람이 그림이나 사진, 음악을 만들고 나서 "다른 사람들도 자유롭게 써도 돼요!" 하고 허락 표시를 붙여두는 거예요. 공개 라이선스가 있는 자료들은 걱정 없이 쓸 수 있어요. 물론, 공개 라이선스 자료더라도 출처를 남겨주는 게 예의예요.

2단계 자신이 쓴 이미지 혹은 음악과 출처 함께 적기

02 자신이 사용한 '자료 유형'과 함께 '출처'를 함께 적기

우리 동네의 모습

출처: pixabay, Alfonso Jung의 이미지

직접 만들기

내가 직접 찍은 사진, 내가 만든 그림, 내가 쓴 문장을 사용하면 저작권 걱정 없이 자료를 만들 수 있어요.

 "아하.. 그래서 출처를 밝히는 게 중요하구나. 남의 것을 자기 것처럼 가져오는 건 표절이라고 해서 나쁘다고 들어본 것 같아."

 "맞아. 학교 숙제, 보고서를 쓸 때도 마찬가지야. 남이 쓴 글을 그대로 베끼면 안 되고, 참고했다면 참고 문헌이나 출처 목록에 꼭 밝혀야 해. 웹사이트도 하나의 작품이니까, 우리가 정보를 얻은 곳을 표시해야 정직한 거지."

 "응, 알겠어! 출처를 밝혀 사이트를 마저 완성할게. 다음부턴 가능하면 내가 직접 쓰고, 만든 자료를 쓰면 좋겠다. 고마워, 로미야!"

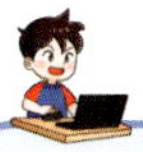

그리의 미션

- ☑ 자신이 만든 사이트에서 삽입한 이미지, 텍스트, 영상에 출처 남기기
- ☑ 자신이 사용한 자료의 '출처 모음 페이지'를 따로 만들기
- ☑ 출처를 표시하는 게 중요한 이유 적어보기
  - 이유:(   )
- ☑ 직접 찍은 사진으로 이미지 삽입하기
- ☑ 직접 그린 그림 사진 찍어 이미지 삽입하기

그리와 로미의 일곱 번째 모험

드라이브 & 캘린더 탐험대

01 디지털 서재 탐험
Google 드라이브로 파일 관리하기

학습 영상 **25**

단축키 URL bit.ly/그리와로미

학습내용

1 클라우드 기반의 파일 관리 시스템의 장점을 이해하고 활용할 수 있다.

2 Google 드라이브에서 파일 및 폴더를 생성 및 삭제하여 효율적으로 관리할 수 있다.

#드라이브 #파일 #폴더 #클라우드

Google 드라이브로 들어가기

Google 드라이브로 들어가기

1단계 크롬 브라우저 실행하기

01 바탕화면 or 시작 메뉴의 '크롬 브라우저' 찾아 실행하기

2단계 Google 드라이브 접속하기

02 ❶ 'Google 앱스' 버튼 누른 후 ❷ '드라이브' 아이콘 클릭하기

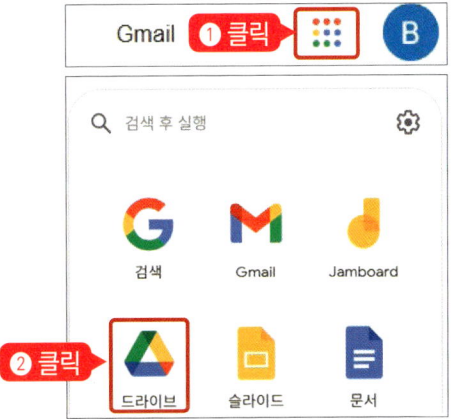

🖍 로미의 꿀팁

01 드라이브 아이콘이 안 보이면 아래로 스크롤을 내려봐요.

02 드라이브 아이콘이 너무 아래 있으면 1장에서 배운 드래그 & 드롭으로 화면 위로 올릴 수도 있어요.

Google 드라이브 메인화면입니다.

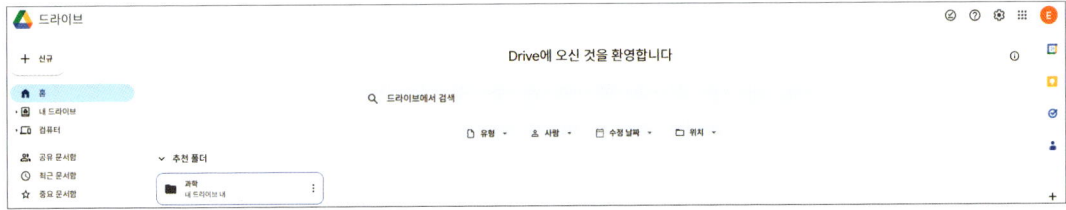

Google 드라이브 메뉴 알아보기

❶ **홈:** 최근에 작업했거나 중요하다고 생각할 만한 파일들을 구글이 똑똑하게 추천해 줘요.

❷ **내 드라이브:** 직접 만들었거나, 컴퓨터에서 구글 드라이브로 옮겨 놓은 모든 파일과 폴더가 여기에 모여 있어요.

❸ **컴퓨터:** 컴퓨터와 Google 드라이브를 연결했을 때 나타나요. 내 컴퓨터에 있는 폴더들을 구글 드라이브에 자동으로 저장되도록 설정하면, 이곳에서 컴퓨터의 파일들을 바로 확인하고 관리할 수 있어요.

❹ **공유 문서함:** 내가 만들지 않았지만, 다른 사람이 나에게 보여주거나 함께 작업하자고 준 파일들을 여기서 찾아볼 수 있어요.

❺ **최근 문서함:** 가장 최근에 열어봤거나 작업했던 파일들이 여기에 나열되어 있어요.

❻ **중요 문서함:** 파일/폴더 옆에 별표를 누르면 여기에 들어와서, 나중에 급하게 찾아야 할 때 헤매지 않고 바로 열어볼 수 있어요.

❼ **스팸:** 광고나 문제가 있는 파일들이 자동으로 저장되는 곳이에요.

❽ **휴지통:** Google 드라이브에서 삭제한 파일들이 잠시 머무는 곳이에요. 만약 실수로 파일을 지웠더라도, 여기서 다시 되살릴 수 있어요.

❾ **저장용량:** Google 드라이브에 얼마나 많은 파일을 저장했는지, 남은 공간은 얼마나 되는지 보여주는 곳이에요. 구글 드라이브는 기본으로 15GB라는 넓은 공간을 무료로 제공해 준답니다!

구글 드라이브 폴더 및 파일 관리하기

구글 드라이브 폴더 및 파일 만들기

1단계 폴더 생성하기

01 '신규' 버튼 누르기

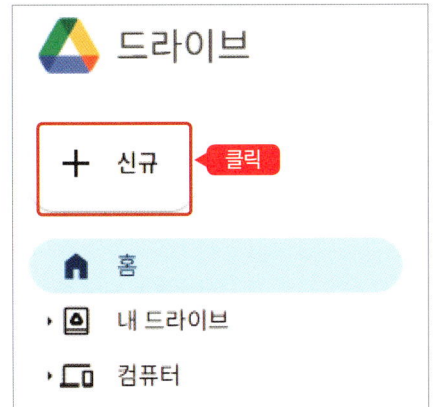

02 '새 폴더' 누르기

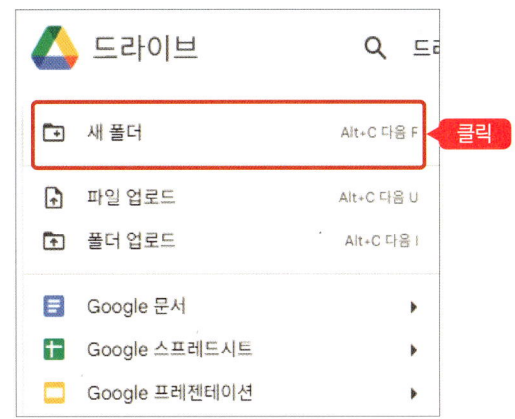

03 '새 폴더명' 입력하기

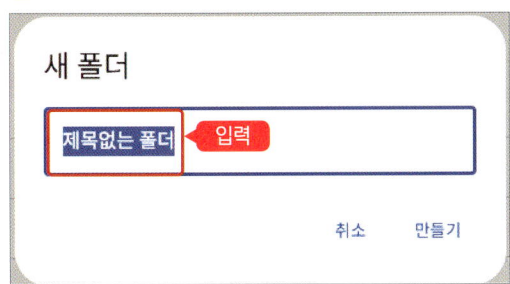

04 만들어진 폴더 확인하기

2단계 파일 생성하기

05 '신규' 버튼 누르기

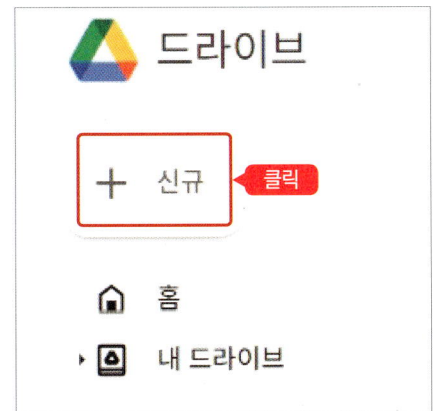

06 '원하는 파일 형태' 선택하기

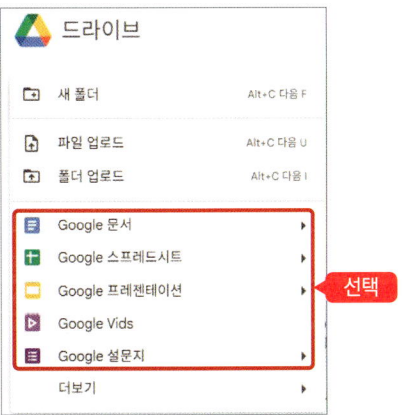

7장

구글 드라이브 폴더 및 파일 업로드하기

01 '신규' 버튼 누르기

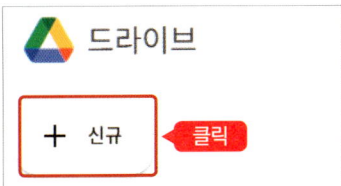

02 '파일 업로드' 혹은 '폴더 업로드' 누르기

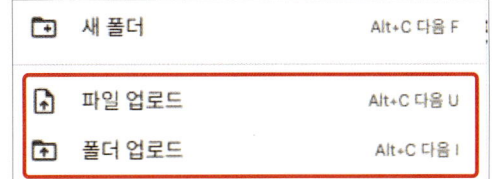

03 올릴 폴더 및 파일 선택하기

1) '올릴 폴더' 선택하기

2) '올릴 파일' 선택하기

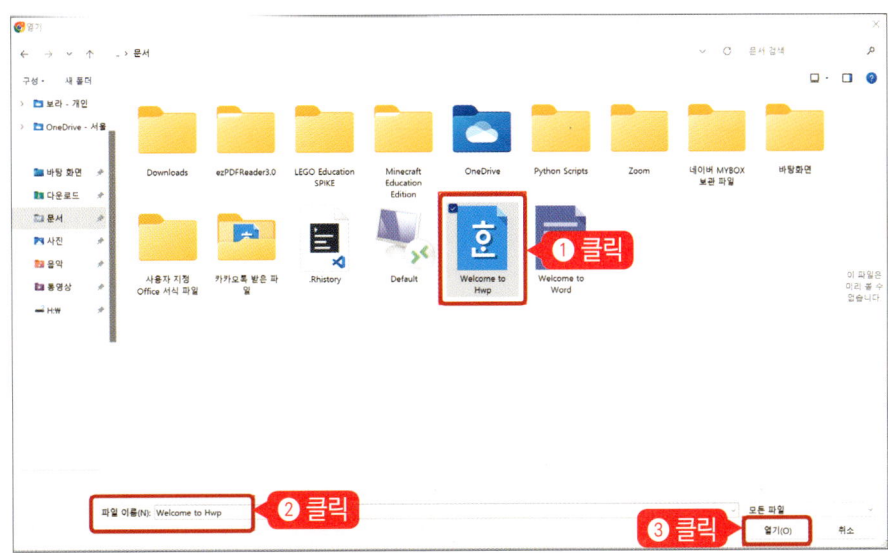

구글 드라이브 폴더 및 파일 삭제하기

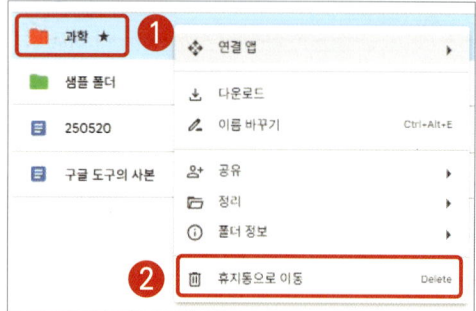

01 ❶ 삭제하고 싶은 폴더 혹은 파일에 마우스를 가져다 두고, '우측 마우스' 누르기

02 ❷ '휴지통으로 이동' 혹은 키보드의 Delete 키 누르기

 **로미의 꿀팁**

삭제한 파일도 걱정마세요! 휴지통에서 되살려요!

휴지통에 있는 파일은 30일이 지나면 영구적으로 삭제되니, 혹시 지운 파일이 있다면 너무 늦기 전에 빨리 확인하고 되살려야 해요! 그리고 필요 없는 파일은 휴지통에서 '영구 삭제'하여 드라이브 공간을 깔끔하게 정리할 수 있어요!

01 되살리고 싶은 파일이나 폴더를 찾아 마우스 오른쪽 버튼으로 클릭합니다.

여러 개를 한꺼번에 되살리고 싶다면, 키보드의 Ctrl 키를 누른 채 클릭하여 여러 개를 선택할 수 있답니다.

02 나타나는 메뉴에서 '복원'을 클릭하면 끝!

선택한 파일이나 폴더가 원래 있던 자리로 다시 돌아갈 거예요. 만약 원래 있던 폴더가 없어진 상태라면, '내 드라이브'의 가장 최상위 폴더로 복원됩니다.

 그리의 미션

☑ 새로운 폴더를 만들고, 이름을 '나만의 비밀 서재'로 지어보기

☑ '나만의 비밀 서재' 폴더 안에 '새로운 하위 폴더'를 하나 더 만들고, 이름을 '소중한 추억' 으로 지어보기

☑ '소중한 추억'에 내가 아끼는 사진 혹은 파일 두 가지 올려보기

☑ 드라이브에서 'Google 문서'를 새로 만들고, 제목을 '나의 인공지능 탐험 일기'로 지어보기

☑ 올렸던 사진 혹은 파일 한 가지 삭제하고 삭제한 파일을 '휴지통'에서 다시 '복원'시켜 보기

온라인으로 협업미션 수행해볼까?
문서 공유를 통한 협업 및 드라이브 관리

학습 영상
26

단축키 URL ▶ bit.ly/그리와로미

학습내용

1 Google 문서를 다른 사람과 공유하고 실시간으로 협업할 수 있다.

2 드라이브 관리를 통해 자료를 효율적으로 정리할 수 있다.

#공유 #실시간 협업 #권한 설정

구글 문서 공유 및 협업하기

1단계 공유할 Google 문서 열고 '공유' 버튼 찾기

01 Google 드라이브에 접속하여 공유하고 싶은 '구글 문서'를 클릭하여 열기

* 3장에서 만든 문서를 활용해요

02 문서 화면 오른쪽 상단에 있는 '공유' 버튼 찾기

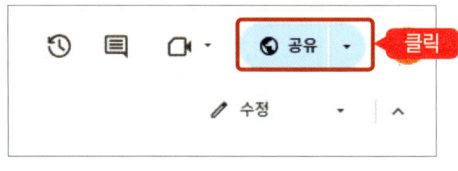

03 '공유' 버튼을 클릭하여 공유 설정 창 열기

2-1단계 엑세스 권한 직접 부여하기: 다른 사람의 이메일 주소를 입력하고 권한 설정하기

04 공유 설정 창에서 '사용자 및 그룹과 공유' 부분에 공유할 사람의 '이메일 주소' 입력하기

05 이메일 주소 옆에 있는 '드롭다운' 메뉴를 클릭하여 권한 설정 (**Ctrl** 뷰어, 댓글 작성자, 편집자) 선택하기

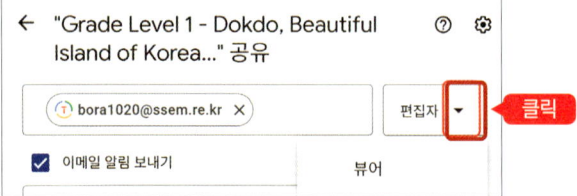

06 필요시 ❶ '메시지'를 작성하고 ❷ '전송' 버튼 클릭하여 공유 알림 보내기

그리의 궁금증 권한 설정이 뭐예요?

권한 설정은 공유할 때 상대방이 내 문서를 보기만 할지, 의견만 남길지, 직접 수정할 수 있을지 정하는 중요한 설정이에요. 뷰어는 보기만 가능하고, 댓글 작성자는 댓글을 통해 의견만 남기기가 가능하며, 편집자는 수정까지 가능함을 말해요.

2-2단계 공유 링크를 복사하여 전달하기

07 공유 설정 창 하단의 ❶ '일반 액세스' 부분에서 ❷ '링크가 있는 모든 사용자'로 바꾸기

08 ❸ '링크 복사'를 한 뒤 ❹ '완료'를 누르고, 복사한 링크를 친구나 다른 사람에게 채팅, 이메일 등으로 전달하기

4단계 드라이브에서 공유된 파일 확인하기

문서 목록에서 문서 끝에 사람들 아이콘이 생긴 것을 확인할 수 있어요!

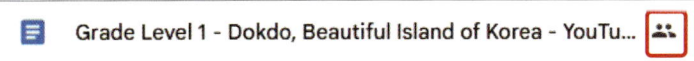

 **로미의 꿀팁**

공유 권한을 잘못 설정했을 때, 걱정 마세요! 바로 고칠 수 있어요!

다시 문서의 오른쪽 마우스를 클릭해서 '공유' 버튼을 눌러 공유 설정 창을 열어요. 거기서 해당 친구의 이름 옆에 있는 권한 설정 '드롭다운' 메뉴를 클릭해서 변경 해주면 돼요! 만약 아예 공유를 멈추고 싶다면, 친구 이 름 옆의 드롭다운 메뉴에서 '액세스 권한 삭제'를 선택 하면 돼요.

 로미의 꿀팁

함께 만드는 문서에 '댓글'로 의견 주고받기!

친구랑 같이 문서를 만들다가 궁금하거나 이야기하고 싶은 부분이 생기면, 그 부분을 마우스로 드래그해서 선택 해 보세요. 그러면 오른쪽에 '댓글 추가' 버튼이 나 타날 거예요. 여기에 내 의견을 남기면 친구가 바로 확인하고 답글을 달아줄 수 있어요.

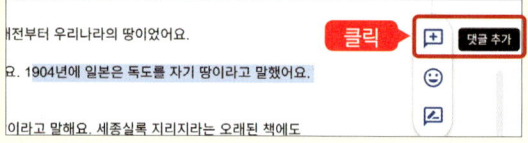

협업 중 실수는 당연해! '버전 기록'으로 시간 되돌릴 수 있어요.

 "로미야, 친구랑 공동으로 발표 자료를 만들고 있는데, 누가 실수로 어제 완성한 부분을 다 지워버렸어! 다 시 처음부터 만들어야 하나? 흑흑..."

 "그리야, 슬퍼하지 마! 구글 문서에는 마법 같은 버전 기록 기능이 있어! 문서 상단 메뉴에서 '시계 모양' 🕐 아이콘을 클릭해 봐. 그러면 문서가 저장된 시간별로 목록이 쭉 나타날 거야. 네가 원하는 시간을 선택하면, 그때의 문서 상태를 미리 볼 수 있고, '이 버전 복원하기' 버튼을 눌러서 지우기 전으로 돌아갈 수 있어!"

 그리의 미션

☑ 선생님(또는 부모님)에게 공유 링크를 보내 '보기' 권한으로 문서를 공유해 보세요.

☑ 협업 보고서를 작성할 때 구글 문서 공유 기능이 왜 편리한지 문장으로 정리해 보세요.

(   )

07 새 탭으로 열린 파일 확인하기

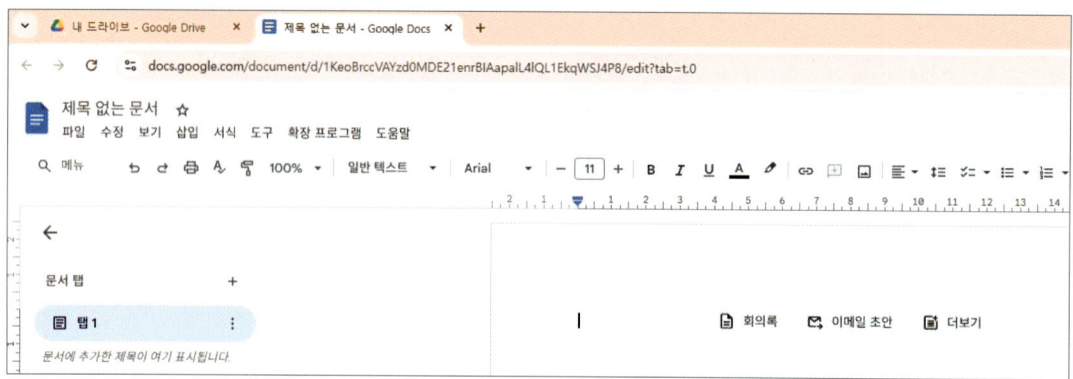

그리의 궁금증 **탭(Tab)이 뭐예요?**

탭은 마치 여러 권의 책을 한 번에 펼쳐보듯이 한 브라우저 창에서 여러 개의 웹사이트를 동시에 열어볼 수 있게 해주는 기능이에요. 책갈피처럼, 필요한 정보를 빨리 찾아볼 수 있도록 도와줘요. 새로운 웹페이지를 열 때마다 새 창을 띄울 필요 없이, 탭을 추가해서 깔끔하게 여러 작업을 할 수 있게 해줘요.

로미의 꿀팁

'더보기'를 누르면, 다른 구글 도구들도 연결해서 사용할 수 있어요!

드라이브 관리하기

색창과 필터로 원하는 파일 한 번에 찾기

1단계 검색창을 활용해서 파일 한 번에 찾기

01 드라이브 화면 상단에 있는 '검색창' 클릭하기

02 찾고 싶은 파일의 이름이나 '키워드'를 검색창에 입력하고 **Enter** 누르기

2단계 필터 기능으로 원하는 파일을 정확하게 찾기

03 검색창 아래 나타나는 다양한 필터 아이콘 (**예** 유형, 사람, 수정날짜 등) 확인하기

04 '유형' 필터를 눌러 원하는 형태만 보기

05 '사람' 필터를 눌러 특정 친구가 공유했거나 만든 파일만 검색해 보기

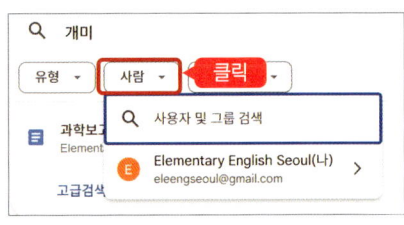

7장

06 '수정일' 필터를 눌러 '어제'나 '지난 7일'에 작업한 파일들만 골라 보기

07 '고급검색'으로 상세 검색하기

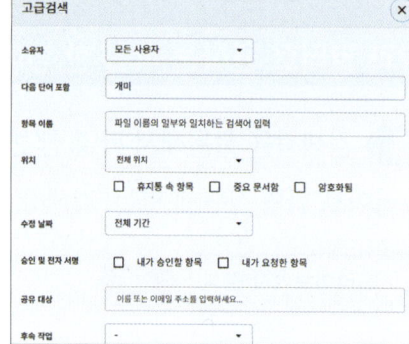

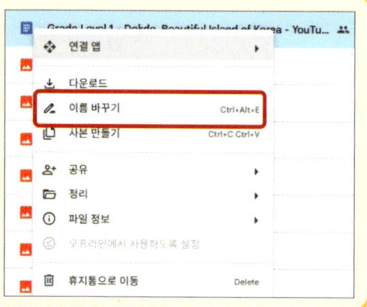

로미의 꿀팁

공유하기 전에 파일이나 폴더 이름을 수정할 수 있어요!
이름을 바꾸고 싶은 파일이나 폴더에 마우스 커서를 갖다 두고,
오른쪽 마우스를 클릭하면 '이름 바꾸기'가 있어요.

로미의 꿀팁

내가 원하는 폴더와 파일을 중요 문서함에서 바로 볼 수 있게 할 수 있어요!
자주 사용하거나 나중에 다시 찾아볼 파일은 ❶ 오른쪽 마우스를 클릭 후 '정리' – ❷ '중요 문서함에 추가'를 누르면 돼요. 이렇게 추가한 폴더와 파일들은 구글 드라이브 왼쪽 메뉴에서 ❸ '중요 문서함'을 클릭하면 확인할 수 있어요. 그리고 중요도가 낮아진 파일은 '정리'에서 '중요 문서함에서 삭제'를 클릭하면 돼요!

가독성을 높이기 위해 폴더의 색을 내가 원하는 것으로도 바꿀 수 바꿀 수 있어요.

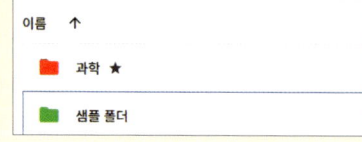

파일 정리 기능으로 드라이브 똑똑하게 관리하기

사본 만들기로 같은 파일을 여러 개 만들 수 있어요.

01 ❶ 해당 파일 선택 후 '마우스 오른쪽 버튼' 클릭한 뒤, ❷ '사본 만들기' 클릭하기

02 드라이브에 생긴 사본 확인하기

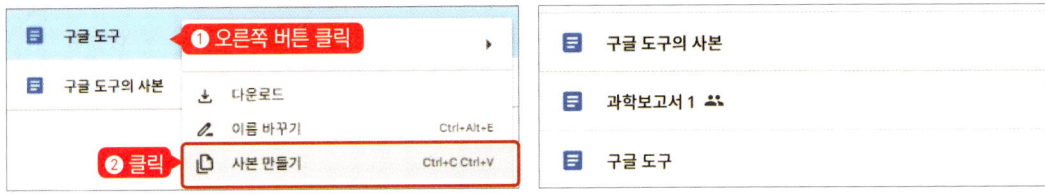

그리의 궁금증 　사본 만들기가 뭐예요?

중요한 파일을 원본 그대로 보존하면서, 똑같은 복사본을 하나 더 만들어 새로운 작업을 시작할 때 사용하는 기능이에요.

로미의 꿀팁

01 파일을 다른 폴더로 옮기고 싶을 때, ❶ 파일 선택 후 '마우스 오른쪽 버튼'을 눌러서 ❷ 정리를 눌러요. 원하는 위치를 찾아서 '이동'을 누르면 돼요!

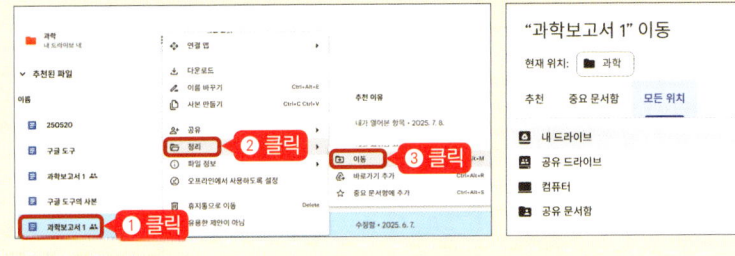

02 하나의 파일을 여러 폴더에서 편리하게 보고 싶을 때, ❶ 파일 선택 후 '마우스 오른쪽 버튼' 클릭한 뒤, ❷ ' 🗀 정리 에서 🔗 바로가기 추가 '를 클릭하고, ❸ 바로가기를 만들 폴더 선택 후 '추가' 버튼 누르면 돼요!

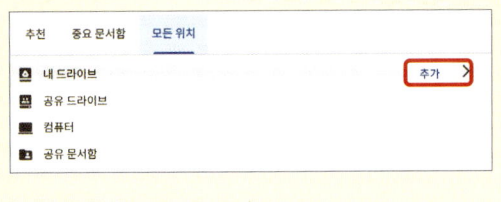

그리의 미션

☑ 드라이브에 있는 가장 중요한 파일 2개에 별표를 표시하고, 왼쪽 메뉴의 중요 문서함에서 그 파일들이 잘 보이는지 확인해 보세요.

☑ 자주 열어보는 파일이 있는데 여러 폴더에 나뉘어 있다면, 그 파일의 '바로가기'를 만들어서 한 곳에 모아두고 바로가기로 파일을 열어 보세요.

03

PDF에 메모하기
Adobe PDF와 드라이브 연결하기

학습 영상 **27**  단축키 URL bit.ly/그리와로미

학습내용

1 드라이브와 외부 앱(Adobe Acrobat)을 연결할 수 있다.

2 PDF 파일을 드라이브에서 바로 열어 편집하고 주석을 추가할 수 있다.

#Adobe Acrobat #PDF #주석

Adobe Acrobat 확장 프로그램 연결하기

1단계 편집 기능이 없는 상태 확인하기

01 드라이브에 있는 'PDF 파일' 열기

2단계 Adobe Acrobat 설치하기

02 PDF 파일 미리보기 화면 위쪽의 '열기' 메뉴 옆 ❶ '화살표' 클릭 후, ❷ '더 많은 앱 연결하기' 클릭하기

03 Google Workspace Marketplace 검색창에 'Adobe Acrobat' 검색하기

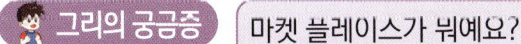
그리의 궁금증 마켓 플레이스가 뭐예요?

드라이브나 문서 등 구글 서비스와 연결하여 사용할 수 있는 다양한 앱이나 확장 프로그램을 모아둔 온라인 상점이에요. 마치 스마트폰의 앱스토어처럼 필요한 기능을 찾아 설치할 수 있어요.

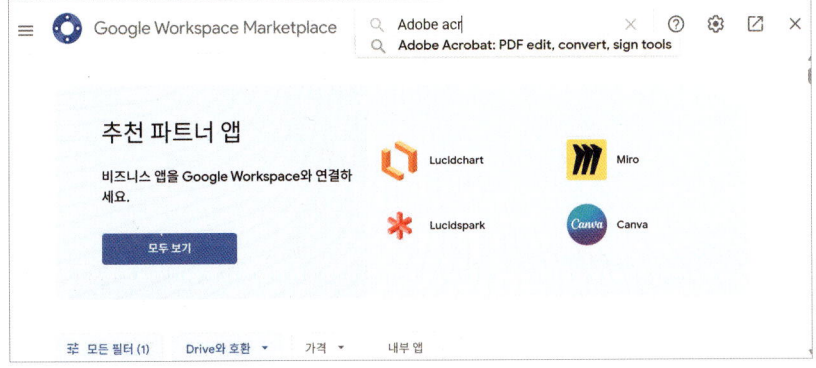

04 'Adobe Acrobat: PDF edit, convert, sign tools' 앱을 찾아 클릭하고, '설치' 또는 'Chrome에 추가' 버튼 클릭하여 설치 진행하기 ('Adobe Acrobat'까지만 써도 나타나요)

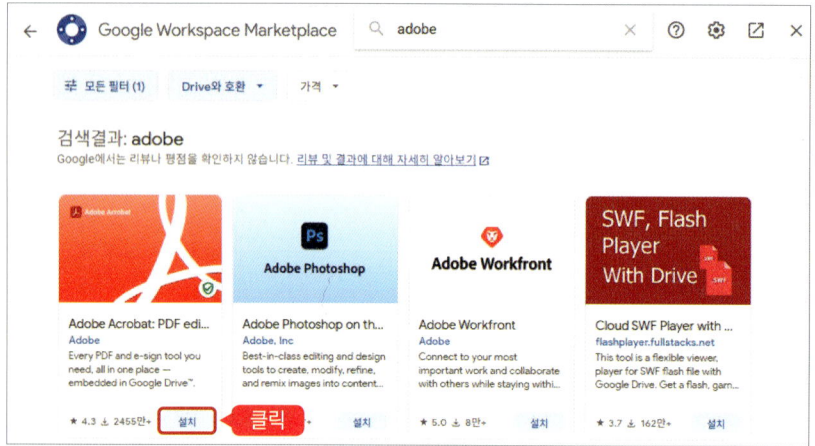

05 '계속' 눌러 설치 진행하기

- 만약 엑세스 권한이 없다는 말이 나타나면, 아이디 를 만들어주신 부모님이 혹은 선생님께 도움을 요청 해요.

- '모두 선택' 체크하고, '계속' 진행하기   - 설치 확인하기

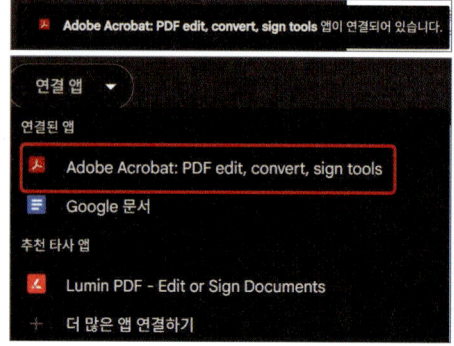

06 설치가 완료되면, 드라이브의 'PDF'를 클릭했을 때 새 탭으로 'Adobe Acrobat'이 열리면서 문서가 보여요.

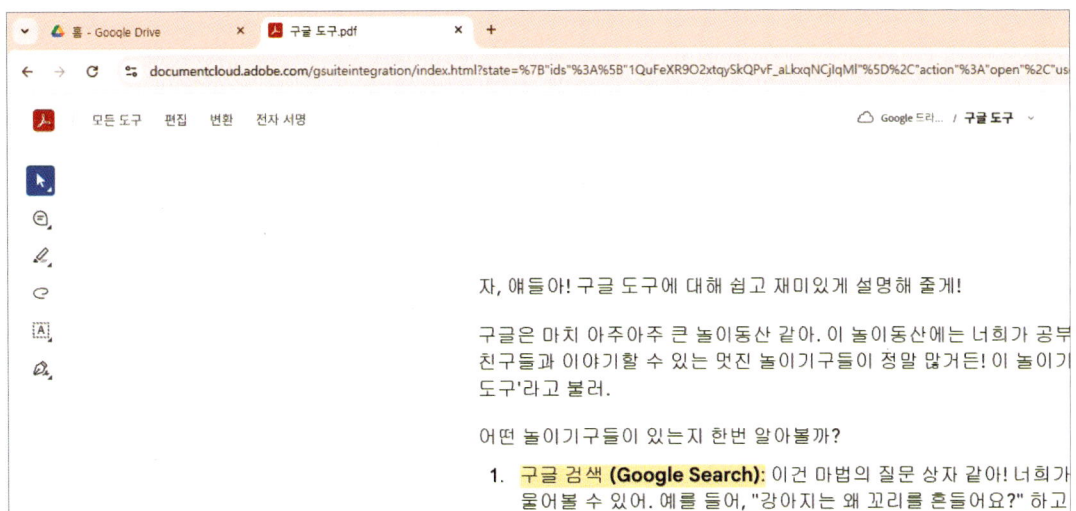

 **그리의 미션**

☑ PDF 파일을 드라이브에 업로드하고, Adobe Acrobat 확장 프로그램을 설치하여 그 파일을 Adobe Acrobat으로 열어보기

☑ PWorkspace Marketplace에서 PDF와 관련된 다른 연결 앱인 Lumin PDF 추가해보기 : 메모 남기기, 형광펜 칠하기 등

구글 드라이브의 PDF에 직접 주석달기

1단계 PDF 편집하기

01 드라이브에서 'PDF 파일'을 처음 'Adobe Acrobat'으로 열면 다음 화면이 나타나요.

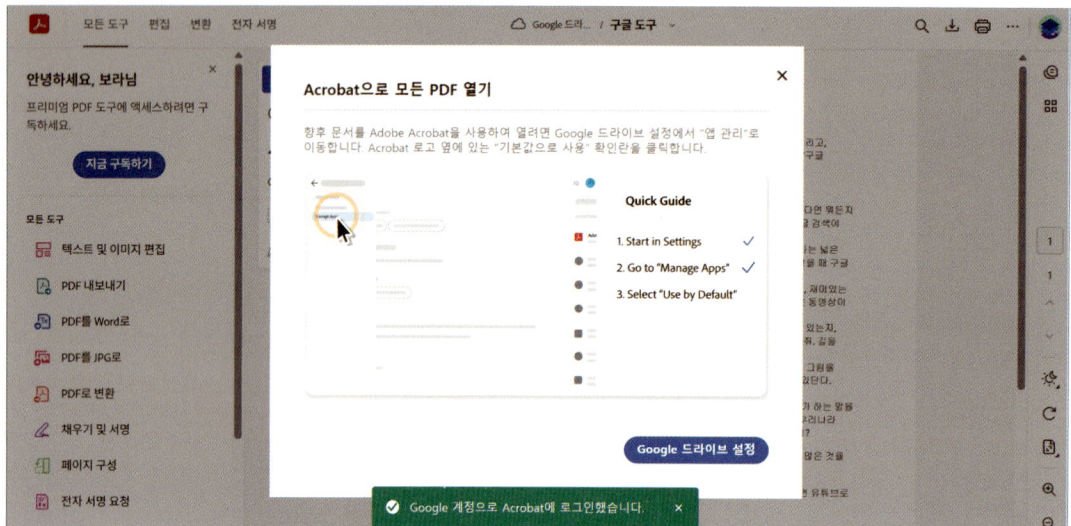

이제 'PDF 파일'을 더블클릭해서 열면, 'Adobe Acrobat'으로 연결되도록 로미의 꿀팁을 보면서 설정해보아요.

로미의 꿀팁

앞으로 PDF파일은 Adobe Acrobat으로 열도록 지정할 수 있어요!

'Google 드라이브 설정'에서 '앱 관리'로 이동해요. Acrobat 로고 옆에 있는 '기본값으로 사용' 확인란을 클릭해요.

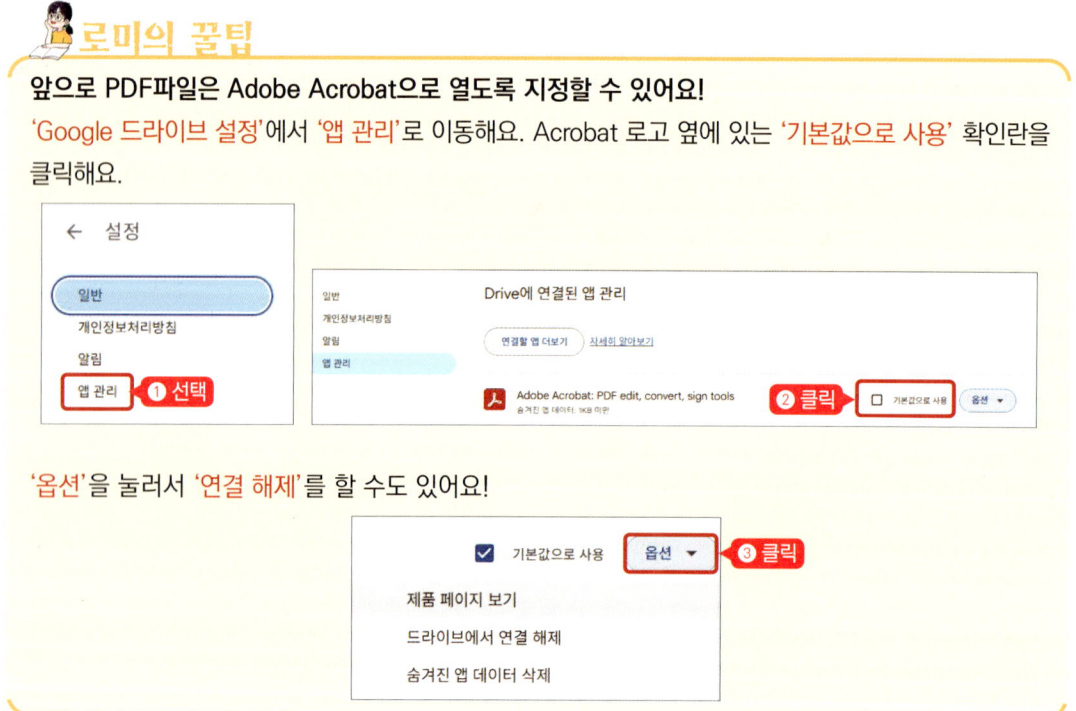

'옵션'을 눌러서 '연결 해제'를 할 수도 있어요!

02 열린 PDF 파일 화면에서 상단 또는 측면에 있는 다양한 편집 도구 (형광펜, 텍스트, 추가, 메모/댓글 아이콘 등) 확인하기

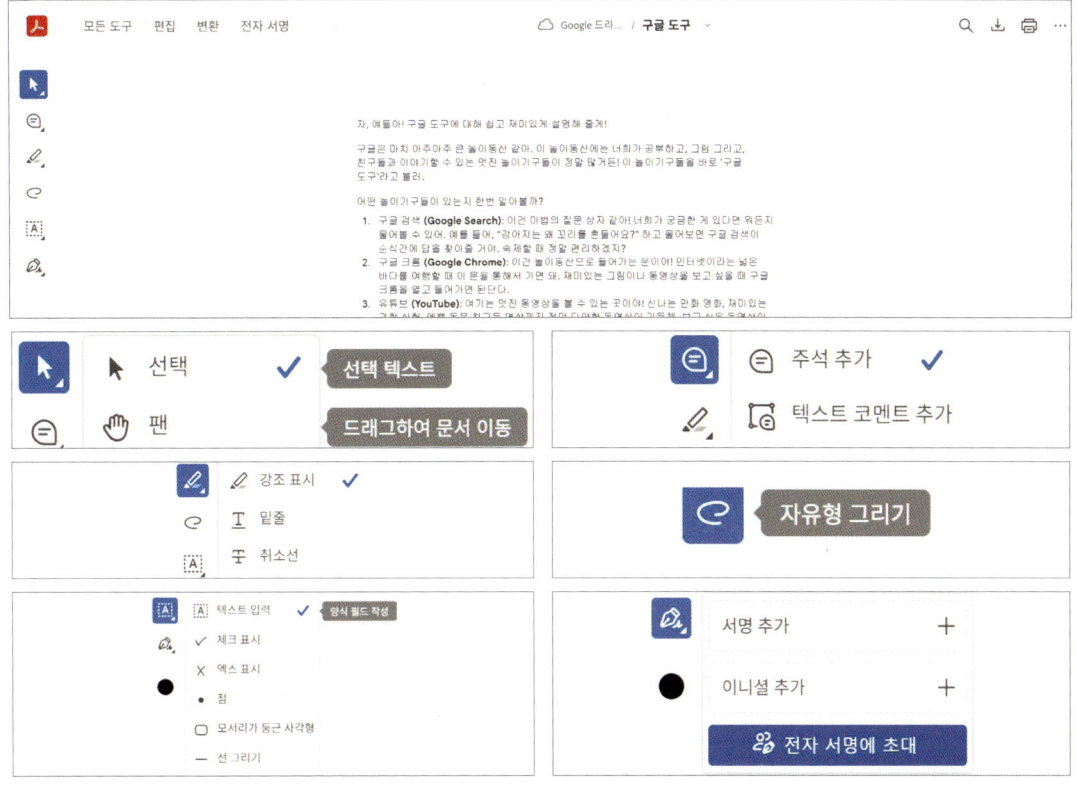

03 중요한 내용에 마우스로 드래그하여 '형광펜(하이라이트)' 칠해보기: 색상 변경 가능

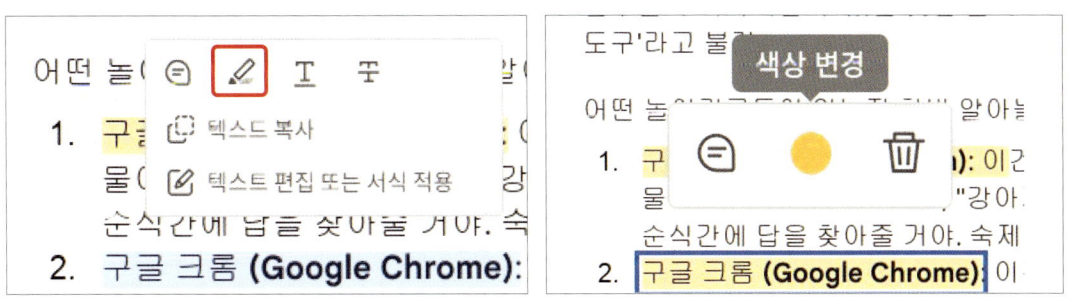

04 PDF 파일 빈 공간에 '텍스트 입력(🄰)'을 이용해 새로운 글씨를 써넣어 보기

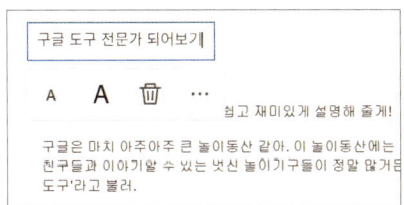

05 궁금하거나 친구에게 물어보고 싶은 부분에 '주석 도구( )'를 이용해 포스트잇 처럼 메모를 달아보기

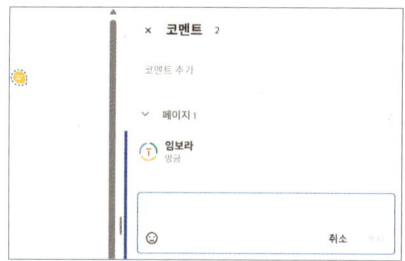

2단계 편집한 PDF 파일이 드라이브에 자동 저장되는지 확인하기

06 PDF 편집을 마친 후, 따로 '저장' 버튼을 누르지 않고 '브라우저 창'을 닫아보기

07 드라이브의 원래 'PDF 파일' 열어보기: 변경된 사항이 반영되어있음. '자동 저장'

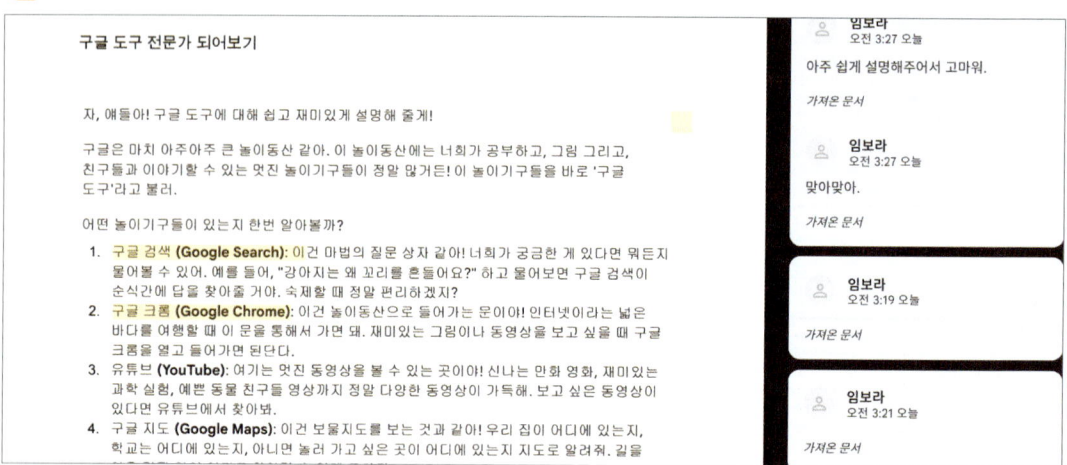

그리의 미션

☑ PDF 파일에 메모하거나 형광펜을 칠하는 기능이 학교생활(예: 시험 공부, 보고서 작성)에 어떻게 도움이 될지 문장으로 정리해 보기

(   )

04 나의 일정 똑똑하게 관리하기
Google 캘린더를 활용해요

학습 영상 **28**

단축키 URL bit.ly/그리와로미

학습내용

1 Google 캘린더에 개인 일정을 추가하고 관리할 수 있다.

2 캘린더를 공유하여 공동 일정을 조율할 수 있다.

#Google 캘린더 #일정(이벤트) #알림 #반복 일정 #캘린더 공유

7장

나만의 첫 일정, Google 캘린더에 추가하기

1단계 Google 캘린더에 접속하기

01 바탕화면 or 시작 메뉴의 '크롬 브라우저' 찾아 실행하기

02 ❶ 'Google 앱스' 버튼 누른 후 ❷ 'Calendar' 아이콘 클릭하기

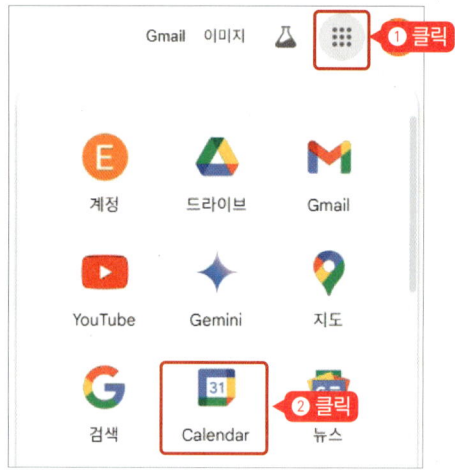

다음은 캘린더에 접속한 뒤 나타나는 첫 화면입니다.

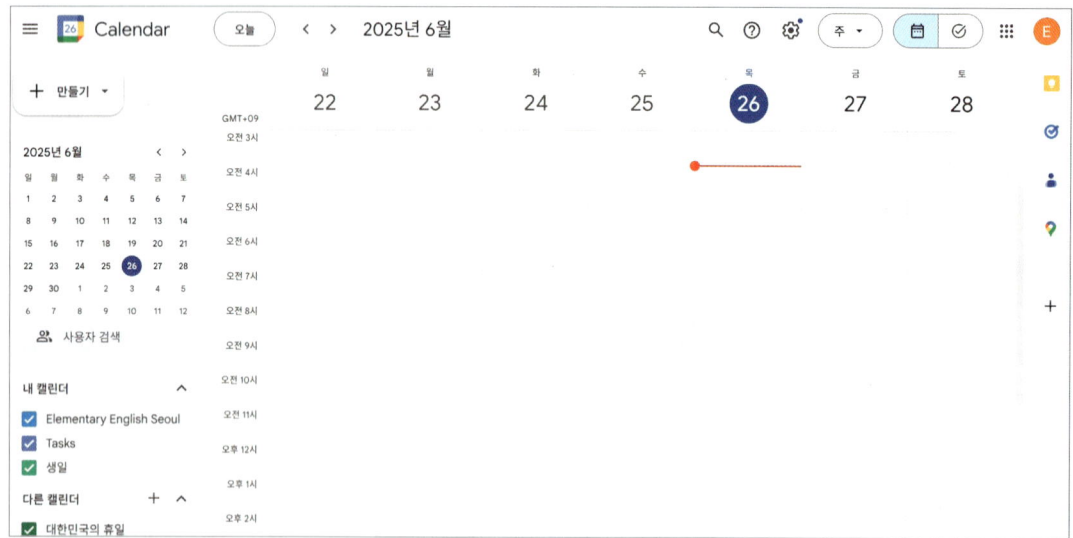

2단계 캘린더에서 일정(이벤트) 추가하기

03 캘린더 왼쪽 상단의 '+ 만들기' 버튼 (또는 '화면의 빈 시간' 클릭)을 눌러 새 일정 추가 창 열기

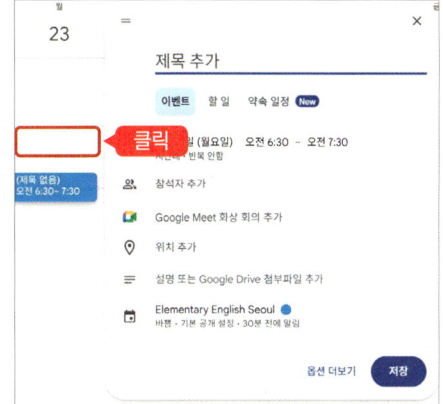

04 일정의 '제목' (예 '수학 숙제 제출', '친구 생일 파티') 입력하기

05 일정의 '날짜'와 '시간' (시작 및 종료) 설정하기

06 '옵션 더보기'를 클릭하여 '알림 시간'과 '방식'을 설정하기 (예 10분 전 알림, 이메일 알림)

07 '저장' 버튼 클릭하여 일정 추가 완료하기

 **로미의 꿀팁**

01 **반복 일정 설정으로 편리하게 관리하기!**

매주 또는 매달 반복되는 일정을 만들 때, 일정 추가 창에서 '반복' 옵션을 클릭할 수 있어요! 반복 주기 (매주 화요일, 매월 1일)와 종료 시점도 설정가능해요. '맞춤' 설정도 가능해요.

 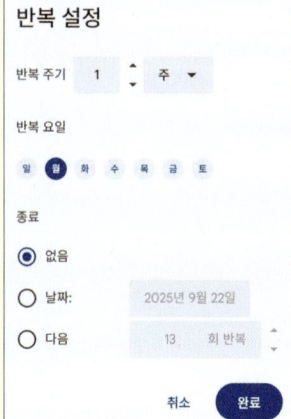

02 **Google Meet 화상 회의 바로 만들기!**

일정을 만들 때 'Google Meet 화상 회의 추가' 버튼을 누르면, 바로 화상 회의 링크가 생성돼요. 친구들과 온라인으로 만날 약속을 잡을 때 아주 편리하답니다.

그리의 미션

☑ 다음 주에 있는 가장 중요한 숙제 마감일과 학원 수업 시간을 구글 캘린더에 일정으로 추가하고, 각각 30분 전 알림을 설정해보세요.

☑ 매주 같은 요일에 하는 동아리 활동이나 취미 활동을 '반복 일정'으로 설정하여 캘린더에 추가해보세요.

친구와 캘린더를 공유하고 함께 일정 조율하기

1단계 새로운 캘린더 만들고 공유 설정하기

01 캘린더 왼쪽 메뉴의 '다른 캘린더' 옆 ❶ '+' 버튼 클릭 후, ❷ '새 캘린더 만들기' 선택하기

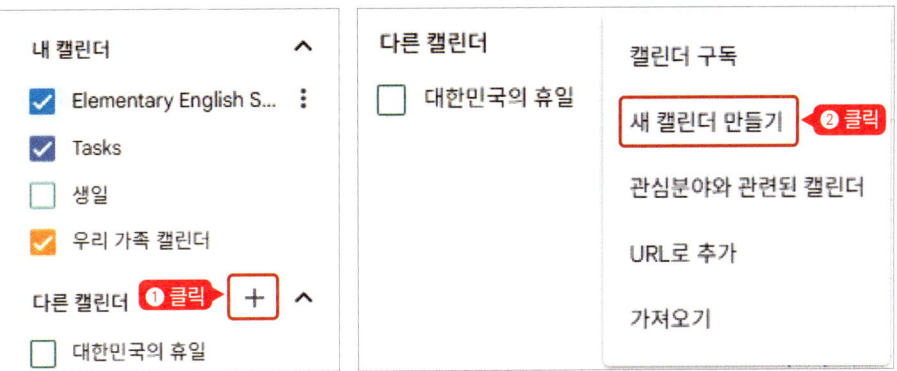

02 새로운 캘린더의 ❶ '이름' (예 조별 과제 캘린더, 우리 가족 캘린더)을 입력하고 ❷ '캘린더 만들기' 클릭하기

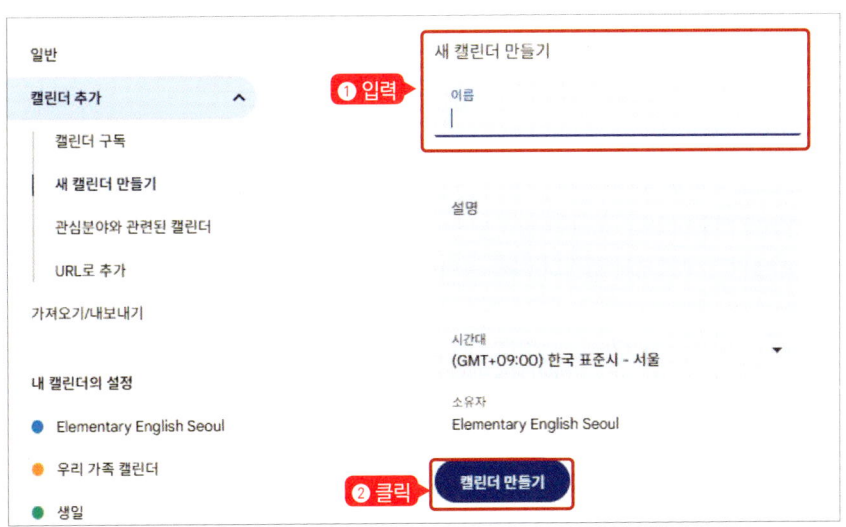

03 만든 캘린더 이름 옆의 ❶ '점 세 개' 아이콘 클릭 후, ❷ '설정 및 공유' 선택하기

04 '공유 대상'에서 '+ 사용자 및 그룹 추가' 클릭하기

05 ❶ 공유할 친구의 '이메일 주소'를 입력하고, ❷ '권한' (圖 일정 변경 권한, 모든 일정 변경 및 공유 권한) 설정하기

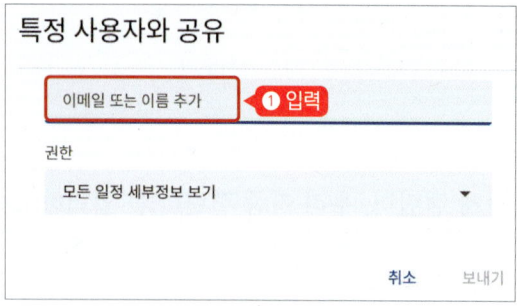
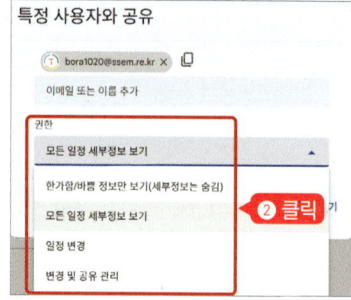

🧑‍🎓 **로미의 꿀팁**

캘린더 색상으로 일정 구분하기!
여러 개의 캘린더를 사용하거나, 중요한 일정을 한눈에 구분하고 싶을 때 캘린더마다 다른 색상을 설정할 수 있어요. 왼쪽 캘린더 목록에서 캘린더 이름 옆의 '점 세 개'를 누르면 색상을 바꿀 수 있답니다.

2단계 ▶ 공유된 캘린더에 공동 일정 추가하기

06 공유된 캘린더가 자신의 캘린더 목록에 추가되었는지 확인하기
- 캘린더를 공유하면 친구 이메일로 초대장이 가는데, 친구가 그 이메일을 열어 '이 캘린더 추가' 버튼을 눌러야 캘린더 목록에 나타남

07 ❶ '공유된 캘린더'를 선택한 상태에서 ❷ '새로운 일정' 추가하기

08 친구가 공유 캘린더에 추가한 일정을 확인하고, 필요시 수정해보기

로미의 꿀팁

01 시간대 설정으로 해외 친구와도 정확하게 약속 잡기

캘린더 설정에서 '시간대' 옵션을 찾아요. 다른 시간대를 추가해 보세요.

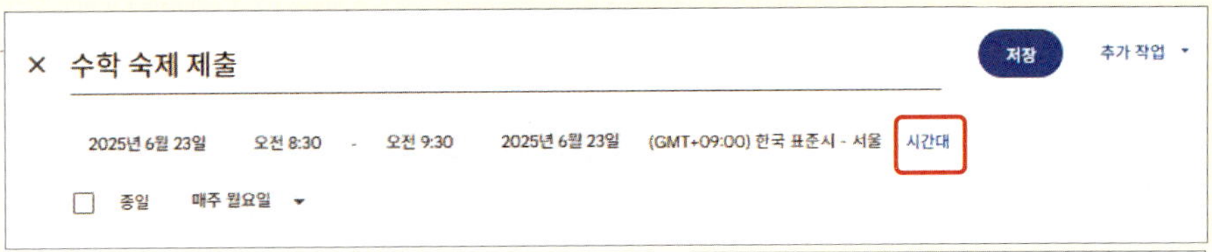

× 수학 숙제 제출						저장	추가 작업 ▾

2025년 6월 23일 오전 8:30 - 오전 9:30 2025년 6월 23일 (GMT+09:00) 한국 표준시 - 서울 시간대

☐ 종일 매주 월요일 ▾

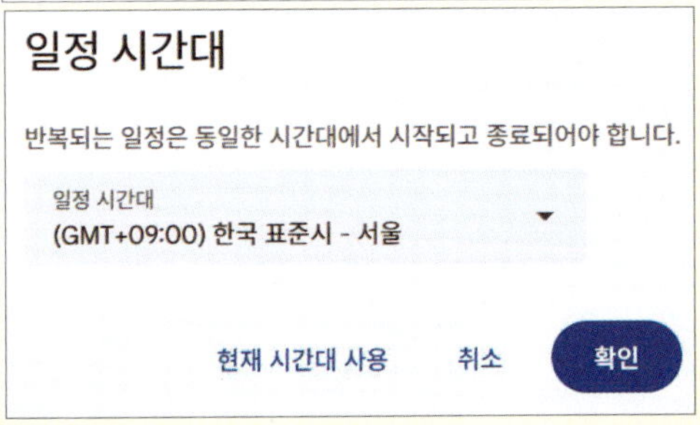

일정 시간대

반복되는 일정은 동일한 시간대에서 시작되고 종료되어야 합니다.

일정 시간대
(GMT+09:00) 한국 표준시 - 서울 ▾

현재 시간대 사용   취소   확인

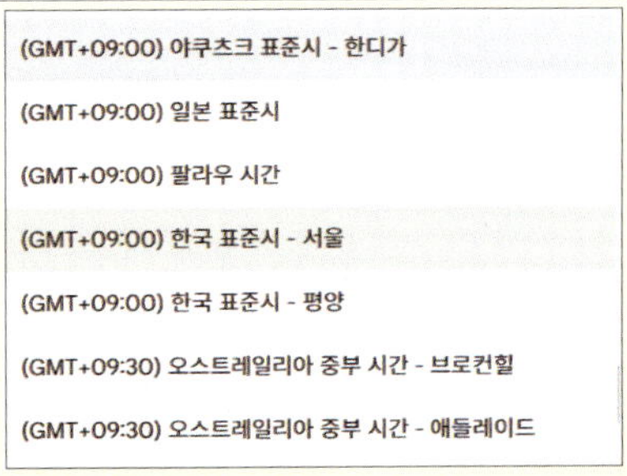

(GMT+09:00) 야쿠츠크 표준시 - 한디가

(GMT+09:00) 일본 표준시

(GMT+09:00) 팔라우 시간

(GMT+09:00) 한국 표준시 - 서울

(GMT+09:00) 한국 표준시 - 평양

(GMT+09:30) 오스트레일리아 중부 시간 - 브로컨힐

(GMT+09:30) 오스트레일리아 중부 시간 - 애들레이드

02 일정(이벤트) 편집 및 삭제하기

캘린더에서 ❶ '일정(이벤트)'을 클릭하면, 창이 떠요. ❷ '펜 모양'을 누르면, 편집 창이 떠서 편집할 수 있어요. '휴지통'을 누르면 삭제가 가능해요. ❸ '점 세 개'를 눌면 일정 인쇄, 복제 등이 가능해요.

🖊 🗑 ✉ ⋮ ×

🔵 **수학 숙제 제출**
6월 23일 (월요일) · 오전 0:30 9:30
매주 월요일

[Google Meet으로 참여] 📋
meet.google.com/pgq-ayku-suq

🔔 30분 전, 이메일로 알림

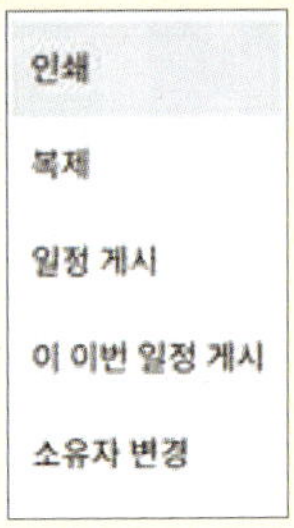

인쇄

복제

일정 게시

이 이번 일정 게시

소유자 변경

그리의 미션

☑ 조별 과제를 위한 새로운 캘린더를 만들고, 친구 1명에게 일정 변경 권한을 주어 공유해
보세요. 친구가 공유 캘린더에 일정을 추가할 수 있는지 서로 확인합니다.

7장

그리와 로미의
여덟 번째 모험

우리는 지도 탐험가!

01 우리 동네 레이더 켜기!
구글 맵으로 장소 찾고 길 알아보기

학습 영상 **29**  단축키 URL bit.ly/그리와로미

학습내용

1 구글 맵을 실행하고, 원하는 장소를 검색할 수 있다.

2 검색한 장소까지 가는 길을 확인할 수 있다.

#googlemaps, #구글맵, #장소검색, #대중교통노선, #스트리트뷰

지도 탐험대의 첫 임무 시작!

구글 맵으로 장소 검색하고 유용한 정보 확인하기

1단계 ▶ 구글 맵 접속하기

01 크롬 브라우저 첫 화면에서 ❶ 'Google 앱' 클릭 후 ❷ '지도' 아이콘 클릭하기

2단계 ▶ 궁금한 장소 이름이나 키워드 입력하기

02 검색창에 '내가 가고 싶은 장소'를 입력해요.

로미의 꿀팁

검색창에 장소 이름(예 국립중앙과학관)을 직접 입력해도 되시만, 궁금한 장소의 종류(예: 지금 운영하는 편의점)를 입력해도 구글 맵이 찾아줘요!

검색 결과 확인하고 핵심 정보 살펴보기

03 검색된 결과 중에서 내가 원하는 장소를 클릭하면 장소에 대한 정보가 나타나요.

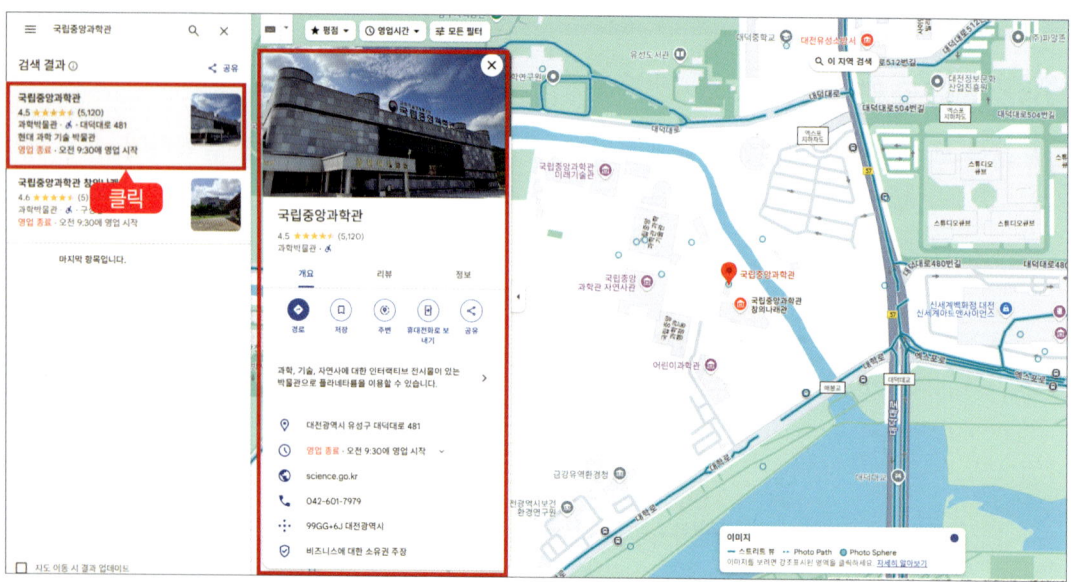

※ 상세 정보 패널에는 사진, 별점, 리뷰, 주소 등 자세한 정보가 나와요. 그리고 지도 창에는 장소의 위치가 표시됩니다.

❶ 대표 사진으로 해당 장소의 모습을 미리 볼 수 있어요.

❷ 다른 사람들이 매긴 별점이나 리뷰도 확인할 수 있습니다.

❸ 특히 '운영 시간'은 꼭 확인해서 헛걸음하지 않도록 해요!

04 정보 패널을 아래로 쭉 내리거나 '리뷰' 탭을 클릭해 보세요.

※ 미리 다녀간 사람들이 남긴 생생한 이야기와 직접 찍은 사진들을 볼 수 있어요.

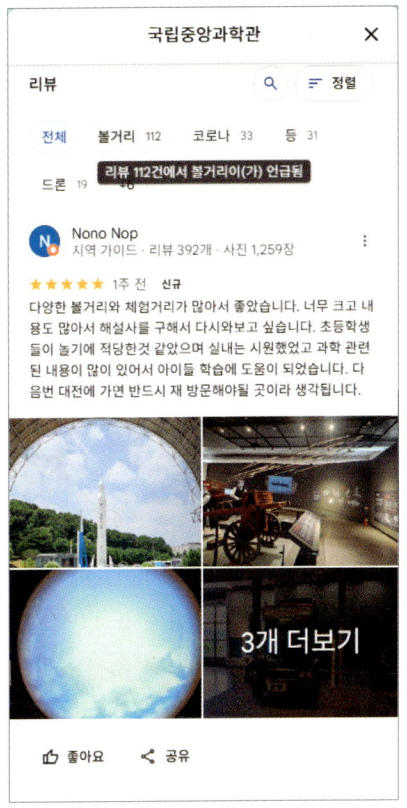

 "와, 이 사진을 보니까 더 가고 싶어졌어!"

 "리뷰 외에도 주소, 전화번호, 인기 시간대 등 유용한 정보가 많으니 꼼꼼히 살펴봐!"

 ## 탐험을 떠나자!

원하는 장소까지 대중교통으로 가는 길 확인하기

1단계 ▶ '경로' 버튼 클릭하기

01 탐험하고 싶은 장소를 검색한 뒤 정보 패널에서 '경로' 버튼을 클릭하세요.

2단계 ▶ 출발지와 교통수단 선택하기

02 검색창에 내가 가고 싶은 장소를 입력해요.

처음에는 ❶ 출발지에 '내 위치'가 자동으로 입력되어 있어요. 내가 원하는 출발지가 있다면 이 부분을 수정해서 사용하면 됩니다. ❷ '대중교통' 버튼을 눌러 경로를 확인합니다.

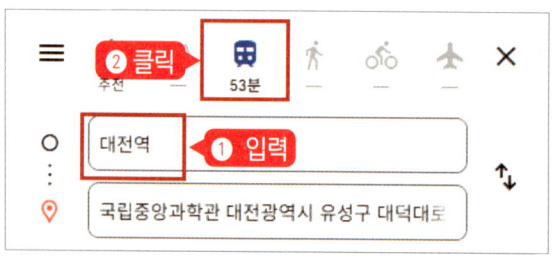

3단계 ▶ 추천 대중교통 노선과 예상 시간 확인하기

03 가장 마음에 드는 '경로'를 선택해서 확인해요.

※ 어떤 버스나 지하철을 타야 하는지, 얼마나 걸리는지 한눈에 볼 수 있답니다.

4단계 스트리트 뷰로 정류장이나 목적지 주변 미리 살펴보기

04 페그맨 아이콘을 드래그해서 목적지 주변 스트리트 뷰를 확인해요.

❶ '오른쪽 아래의 사람 모양 아이콘(페그맨)'을 마우스로 드래그해서 ❷ 지도 위의 '파란색으로 표시된 길 위'에 올려놓기

※ 스트리트 뷰에서는 내가 마치 그곳에 직접 간 것처럼 360도 주변 모습을 모두 볼 수 있어요.

페그맨 아이콘 드래그하기	스트리트뷰 확인하기

 그리의 미션

☑ 구글 맵 검색창에 우리 동네 도서관 검색하기

☑ 도서관의 운영 시간을 확인하기

☑ 우리 집에서 도서관까지 가는 버스 노선과 경로 확인하기

☑ 스트리트 뷰를 이용해서 도서관 주변을 둘러보고, 가장 눈에 띄는 가게나 건물 알아보기

☑ 도서관 리뷰를 3개 이상 읽어보고, 가장 마음에 드는 리뷰 골라보기!

☑ 박물관, 우체국, 약국 등 주제를 바꿔 가며 우리 동네 탐험하기!

8주차

나만의 보물 지도 만들기
'내 지도'에 관심 장소 모아두기

학습 영상 **30**

단축키 URL | bit.ly/그리와로미

학습내용

1 구글 '내 지도'에서 새 지도를 만들고, 원하는 장소를 추가할 수 있다.

2 '내 지도'에 추가한 장소의 아이콘을 꾸미고, 다른 사람과 공유할 수 있다.

#내지도, #관심장소저장, #마커꾸미기, #보물지도, #나만의지도

나만의 지도 만들기 첫걸음!

새 지도 만들고 이름 정하기

1단계 구글 내 지도 접속하기

01 구글 검색창에 ❶ '구글 내 지도'를 검색한 후, ❷ '나타나는 링크' 클릭하기

주소창에 'https://google.com/mymaps' 를 직접 입력해서 들어갈 수도 있어요.

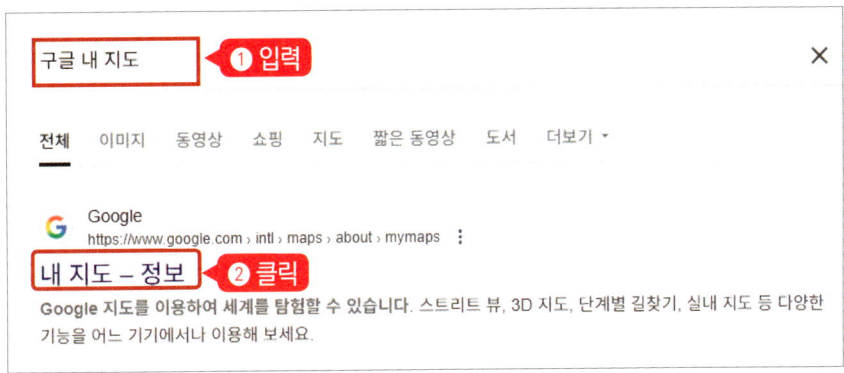

2단계 새 지도 만들고 이름 정하기

02 ❶ '새 지도 만들기' 버튼을 클릭한 뒤 ❷ 'Create' 클릭하기

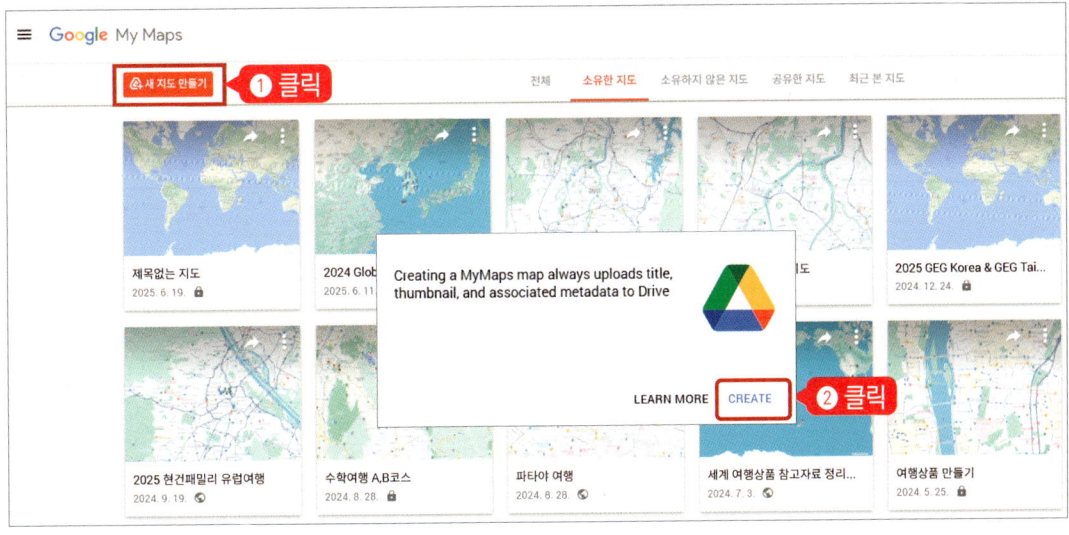

8장

3단계 지도 제목과 설명 입력하기

03 ❶ '제목 없는 지도'를 클릭해서 ❷ 나만의 지도 '제목'과 '설명'을 입력한 후 ❸ '저장' 버튼 누르기

4단계 검색창에 추가하고 싶은 장소 입력하기

04 검색창에 내가 지도에 추가하고 싶은 '장소' 입력하기

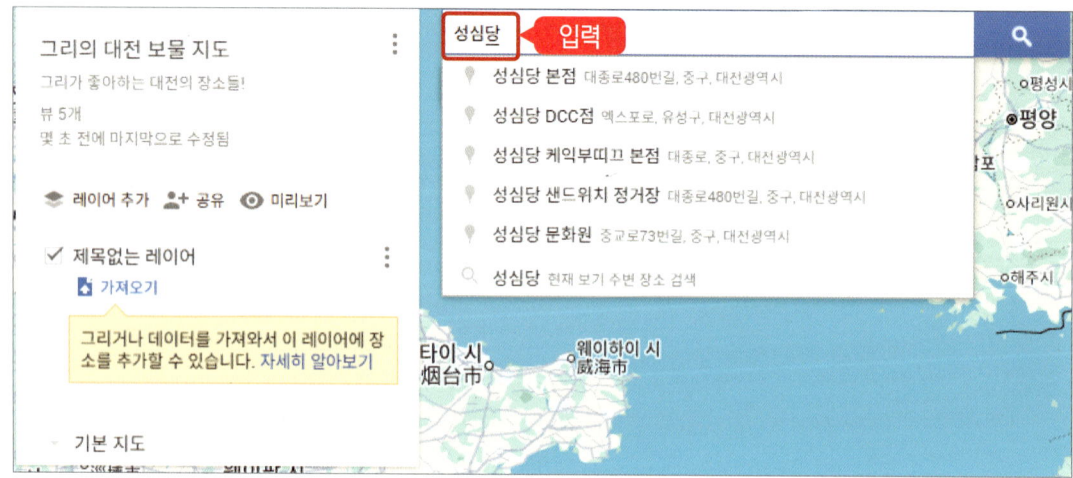

5단계 ▶ 검색 결과에서 '지도에 추가' 클릭하기

05 나타난 장소 정보 창에서 '지도에 추가' 버튼 클릭하기

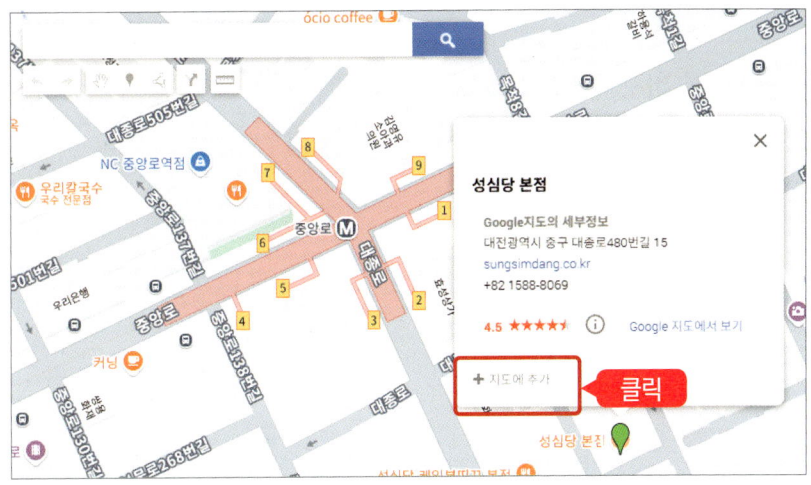

6단계 ▶ 여러 장소 추가하기

06 같은 방법으로 내가 원하는 다른 장소들도 지도에 추가하기(먹을거리와 즐길거리 위주로)

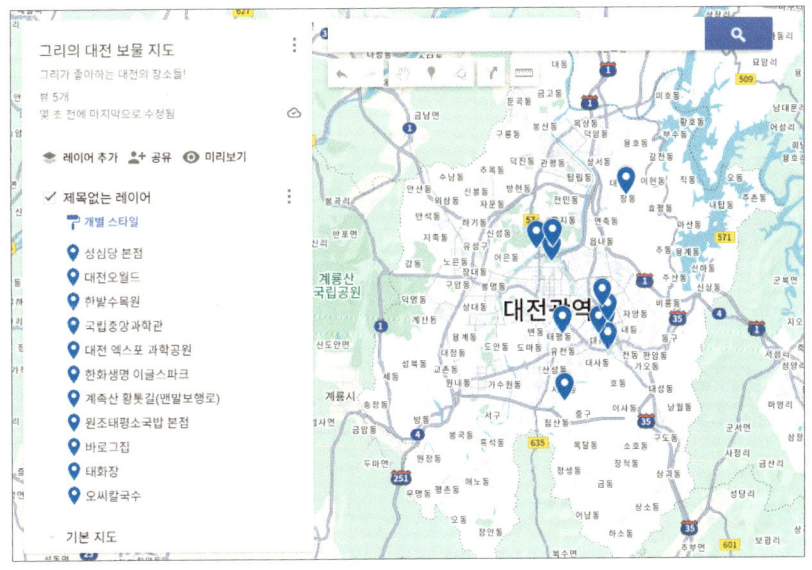

나만의 스타일로 지도 꾸미기

지도에 스타일 입히기

1단계 레이어 이름 바꾸기

01 ❶ 왼쪽 패널의 '제목없는 레이어'를 클릭한 뒤 ❷ '새로운 레이어 이름'을 입력하고 ❸ '저장' 버튼 누르기

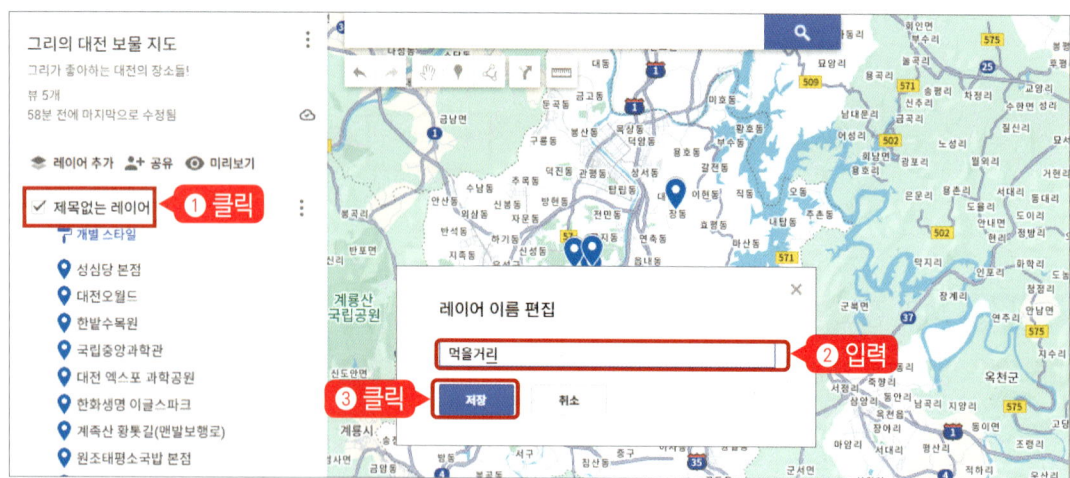

2단계 새로운 레이어 추가하기

02 ❶ '레이어 추가' 버튼을 클릭해서 ❷ '즐길거리'라는 이름의 '새로운 레이어' 만들기

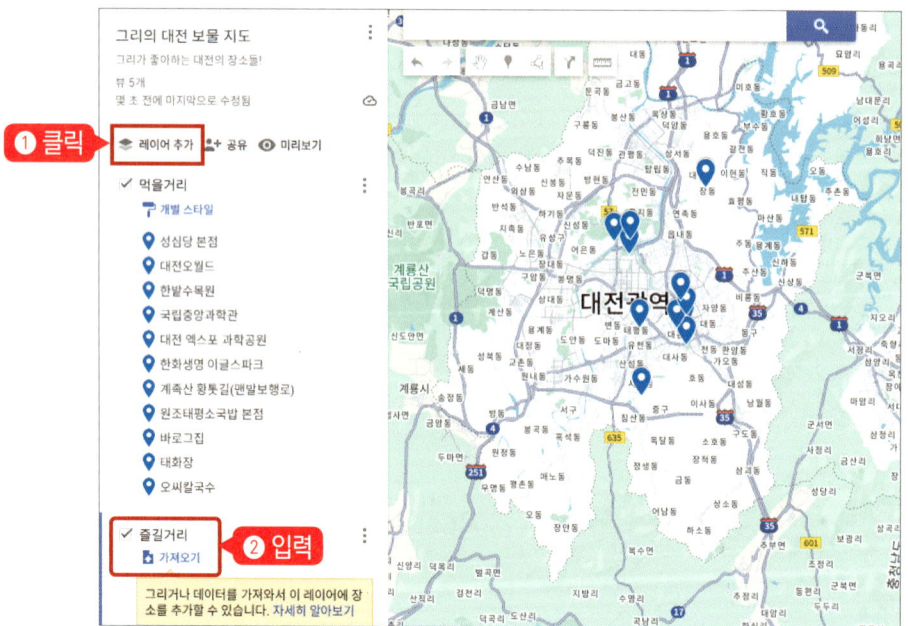

3단계 레이어 간에 장소 이동시키기

03 ❶ '먹을거리 레이어의 장소 중 하나'를 마우스로 드래그해서 ❷ '즐길거리 레이어'로 옮기기
나머지 장소들도 드래그해서 레이어별로 정리해요.

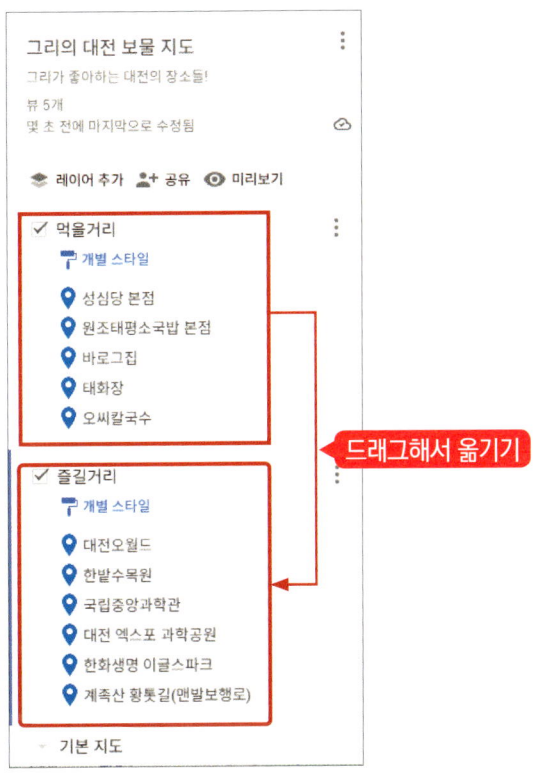

마커 스타일 변경하기

1단계 스타일 아이콘 클릭하기

01 스타일을 바꾸고 싶은 장소에 마우스를 가져가면 나타나는 '스타일' 아이콘 클릭하기

2단계 원하는 색상과 아이콘 선택하기

02 ❶ 원하는 '색상'과 ❷ '아이콘' 선택하기

3단계 '아이콘 더보기'로 더 많은 아이콘 구경하기

03 '아이콘 더보기'를 클릭해서 다양한 아이콘 구경하고 선택하기

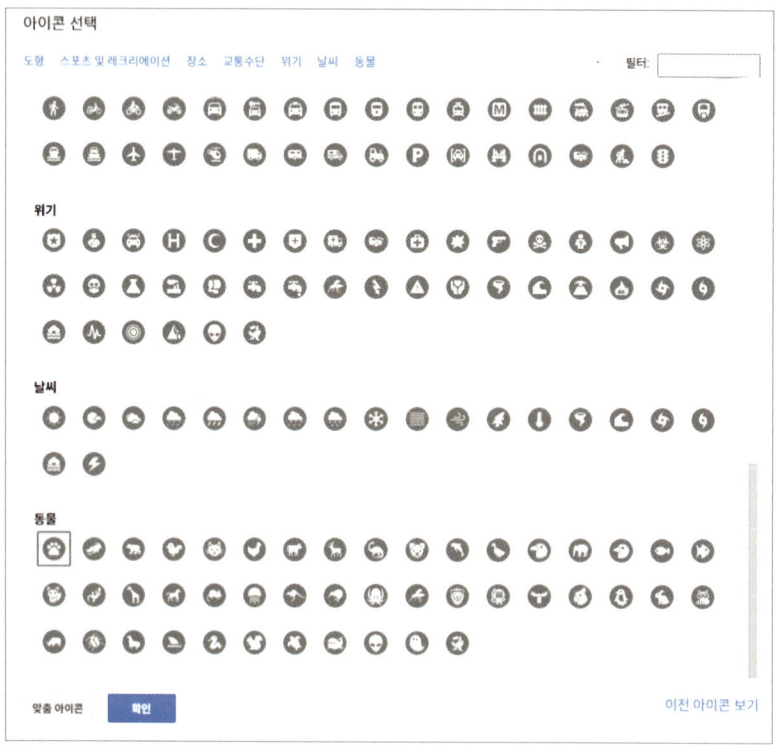

지도에 나의 이야기 담고 공유하기

설명과 사진 추가하기

1단계 ▶ 장소 설명 작성하기

01 장소 정보에서 ❶ '수정' 버튼을 클릭한 뒤 ❷ '장소 설명'을 작성하고 ❸ '저장' 누르기

2단계 ▶ 이미지 추가하기

02 장소 정보에서 ❶ '카메라' 버튼을 클릭한 뒤 ❷ '업로드 방식'을 선택하고 ❸ '검색어'를 입력한 뒤 ❹ '십입' 비튼 누르기

3단계 공유 권한 설정하고 공유하기

03 ❶'공유' 메뉴에서 ❷'링크 공유 권한' 설정하고 ❸'지도 주소 복사'해서 공유하기

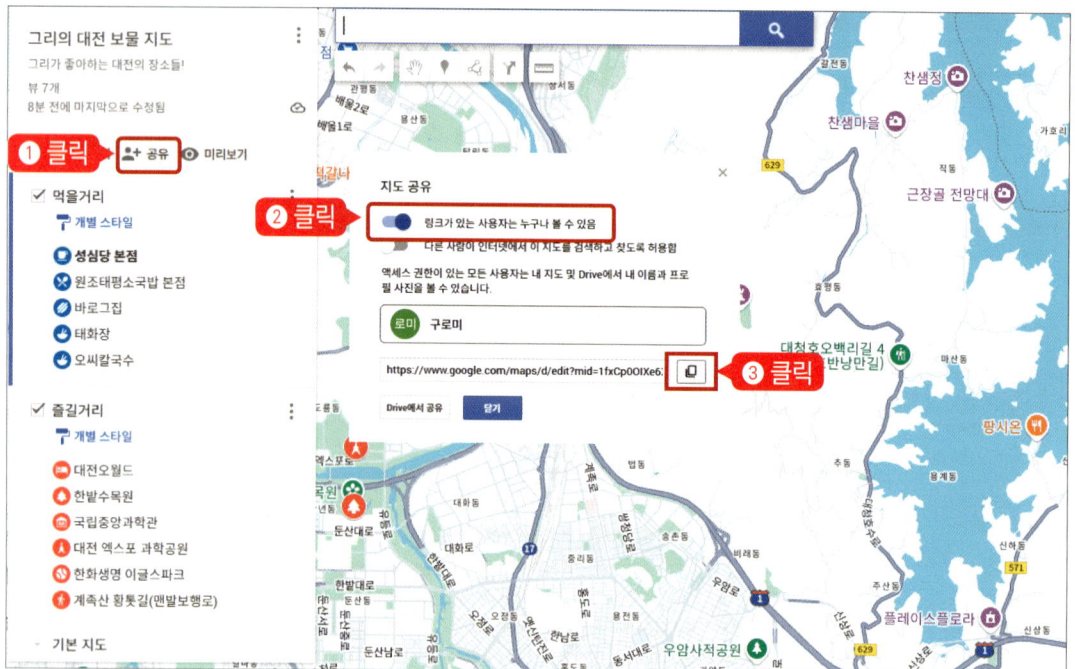

로미의 꿀팁

구글 내 지도를 활용하면 나만의 맛집 지도, 여행 지도 등 다양한 지도를 만들어서 친구들과 공유할 수 있어요!

그리의 미션

☑ '내 지도'에서 '우리 학교 주변 보물 지도'라는 제목으로 새 지도를 만들어 보세요.

☑ '가고 싶은 곳'과 '가봤던 곳'으로 레이어를 두 개 만들어 보세요.

☑ 각 레이어에 학교 주변 장소를 3곳 이상 추가하고, 아이콘과 색깔을 다르게 꾸며보세요.

☑ 각 장소에 내가 그곳을 좋아하는 이유나 추억을 설명으로 한 줄씩 적어보세요.

☑ 완성된 '우리 학교 주변 보물 지도'를 친구에게 보여주며 내가 찾은 보물 장소를 자랑해 보세요!

03 지구 한 바퀴, 순간이동!
구글 어스로 떠나는 방구석 세계여행

학습 영상 **31**  〉 단축키 URL bit.ly/그리와로미

학습내용

1 구글 어스를 실행하고, 기본 조작법을 익힐 수 있다.

2 검색 기능을 활용하여 원하는 장소를 찾고 3D 뷰로 탐험할 수 있다.

#googleearth, #구글어스, #세계여행, #3D뷰, #랜드마크탐험, #방구석여행

지구 탐험선에 탑승!

구글 어스 실행하고 기본 조작법 익히기

1단계 구글 어스 접속하기

01 구글 검색창에 ❶ '구글 어스'를 검색한 후, ❷ '나타나는 링크' 클릭하기

2단계 구글 어스 실행하기

02 구글 어스 메인 화면에서 '어스 탐색하기' 클릭하기

3단계 지구본 돌려보기

03 마우스를 클릭한 채로 원하는 방향으로 움직여 '지구본 돌려보기'

4단계 지도 확대 및 축소하기

04 마우스 휠을 위아래로 돌려서 지도 확대/축소하기

※ 화면 오른쪽 아래의 '더하기(+)', '빼기(−)' 버튼으로도 확대 축소가 가능해요

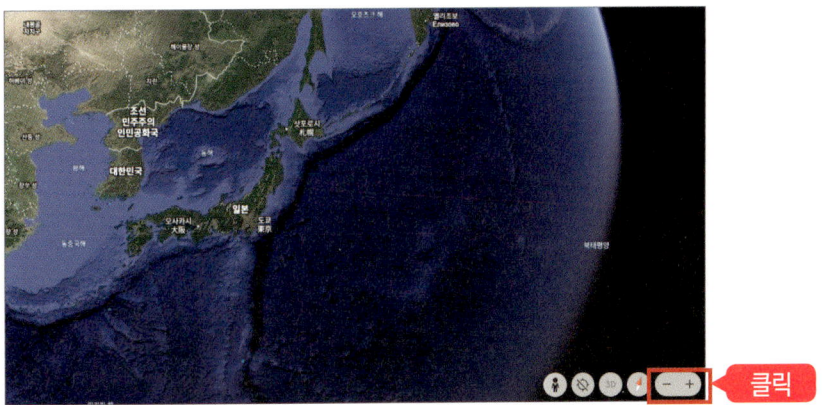

5단계 지도 기울여서 보기

05 Shift 를 누른 상태에서 마우스를 드래그해서 지도 기울여보기

6단계 2D / 3D 모드 전환하기

06 화면 오른쪽 아래의 '2D / 3D' 버튼을 클릭해서 지구본 모습 변경하기

출발! 지구 탐험대!

검색 기능으로 세계 명소 찾고 탐험하기!

1단계 가고싶은 장소 검색하기

01 검색창에 ❶ '가고싶은 장소 이름' 입력하고 ❷ '원하는 곳' 클릭하기

2단계 검색 결과 선택하여 순간이동하고 장소 탐험하기

02 검색 결과 목록에서 선택한 장소 탐험하기

그리의 궁금증 지구가 너무 빨리 돌아서 어지러워요! 원래대로 돌아가려면 어떻게 해요?

마우스로 지구를 이리저리 돌리다 보면 방향 감각을 잃고 어지러울 때가 있어요. 그럴 땐 당황하지 말고 화면 오른쪽 아래에 있는 '나침반 아이콘'을 클릭해 보세요. 지도가 북쪽을 위로 하는 원래 방향으로 착! 돌아온답니다. 또는 키보드의 R 키를 눌러도 원래 시점으로 쉽게 돌아올 수 있어요. 길을 잃었을 때 사용하는 나침반처럼, 구글 어스의 나침반도 우리의 방향을 되찾아주는 중요한 도구예요!

3단계 3D 버튼 눌러 입체적으로 탐험하기

03 화면 오른쪽 아래의 '3D' 버튼을 눌러 주변을 입체적으로 감상하기

※ 평면으로 보이던 건물들이 마치 진짜처럼 우뚝 솟아오를 거예요!

4단계 지식 카드로 정보 확인하기

04 오른쪽의 장소 지식 카드를 통해 장소에 대한 정보 확인하기

⊙ 에펠탑 ✕

에펠탑은 프랑스 파리 마르스 광장에 위치한 격자형 철골 타워이다. 1889년에 프랑스 혁명 100주년을 맞이하여 파리 만국 박람회를 개최하였는데 이 박람회를 상징할만한 기념물로 에펠탑을 건축하였다. 박람회가 열린 마르스 광장 출입 관문에 위치해있다.

 "에펠탑은 1889년에 만들어졌구나! 새로운 사실을 알았어!"

 "구글 어스는 재미있는 여행 뿐만 아니라 똑똑한 공부 친구도 될 수 있어!"

페그맨으로 스트리트 뷰 탐험하기

1단계 ▶ 자세히 보고싶은 곳에 페그맨 아이콘 드래그해서 올려놓기

01 ❶ '페그맨 아이콘'을 드래그해서 ❷ 지도 위의 '파란색 선'이나 '점' 위에 놓기

2단계 ▶ 스트리트 뷰에서 주변 둘러보기

02 마우스를 이용해 360도로 주변을 둘러보고, '바닥의 화살표'를 클릭해 이동하기

🧑 로미의 꿀팁

구글 어스 검색창 오른쪽에 있는 버튼 중에 '과거 이미지 표시' 버튼을 누르면 탐험 장소의 과거 모습도 볼 수가 있어요!

탐험을 마치고 집으로!

내 위치로 돌아오기

1단계 내 위치 버튼 클릭하기

01 화면 오른쪽 아래에 있는 '내 위치' 버튼 클릭해서 내 위치로 돌아오기

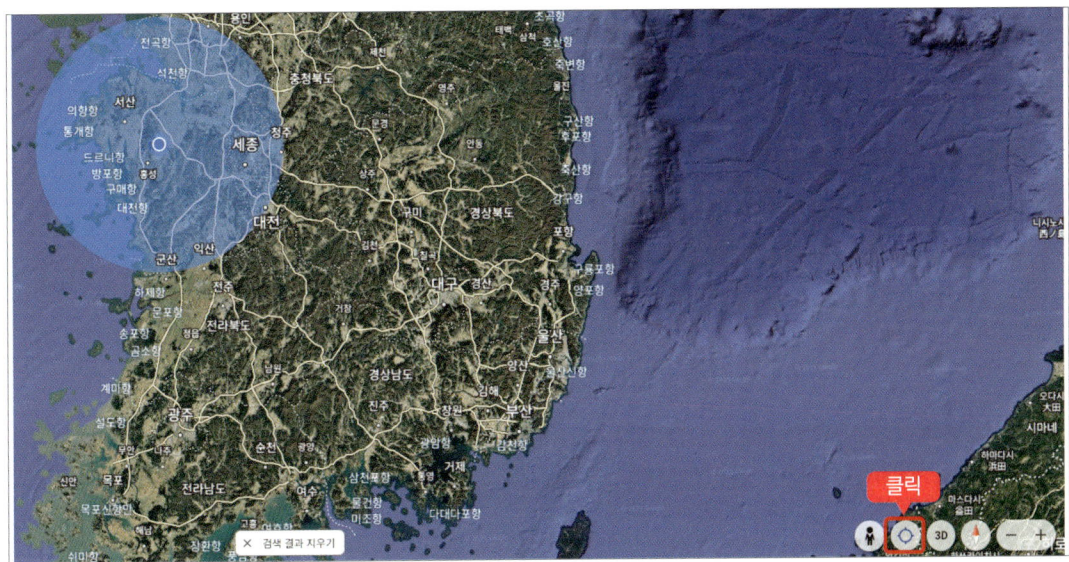

 ### 그리의 미션

☑ 구글 어스 검색창에 '콜로세움'을 검색하고, 어느 나라에 있는지 확인해 보세요.

☑ '만리장성'을 검색하고, 3D 뷰로 본 뒤 가장 신기했던 점을 친구에게 이야기해 보세요.

☑ '마추픽추'를 검색하고, 지식 카드에 나온 설명 중 가장 흥미로운 내용을 찾아보세요.

☑ '스톤헨지'를 검색하고, 스트리트 뷰로 들어가 가장 가까이에서 본 모습을 감상해 보세요.

☑ 이 외에도 내가 가보고 싶은 다른 나라의 명소 한 곳을 정해서 자유롭게 탐험해 보세요.

04 꿈의 여행, 지도로 그리기
구글 어스 프로젝트로 세계여행 계획하기

학습 영상 **32**  단축키 URL bit.ly/그리와로미

학습내용

1 구글 어스 프로젝트로 나만의 여행 경로를 만들 수 있다.

2 프로젝트의 각 장소에 설명과 사진을 추가하고, 발표 모드로 감상할 수 있다.

#구글어스프로젝트, #여행계획, #랜선여행, #발표하기, #나만의코스

나만의 여행 계획 세우기!

새 프로젝트 만들고 장소 추가하기

1단계 ▶ 프로젝트 아이콘 클릭 후 새 프로젝트 만들기

01 구글어스 메뉴에서 ❶ '파일' ❷ '새 프로젝트'를 순서대로 클릭합니다.

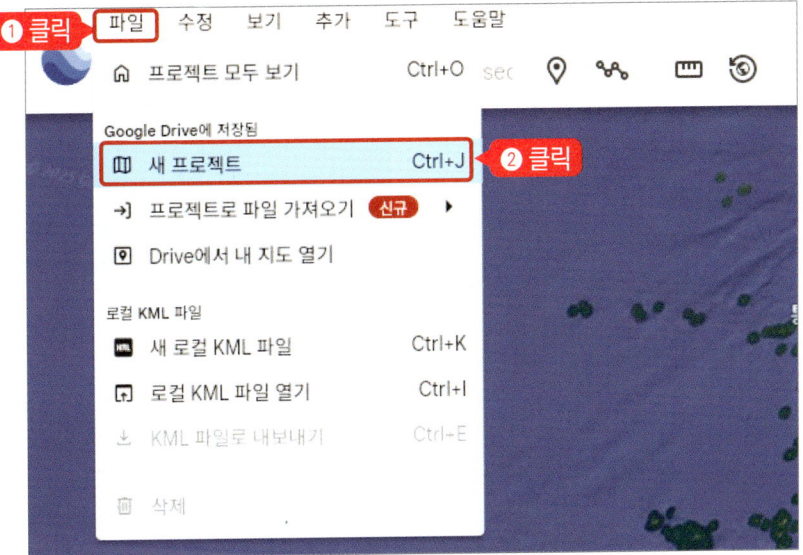

2단계 ▶ 프로젝트 제목 입력하기

02 '제목 없는 프로젝트'를 클릭해서 프로젝트 제목 입력하기

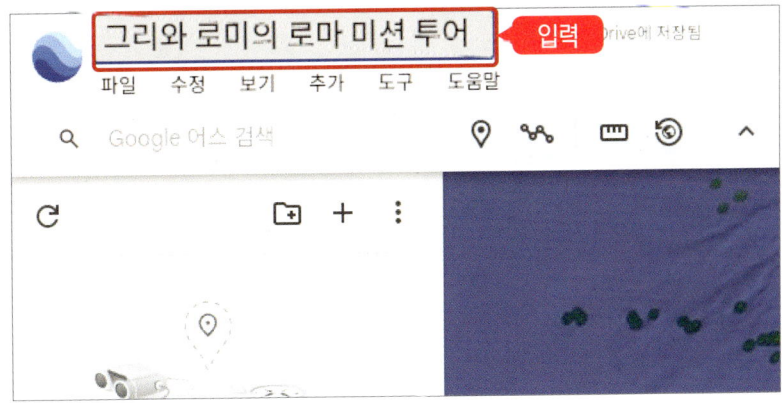

03 검색창에 프로젝트에 들어갈 '첫 번째 장소'를 입력하고 검색하기

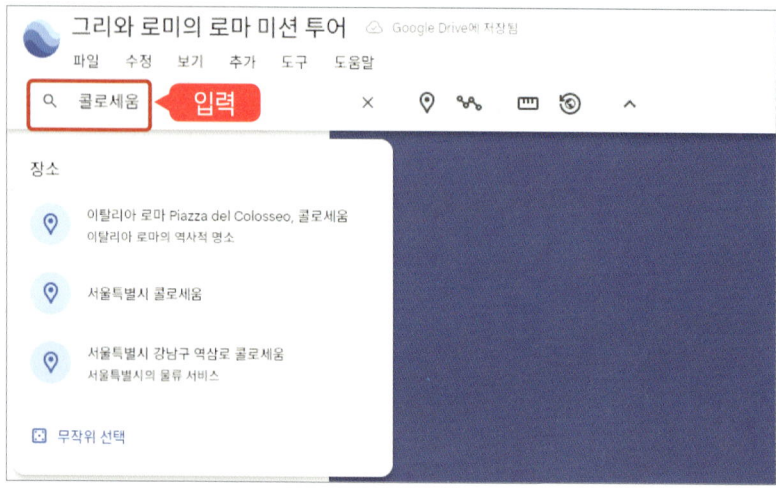

04 검색된 장소의 지식카드 하단에 있는 '프로젝트에 저장' 클릭해서 프로젝트에 장소 저장하기

 "와! 첫 번째 장소가 등록되었어!"

"좋아! 같은 방법으로 다음 장소들도 추가해 보자."

4단계 같은 방법으로 다른 장소들 추가하기

05 프로젝트에 들어갈 '다른 장소'들도 검색해서 추가하기

5단계 선 또는 도형 그리기 아이콘 클릭 후 경로 그리기

06 ❶ 검색창 옆의 '경로 또는 다각형 추가' 버튼을 클릭하고 ❷ '여행 경로'를 순서대로 클릭해서 경로를 그린 뒤 ❸ '완료' 버튼을 눌러 프로젝트에 저장하기

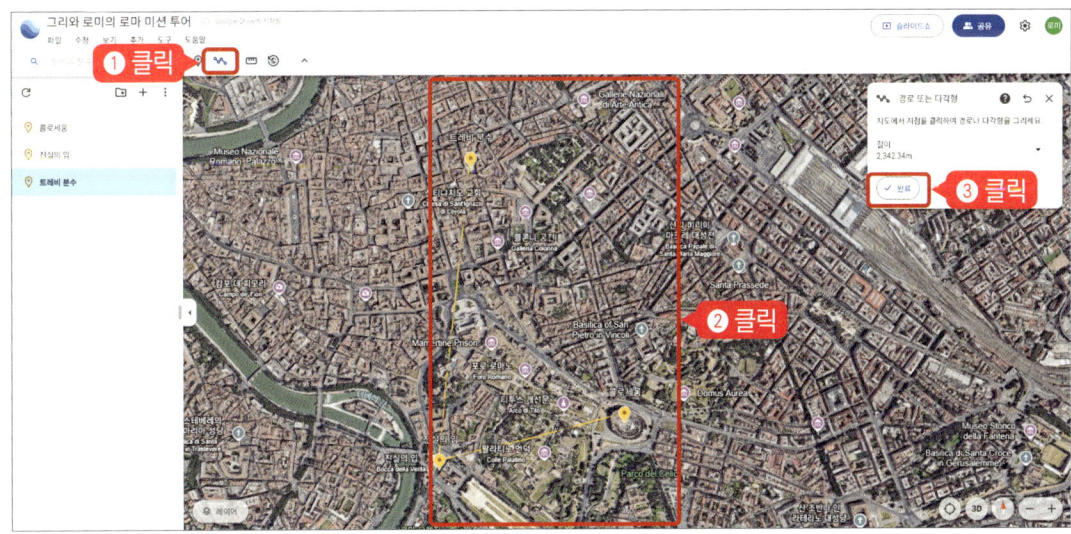

🧒 **로미의 꿀팁**

왼쪽 패널에 있는 장소를 위아래로 드래그해서 순서를 조정할 수 있어요. 여러분만의 특별한 여행 순서를 만들어 보세요!

생생한 이야기 채우기

설명과 사진 추가하기

1단계 장소 목록에서 '수정' 아이콘 클릭하기

01 정보를 추가하고 싶은 장소의 '수정' 아이콘을 클릭하기

※ 장소마다 기본적으로 입력된 정보를 사용하려면 수정 단계를 생략해도 됩니다.

2단계 사진 추가하기

02 ❶ '업데이트 버튼' ❷ '+ 미디어 ' ❸ '사진' 또는 '동영상 URL'에서 추가를 차례로 클릭하기

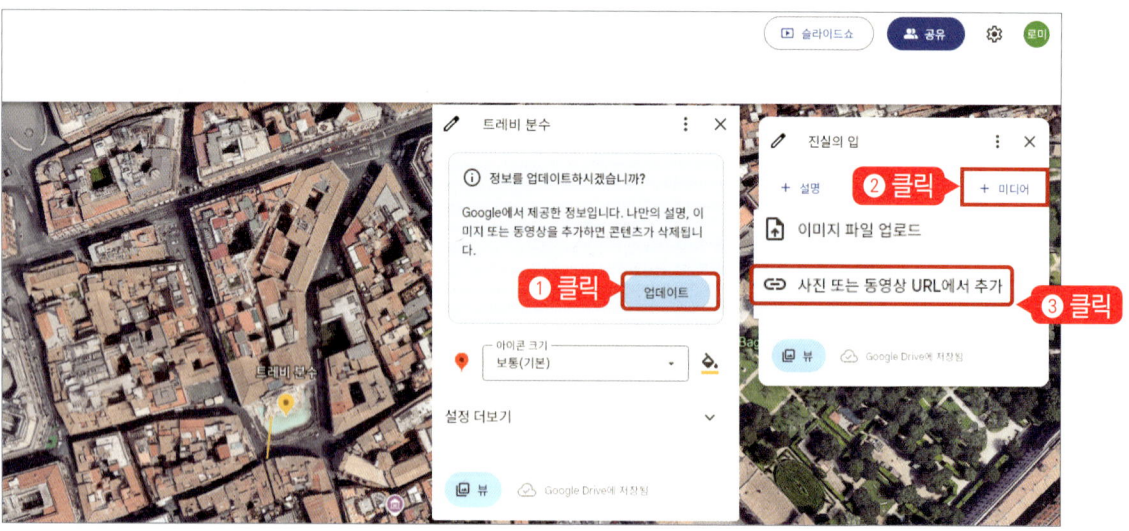

03 ❶ 새 구글 검색창에 '장소 이름'(예 트레비 분수)을 검색 ❷ '이미지 섹션' 클릭 ❸ 마음에 드는 '이미지' 클릭 ❹ 사이드 패널 이미지에서 '마우스 오른쪽' 클릭하고 '이미지 주소 복사' 누른 뒤 'URL 입력창'에 붙여넣기

※ 여러분이 가지고 있는 사진이 있다면 '이미지 파일 업로드' 기능으로 직접 업로드해도 됩니다.

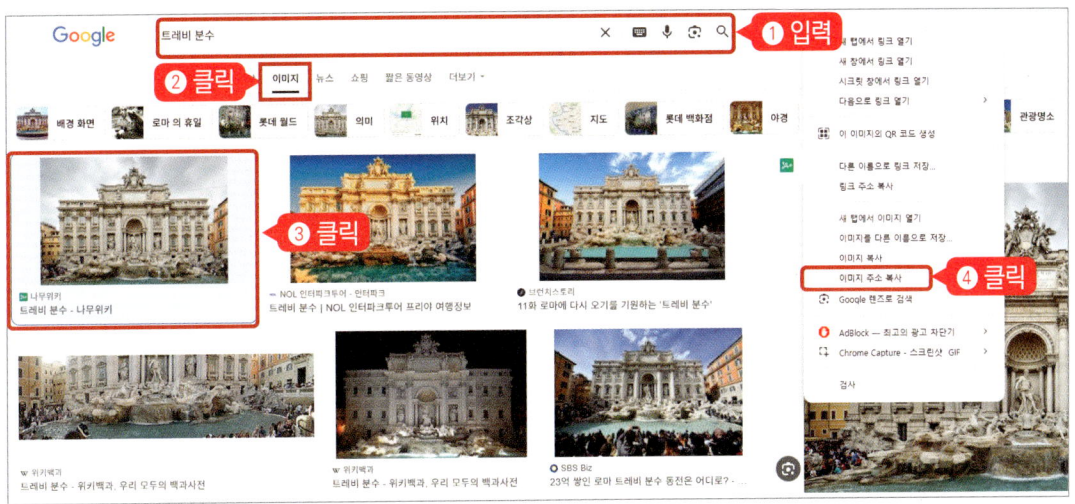

3단계 ▶ 설명 추가하기

04 ❶ 같은 메뉴에서 '+ 설명' 클릭한 뒤 ❷ '재미있는 설명'이나 '퀴즈' 입력하기

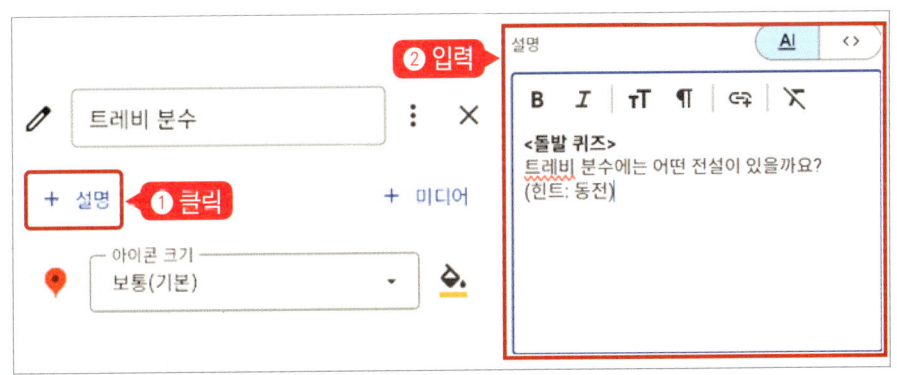

05 각 장소를 가장 멋지게 보여줄 수 있도록 지도 화면의 구도를 조정한 후 '현재 보기 캡처' 버튼 클릭하기

※ '현재 보기 캡처' 버튼은 장소의 이미지와 설명을 입력하는 장소 수정 사이드 패널 아래쪽에 있습니다.

 "내가 원하는 각도로 하늘에서 내려다보는 모습을 저장할 수 있네!"

 "응! 그래야 발표할 때 친구들이 더 실감 나게 느낄 수 있지."

발표는 이렇게!

슬라이드쇼로 멋지게 발표하기

1단계 '슬라이드쇼' 버튼 클릭하기

01 구글어스 오른쪽 상단의 '슬라이드쇼' 버튼 클릭하기

2단계 슬라이드쇼 화면에서 여행 시작하기

02 슬라이드쇼가 시작되면 ❶ '목차'를 보며 여행 순서를 확인하고 ❷ '화살표'를 눌러 다음 장소로 이동하며 발표하기

 **로미의 꿀팁**

아까 그려놓은 경로가 포함된 여행지 전체 화면이 맨 마지막 순서로 나올 거예요. 이 부분을 생략하고 싶다면 경로를 삭제해도 좋아요!

3단계 내가 만든 여행 프로젝트 다른 친구와 공유하기

03 ❶ 슬라이드쇼 버튼 옆의 '공유' 버튼 누르고 ❷ '계속' 버튼 클릭하기

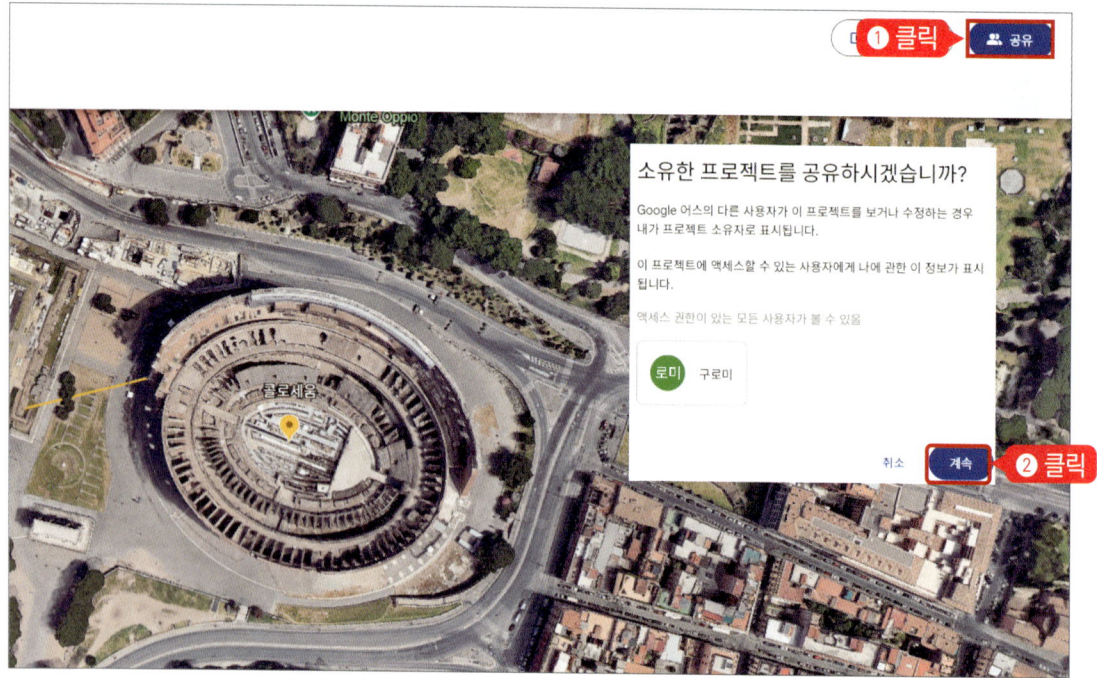

04 메일주소 입력창에 친구의 '지메일 주소'를 직접 입력해서 프로젝트를 공유할 수 있습니다.

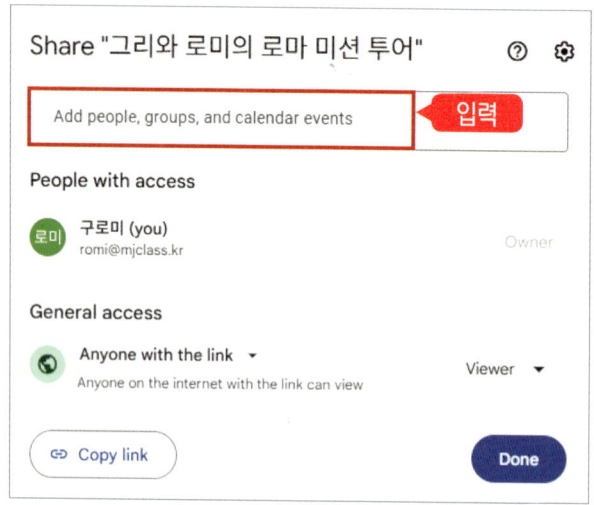

05 General access 항목 아래의 메뉴에서 공유 권한을 ❶ '링크가 있는 모두에게 공유 (Anyone with the link)' ❷ '링크 복사(Copy link)'를 차례로 클릭한 뒤 프로젝트 링크를 통해 친구와 프로젝트를 공유할 수도 있습니다.

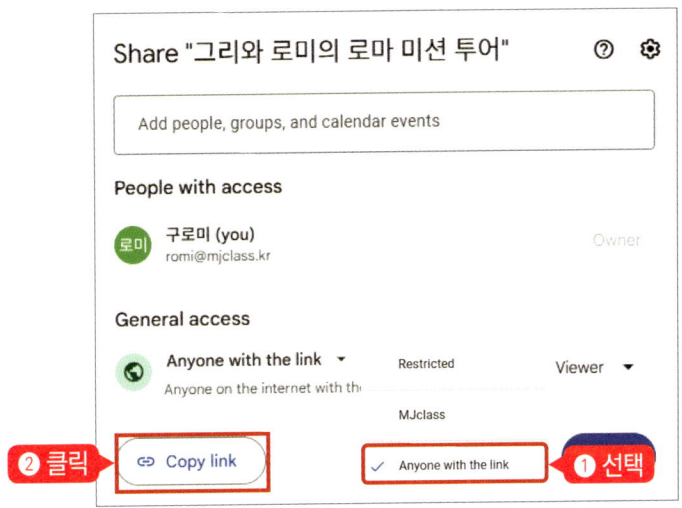

 **그리의 미션**

☑ 우리 동네에서 친구들에게 소개하고 싶은 장소 3곳을 정해 '우리 동네 자랑 투어' 프로젝트를 만들어 보세요.

☑ 각 장소마다 내가 그곳을 자랑하고 싶은 이유를 설명으로 추가해 보세요.

☑ 각 장소에 어울리는 멋진 사진을 구글 이미지 검색으로 찾아 넣어보세요.

☑ 친구에게 발표하는 것처럼, '슬라이드쇼' 모드로 발표를 진행하는 연습을 해보세요.

☑ 친구나 가족에게 내 프로젝트를 발표해 보세요.

그리와 로미의
아홉 번째 모험

예술 감성 폭발시키기

01

인공지능과 미술 탐험
인공지능이 그린 그림을 찾아라

학습 영상
33

단축키 URL ▶ bit.ly/그리와로미

학습내용

1 Odd One Out 게임으로 인공지능이 생성한 그림의 특징을 이해하고 구별할 수 있다.

2 Quick, Draw를 체험하며 인공지능이 그림을 어떻게 학습하는지 이해할 수 있다.

#인공지능(AI) 생성 이미지 #Odd One Out #Quick, Draw #미술 #예술 #머신러닝

인공지능 그림 찾기 게임! Odd One Out 시작하기

인공지능 그림 찾기 게임! Odd One Out 시작하기

1단계 Odd One Out 게임 웹사이트에 접속하기

01 구글 검색창에 'Odd One Out'으로 검색하기

02 다음의 '사이트' 클릭하기

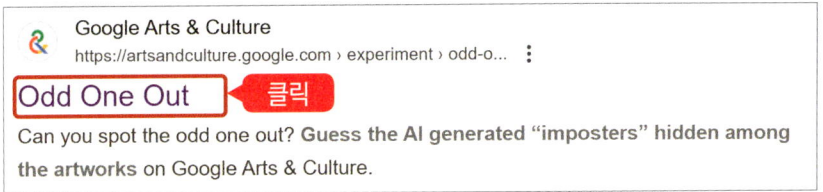

🧒 로미의 꿀팁

검색이 어렵다면 주소창에 'bit.ly/인공지능그림맞추기'를 입력해요

2단계 Odd One Out 게임 체험해보기

03 'Launch experiment(실험 시작하기)' 클릭하기

9주

04 Odd One Out 게임 방법 이해하기

  – 예술 작품 속에서 인공지능이 생성한 그림을 찾아야 합니다.

  – 시간제한이 있습니다.

  – 총 네 번의 기회가 주어집니다.

  – 문제 풀이 후 작품을 클릭하면, 출처를 알려줍니다.

준비가 되면, 'Ready, set, go!' 클릭하기

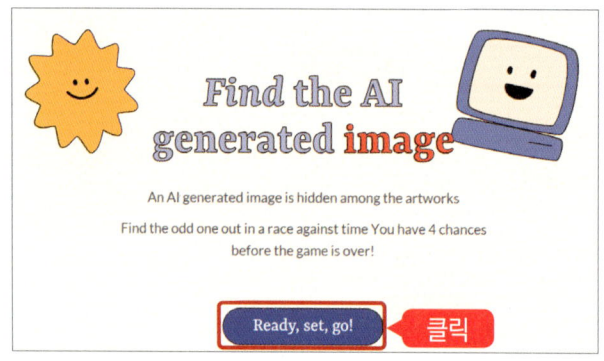

05 Odd One Out 게임해보기

  – 선택지를 고르면, 정답을 바로 알려줍니다.

  – 실존하는 예술 작품은 어디에 있는지 알 수 있습니다.

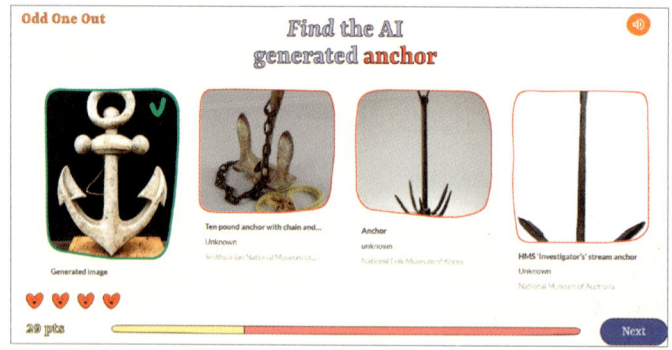

  – 마우스를 작품에 가까이 가져가면 'Learn More(더 학습하기)'가 뜹니다.

– 'Learn More(더 학습하기)'를 누르면, 예술 작품에 관한 정보가 뜹니다.

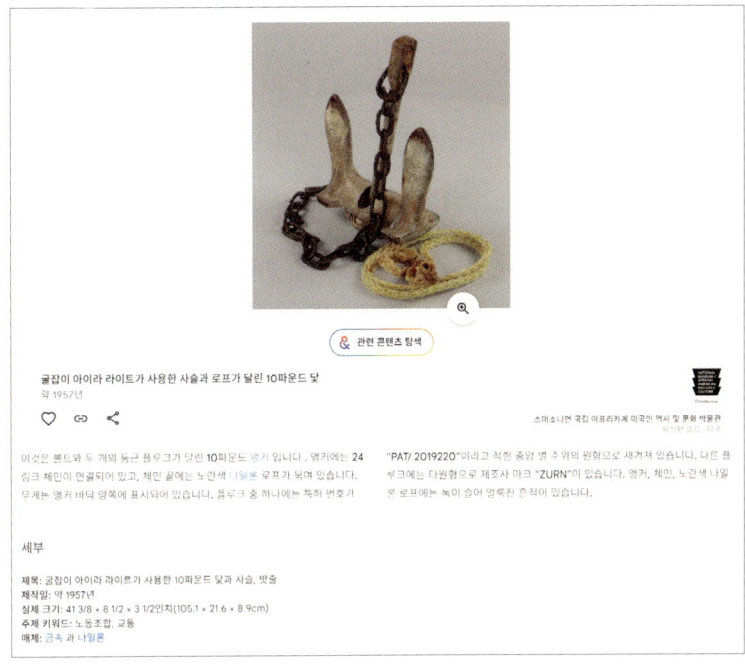

– 하트를 잃을 때까지 지속해서 게임에 참여합니다.

 로미의 꿀팁

인공지능 그림, 더 잘 구별하는 팁!

인공지능이 그린 그림은 때때로 작은 디테일에서 부자연스러움이 드러날 수 있어요. 예를 들어, 사람의 손가락 개수가 이상하거나, 글씨가 제대로 써지지 않았거나, 배경에 반복되는 이상한 패턴이 없는지 잘 살펴보세요. 때로는 너무 완벽하고 정교해서 '사람이 그리지 않은 것 같다'는 느낌을 주기도 한답니다!

그리의 미션

☑ 'Odd One Out' 게임을 5라운드 이상 플레이해 보세요. 게임을 하면서 인공지능 그림에서 발견한 특징 3가지를 적어볼까요?

(   )

(   )

(   )

인공지능이 그림을 보고 그리는 원리 이해하기

 "로미야, 그럼 인공지능은 어떻게 그림을 그리는 거야? 진짜 그림을 배우는 것처럼 붓을 잡고 그리는 건 아닐 텐데…!"

 "인공지능은 수많은 그림들을 보고 학습하면서 '이런 그림은 이렇게 그리는구나' 하고 스스로 규칙을 익혀. 그리고 우리가 '고양이와 우주'처럼 명령어를 주면, 학습한 내용을 바탕으로 새로운 그림을 만들어내는 거란다."

 "로미야, 그럼 AI는 우리가 그린 그림을 보고 이게 뭔지 알아볼 수도 있어? 어떻게 그렇게 똑똑해지는 거야?"

 "응, 그럼! AI가 그림을 그리는 것만큼이나 보는 것도 정말 잘한단다. 네가 그린 그림을 AI가 맞춰주는 재미있는 게임이 있어. '퀵 드로우(Quick, Draw!)'라고 하는데, 함께 해보면 AI가 그림을 어떻게 이해하는지 더 잘 알 수 있을 거야!."

1단계 Quick, Draw! 게임 웹사이트에 접속하기

01 구글 검색창에 'Quick, Draw!'로 검색하기

02 다음의 '사이트' 클릭하기

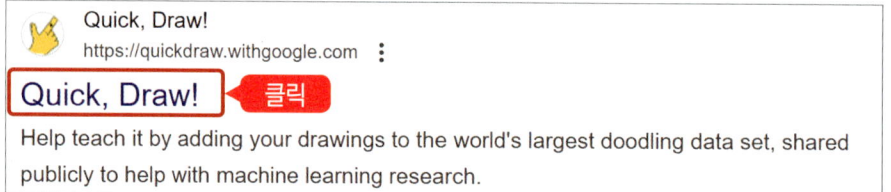

2단계 Quick, Draw! 게임 체험해보기

03 '시작하기' 클릭하기

머신러닝(Machine Learning)은 인공지능의 한 분야로, 컴퓨터가 데이터를 통해 스스로 학습하여 패턴을 인식하고 예측하거나 결정을 내릴 수 있도록 하는 기술이에요. 사람이 일일이 규칙을 알려주지 않아도, 컴퓨터가 다양한 데이터를 분석하면서 스스로 경험을 쌓고 성능을 향상시키는 방식이랍니다. 예를 들어, 수많은 고양이 사진을 보여주면 '고양이는 이렇게 생긴 동물이다'라고 스스로 배우는 것과 같아요.

04 Quick, Draw! 게임 방법 이해하기

- 시간 안에 그림을 그려야 합니다.
- 주어지는 제시어 개수는 6개입니다.
- 그림을 그리면 인공지능이 그림을 맞춥니다. 못 맞추면 무엇으로 인식했는지 계속 말해 줍니다.

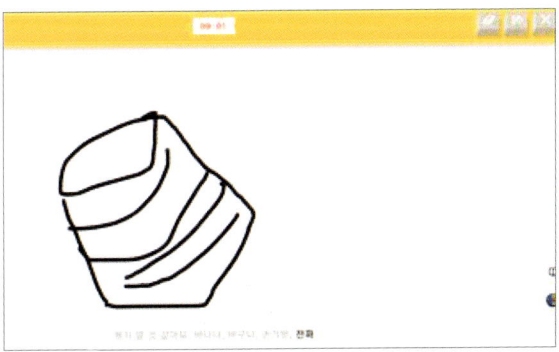

- 6개를 그리고 나면, 세계의 많은 사람들이 각 단어를 어떻게 그렸는지를 보여줍니다.

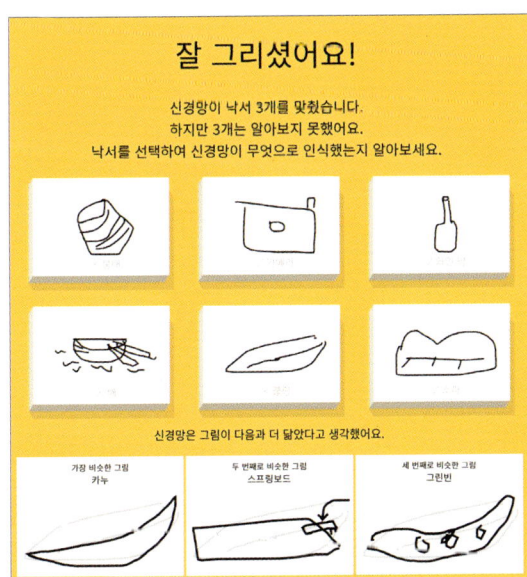

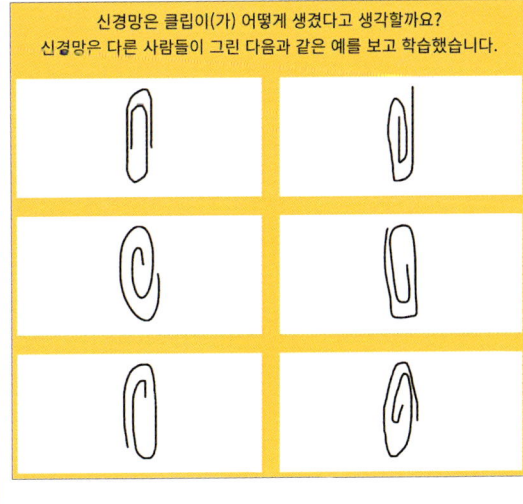

로미의 꿀팁

퀵 드로우는 우리가 그린 그림을 어떻게 맞추는 걸까요?

전 세계 사람들이 그린 그림을 인공지능이 많이 공부해서 그래요. 이 그림들을 보면서 스스로 특징을
배우는 거지요. 그래서 네가 그림을 그리면, 자기가 공부했던 그림들과 비교해서 맞추는 거에요. 내가
그리는 모든 그림도 나중에는 AI를 더 똑똑하게 만드는 데이터가 되는 거에요.

그리의 미션

☑ Quick, Draw!를 검색하여 접속한 뒤, 게임을 3라운드 이상 플레이해 보세요.

☑ 인공지능이 여러분의 그림을 어떻게 인식하는지 경험하고, AI의 그림 인식 능력에 대해
느낀 점을 간단히 적어보세요.

(   )

(   )

02 인공지능과 음악 창작
나만의 멜로디 제작 도전기!

학습 영상 **34**

단축키 URL · bit.ly/그리와로미

학습내용

1 Google Music Lab의 Song Maker를 활용하여 나만의 멜로디와 리듬을 만들 수 있다.

2 칸딘스키 실험을 통해 그림과 음악을 연결하는 인공지능의 창작 원리를 경험할 수 있다.

#인공지능 음악 (AI Music) #Google Music Lab #멜로디 #창작

9장

Google Music Lab 'Song Maker'로 나만의 멜로디와 리듬 만들기

 "로미야, 요즘 아이돌 노래 너무 좋아! 나도 직접 멜로디를 만들고 싶은데 너무 어려울 것 같아. ㅠㅠ"

 "그리야, 걱정 마! 구글 뮤직랩의 'Song Maker'를 활용하면 누구나 쉽고 재미있게 멜로디를 만들 수 있어! 인공지능이 음악을 창작하는 원리를 경험하는 데도 아주 좋단다."

1단계 Google Music Lab 웹사이트에 접속하기

01 구글 검색창에 'Music Lab'으로 검색하기

02 다음의 '사이트' 클릭하기

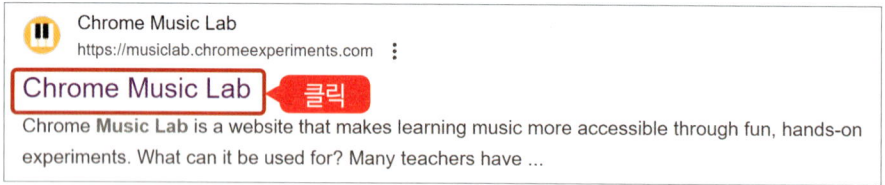

2단계 Song Maker 체험해보기

03 'Song Maker' 클릭하기

04 Song Maker 활동 방법 이해하기

- '빈칸'을 클릭하면, 색이 변하며 칸이 칠해집니다.
- '플레이' ▶ 버튼을 누르면, 여러 소리가 어우러져서 음악이 만들어집니다.

- ❶ 악기 종류, ❷ 소리 종류는 클릭하면 바꿀 수 있고, ❸ 템포(빠르기)는 파란색 바를 왼쪽 오른쪽으로 드래그하면 조절됩니다.
- ❹ 마이크를 켜서 녹음도 할 수 있습니다.
- ❺ 세팅(환경 설정)을 누르면, 악보의 길이, 박자의 길이, 장조(Major)/단조(Minor) 등을 설정할 수 있습니다. 기본적으로 악보의 길이는 4마디(4bars)로 구성되어있어요.

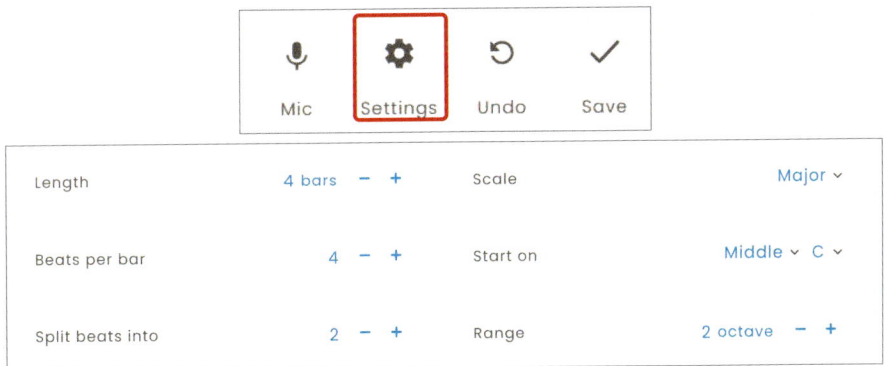

05 Song Maker로 즐겁게 음악 창작해보기

06 창작한 후 공유하기

- '**Save**(저장)' 아이콘을 누릅니다.

- ❶ 공유 링크와 음악 파일(❷ MIDI, ❸ WAV) 다운로드 버튼을 볼 수 있습니다.

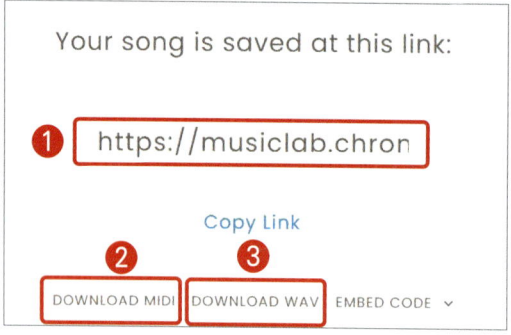

그리의 궁금증　MIDI ? WAV? 가 뭐예요

MIDI는 '악보'나 '설명서'와 같아요.

MIDI 파일 안에는 실제 소리가 들어있지 않아요. 대신, '몇 번째 건반을 눌러라', '얼마나 길게 눌러라', '어떤 악기 소리로 내라', '얼마나 크게 내라'와 같은 음악을 연주하기 위한 정보만 들어있답니다.

WAV 파일은 '음악 녹음본' 같아요!

WAV는 녹음된 소리나 사진과 같아요. WAV 파일 안에는 네가 'Song Maker'에서 들었던 실제 소리가 그대로 녹음되어 있어요.

 그리의 미션

☑ 구글 뮤직랩 'Song Maker'에서 멜로디와 리듬을 직접 만들어 보고, 링크로 가족 혹은 친구에게 공유해보세요.

☑ 인공지능이 앞으로 어떤 종류의 음악을 만들어 주면 좋을지 상상해서 적어보세요.

　　(**예** 잠자기 전에 듣는 맞춤형 자장가, 나만의 응원가 등)

칸딘스키로 그림을 그리면 음악이 되는 마법 경험하기

1단계 Google Music Lab 웹사이트에 접속하기

01 구글 검색창에 'Music Lab'으로 검색하기

02 다음의 '사이트' 클릭하기

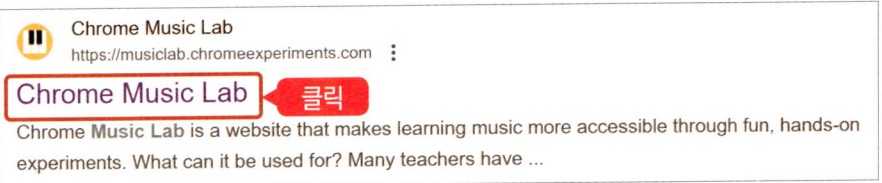

2단계 칸딘스키 체험해보기

03 '칸딘스키' 클릭하기

9장

04 칸딘스키 활동 방법 이해하기

– 백지에 마우스나 터치펜을 이용하여 그림을 그립니다.

– 선이나 도형 등을 그리면, 인공지능이 그에 어울리는 음악을 만들어줍니다.

– 그린 순서대로 곡이 연주되는데, ❶ 다음에 ❷를 그렸다면 그 순서대로 선이나 도형이 떨리면서 소리가 납니다.

– ❹ 플레이 버튼을 누르면 연주가 시작됩니다.

– ❸을 누르면 곡의 분위기를 바꿀 수 있고, ❺는 취소, 되돌아가기 버튼입니다.

 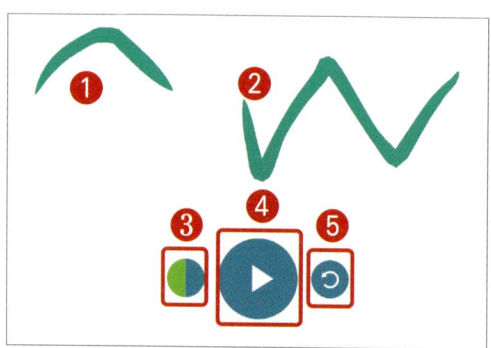

– ❸을 누르면, 두 가지 종류의 색 조합이 나옵니다. 색을 바꾸어 플레이해 보세요.

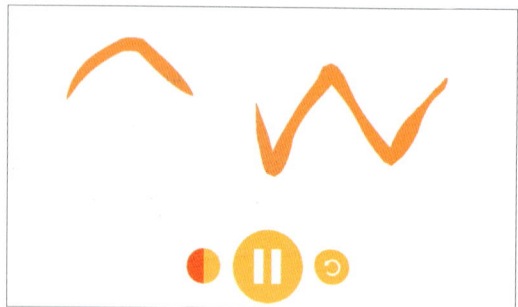 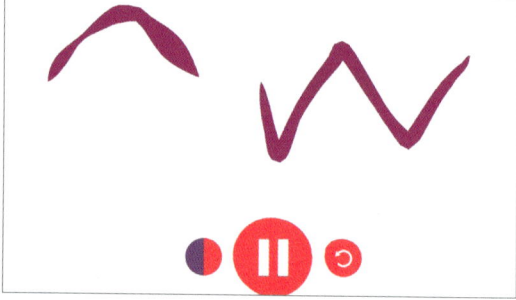

05 칸딘스키 체험해보기

– '다양한 도형(직선, 곡선, 네모, 세모, 큰 원, 작은 점 등)'을 그려보면서 그림이 바뀔 때 음악이 어떻게 달라지는지 관찰하기

– Reset : 리셋을 누르면 초기화됩니다.

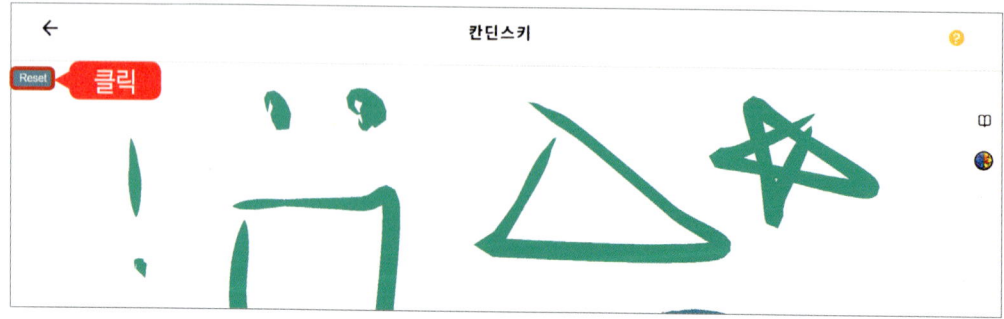

"와, 진짜 신기하다! 뾰족한 그림을 그리면 딱딱한 소리가 나고, 둥근 그림을 그리면 부드러운 소리가 나는 것 같아"

 "정확해! 인공지능은 수많은 그림과 음악 데이터를 학습해서 어떤 시각적 요소가 어떤 음악적 특징과 연결되는지 배우는 거야. 이렇게 인공지능은 미술과 음악을 연결해서 새로운 창작을 할 수 있어."

 로미의 꿀팁

인공지능이 음악을 만드는 또 다른 방법!
인공지능은 칸딘스키처럼 그림을 음악으로 바꾸는 것 외에도, 아주 복잡한 음악도 만들 수 있어요. 예를 들어, 어떤 작곡가의 스타일을 학습해서 그 작곡가가 살아 있었다면 만들었을 법한 새로운 곡을 만들어내기도 하고, 내가 흥얼거린 멜로디를 듣고 멋진 반주를 붙여주기도 해요!

 그리의 미션

☑ 칸딘스키에서 직선과 곡선으로 그림을 그려보고 플레이 버튼을 눌러 음악을 들어보세요.

☑ 칸딘스키에서 점, 원, 삼각형, 사각형 등 다양한 도형으로 그림을 그려보고 플레이 버튼을 눌러 음악을 들어보세요.

☑ '칸딘스키'에서 다양한 음악을 만들어 보면서 어떤 그림이 어떤 음악을 만들어내는지 특징을 찾아볼까요? 찾은 특징을 한두 가지 써 보세요.

( )

( )

03 인공지능과 화음 창작
인공지능과 협업하여 공연하기

학습 영상 **35**  단축키 URL bit.ly/그리와로미

학습내용

1 Blob Opera를 통해 인공지능과 함께 화음을 만들어 볼 수 있다.

2 Assisted Melody를 활용하여 인공지능과 협력적으로 멜로디를 완성할 수 있다.

#Google Blob Opera #Assisted Melody #화음 #공연 #즉흥연주

'Blob Opera'로 인공지능과 함께 환상의 화음 만들기

 "로미야, 인공지능이 음악을 만드는 것도 신기한데, 혹시 인공지능이랑 같이 노래를 부르거나 합창도 할 수 있을까? 마치 내가 지휘자가 된 것처럼!"

 "그럼! 구글의 Blob Opera를 사용하면 너만의 인공지능 합창단을 만들어서 지휘해 볼 수 있어! 인공지능과의 협업을 통해 환상의 화음을 만들어 보자!"

1단계 Google Blob Opera 웹사이트에 접속하기

01 구글 검색창에 'Blob Opera'로 검색하기

02 다음의 '사이트' 클릭하기

2단계 Google Blob Opera 체험해보기

03 'Launch experiment(실험 시작하기)' 클릭하기

9장

04 Google Blob Opera 놀이 방법 이해하기

– 캐릭터의 이름은 블롭입니다.

– 총 네 마리의 블롭들이 오페라에서 다른 성부를 맡고 있습니다.

– 화면의 블롭(귀여운 캐릭터)들을 '마우스 위아래'로 움직여 보며 각 블롭이 내는 소리와 음높이 변화를 관찰해 봅시다. (블롭의 위치에 따라 소리와 음높이가 달라져요!)

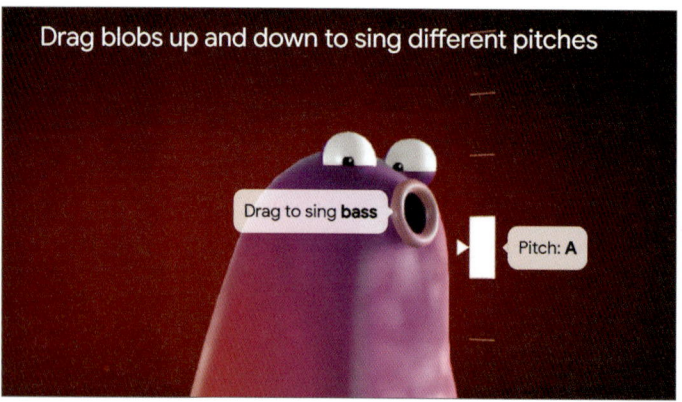

– 뒤늦게 등장한 블롭을 움직이면 먼저 등장한 블롭들이 화음을 맞춰 줍니다.

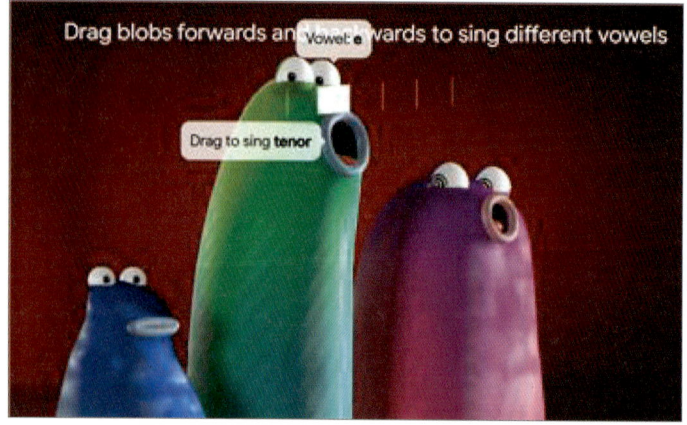

 로미의 꿀팁

Blob Opera, 블롭들의 비밀!
Blob Opera에서 블롭들을 '위아래로 움직이면' 음의 높이가 바뀌고, '좌우로 움직이면' 모음 소리('아', '오', '이' 등)가 바뀌어요! 이 특징들을 잘 활용하면 더 다양한 화음과 재미있는 소리를 만들 수 있을 거에요.

05 블롭들과 협업하여 나만의 화음 연주 및 녹음하기

    – ❶ '가장 왼쪽 블롭'을 움직여 메인 멜로디를 만들어보기

    – 다른 블롭들이 자동으로 메인 멜로디에 어울리는 화음을 만들어내는지 들어보기

    – 다양한 화음을 실험하며 블롭 오페라를 연주해 보고, 화면 왼쪽 아래의 ❷ '녹음 (Record)' 버튼을 눌러 자신만의 블롭 오페라 공연을 녹음해 보기

    – 녹음 결과물 공유 'Share'하기 ❶ 공유 버튼을 누르면 창이 뜹니다. ❷ '원하는 형태(이메일, 링크, 클래스룸 등)'로 공유해 보세요.

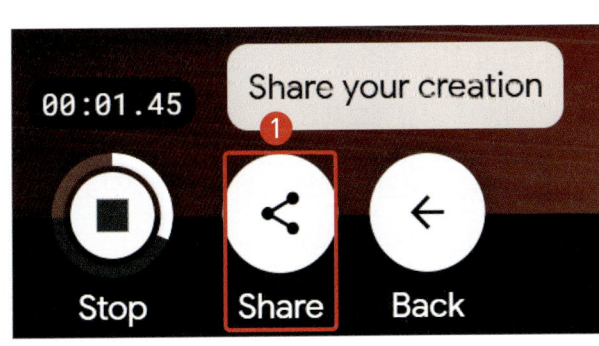

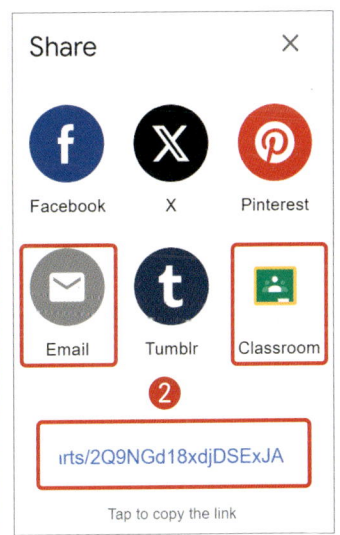

Blob Opera, 우리나라 전통 노래로 연주한 것도 있어요!

Blob Opera에서 우리나라를 배경으로 멋지게 연주해놓았는데 감상해봐! 아리랑, 한강, 도라지타령 세 곡이 준비되어있어요!

그리의 궁금증 인공지능, 실제 공연 예술에 어떻게 활용될까요?

인공지능은 이미 실제 공연에서도 활발하게 활용되고 있어요. 예를 들어, 인공지능이 작곡한 곡을 오케스트라가 연주하기도 하고, 로봇이 인공지능의 지휘에 맞춰 춤을 추거나 악기를 연주하는 공연도 있지요. 심지어 인공지능이 관객의 반응을 분석해서 공연의 분위기를 실시간으로 바꾸기도 해요!

 그리의 미션

☑ Blob Opera에서 최소 20초 이상의 나만의 화음 연주를 녹음하고, 녹음한 결과물을 링크를 복사하여 가족, 선생님, 친구에게 이메일로 공유해보세요.

☑ 만약 인공지능과 함께 공연한다면, 어떤 종류의 공연을 하고 싶은지 구체적으로 상상해서 써 보세요. (📵 AI가 만든 배경 음악에 맞춰 노래 부르기 등)

'Assisted Melody'로 인공지능과 함께 멜로디 완성하기

1단계 Assisted Melody 웹사이트에 접속하기

01 구글 검색창에 'Assisted Melody'로 검색하기

02 다음의 '사이트' 클릭하기

2단계 Assisted Melody 체험해보기

03 'Launch experiment(실험 시작하기)' 클릭하기

04 Assisted Melody 체험하기

– 바흐, 모자르트, 베토벤 중 선택을 하면 나의 음에 맞게 화음을 넣어줄 거예요.

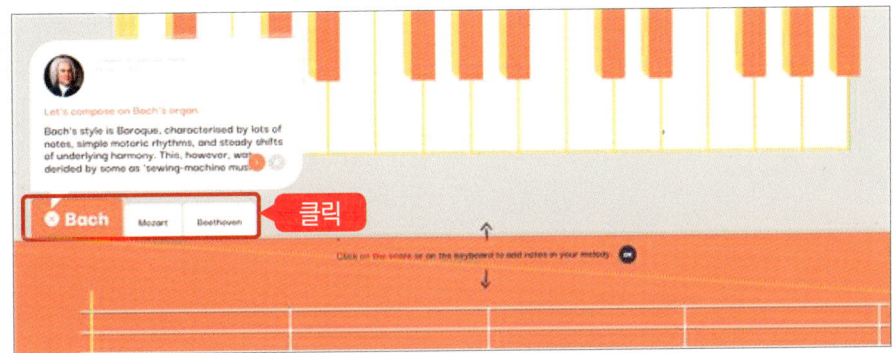

- 화면의 가상 건반을 확인합니다.
- '마우스로 건반을 하나씩 클릭'하거나, '키보드 자판(123 등 숫자 입력)'을 사용하여 원하는 멜로디의 앞부분을 연주합니다.

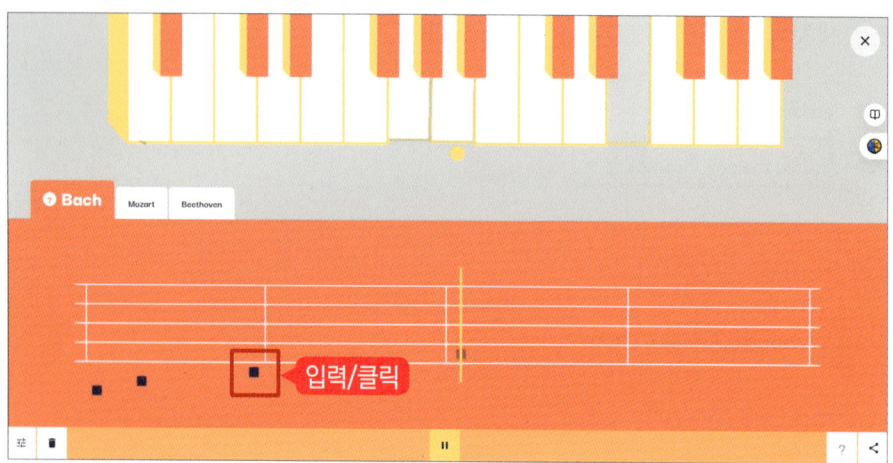

- 'Harmonize' 버튼을 누르면 선택한 작곡가가 선호하는 노래처럼 인공지능이 멜로디를 추천하여 건반 위에 표시해 줍니다.

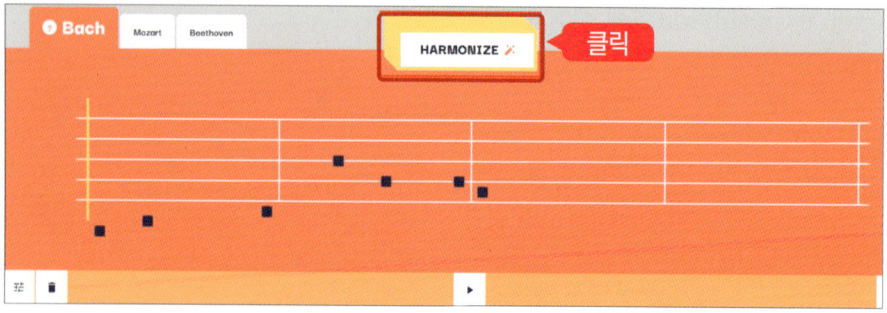

- 만들어진 화음을 다르게 변경하고 싶으면 ❶ 'Harmonize Again'을 눌러보세요. 공유하고 싶다면 ❷ 'Share'를 누릅니다.

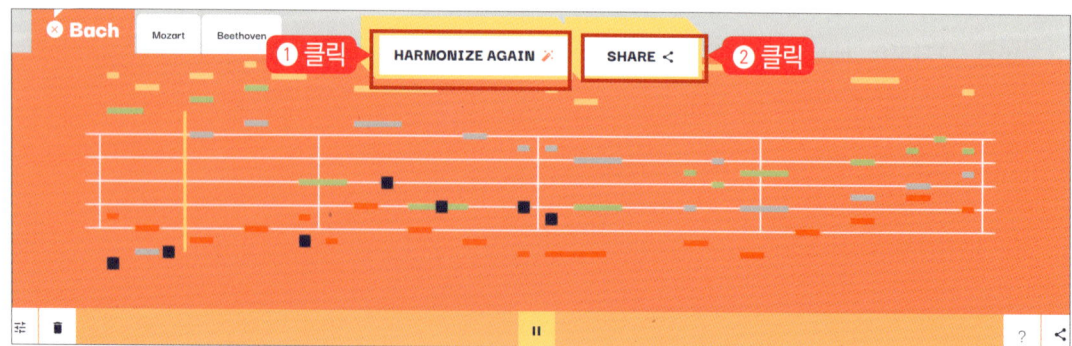

– ❶ '메뉴'를 누르면, ❷ '악기' 또는 ❸ '템포(빠르기)'도 조절할 수 있습니다. ❹ '휴지통'은 기존에 작업했던 악보를 지울 수 있고, ❺는 '플레이' 버튼, ❻은 '링크 공유' 버튼입니다.

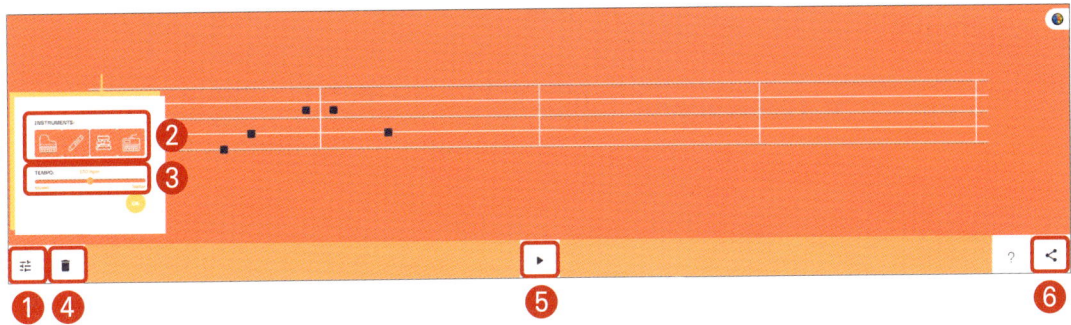

– 완성한 결과물은 '링크'로 공유합니다. 링크 복사, 이메일, 클래스룸 등으로 직접 공유 등의 방법이 있습니다.

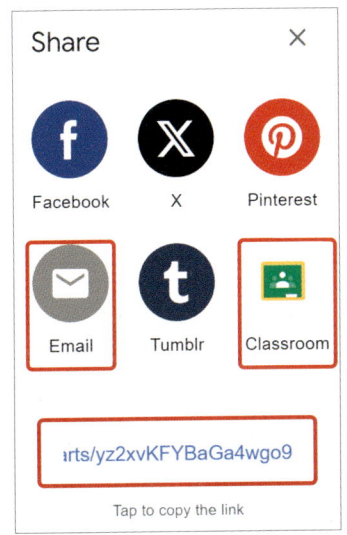

 "로미야, 내가 몇 개의 음만 눌렀는데, 인공지능이 다음 멜로디를 추천해 주네! 정말 마법 같아!"

 "맞아! 그게 바로 인공지능의 멜로디 보조 능력이야. 네가 연주한 멜로디를 인공지능이 분석해서, 수많은 음악 데이터 학습을 바탕으로 가장 어울리는 다음 음이나 멜로디를 추천해 주는 거란다. 마치 작곡 친구와 함께 아이디어를 주고받는 것과 같지!"

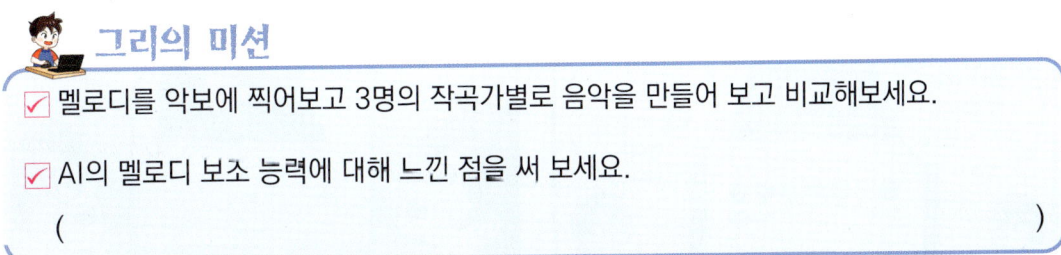

그리의 미션

☑ 멜로디를 악보에 찍어보고 3명의 작곡가별로 음악을 만들어 보고 비교해보세요.

☑ AI의 멜로디 보조 능력에 대해 느낀 점을 써 보세요.

(　　　　　　　　　　　　　　　　　　　　　　　　　　　)

04 애니메이션 창작 도전기
Scroobly로 나를 닮은 움직이는 캐릭터 완성하기

학습 영상
36

단축키 URL bit.ly/그리와로미

학습내용

1 Scroobly를 활용하여 내가 그린 그림을 움직이는 애니메이션 캐릭터로 만들 수 있다.

2 인공지능이 그림을 인식하고 움직임을 생성하는 원리를 이해하고, 애니메이션 창작에 대한 흥미를 가질 수 있다.

#애니메이션 #캐릭터 #Scroobly #모션 캡쳐 #인공지능 인식

'Scroobly'로 내가 그린 그림에 생명 불어넣기

 "로미야, 내가 그린 그림이 살아 움직이는 애니메이션 캐릭터가 되면 얼마나 좋을까? 내가 좋아하는 캐릭터를 직접 움직이게 할 수 있을까?"

"그리야, 물론이지! 구글 뮤직랩의 Scroobly를 사용하면 네가 그린 그림에 마법처럼 생명을 불어넣을 수 있어! 인공지능이 네 그림을 인식해서 움직이게 해 줄 거야!"

1단계 Scroobly 웹사이트에 접속하기

01 구글 검색창에 'Scroobly'로 검색하기

02 다음의 '사이트' 클릭하기

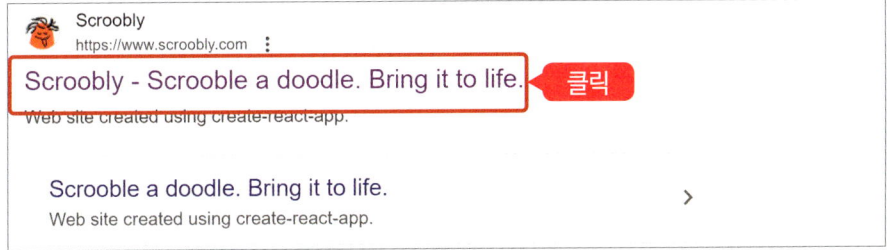

2단계 Scroobly 체험해보기

03 'Start(시작하기)' 클릭하기

- 처음 들어오면 '카메라를 사용하시겠습니까?'라고 묻는 창이 뜹니다.

- 이때, '사이트에 있는 동안 허용'을 눌러줘야 화면에 내 얼굴이 나타납니다.

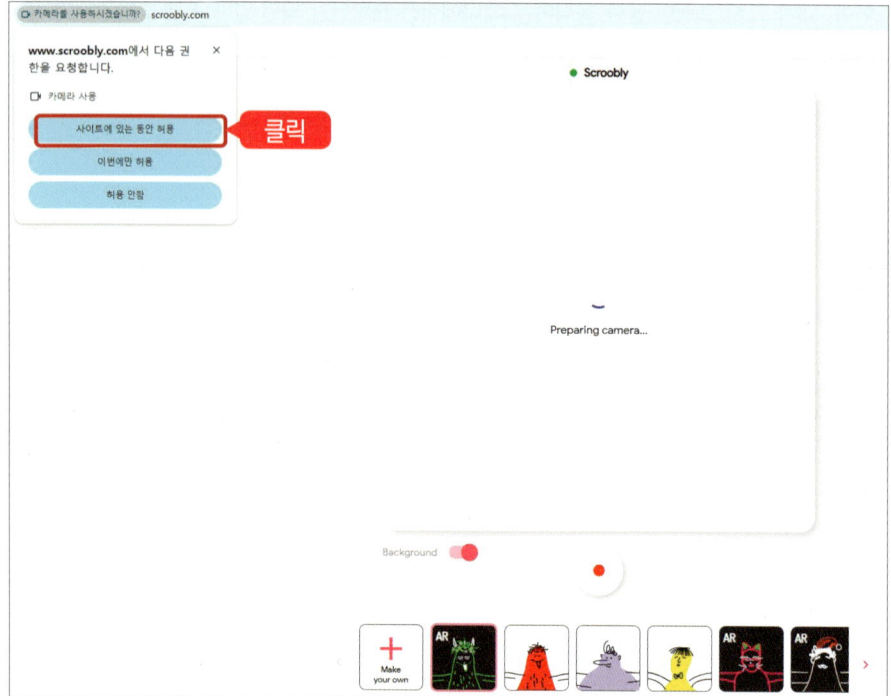

 로미의 꿀팁

실수로 카메라 사용을 허용하지 못했을 때는요!

주소창 좌측에 있는 아이콘을 누르면, 카메라 권한을 다시 재설정할 수 있어요.

❶ '버튼'을 눌러서 활성화시키고, ❷ '화살표'를 누르면 카메라가 허용되었다는 창이 떠요. ❸ '방문할 때마다 허용'에 체크를 해주면, '웹사이트를 새로고침'하라는 안내가 뜨는데 ❹ '새로고침'을 누르면, 다시 카메라가 작동이 될 거에요.

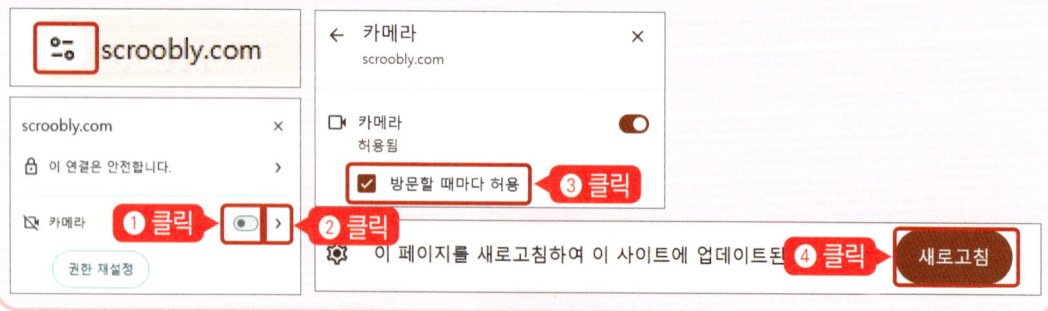

04 Scroobly 체험 방법 튜토리얼 익히기

– 처음 들어가게 되면, 체험 방법 튜토리얼이 뜹니다.

– '원하는 캐릭터 모양'을 선택하고, 그 위에 낙서하듯 그려주면 돼요.

– 카메라가 켜졌을 때, 내가 몸을 움직이면 선택한 캐릭터가 같이 따라 움직입니다.

05 Scroobly로 나만의 캐릭터 만들고, 움직임 확인하기

– ❶ 에서 원하는 '캐릭터'를 선택합니다.

– ❷ 'Background'를 조정하면 현재 내 화면의 배경이 사라집니다.준비가 되면, '녹화' 버튼 • 을 눌러보세요.

06 '녹화' 버튼을 누르면, 15초간 영상을 찍을 수 있습니다. '정지' 버튼을 누르면 일시 정지할 수 있어요.

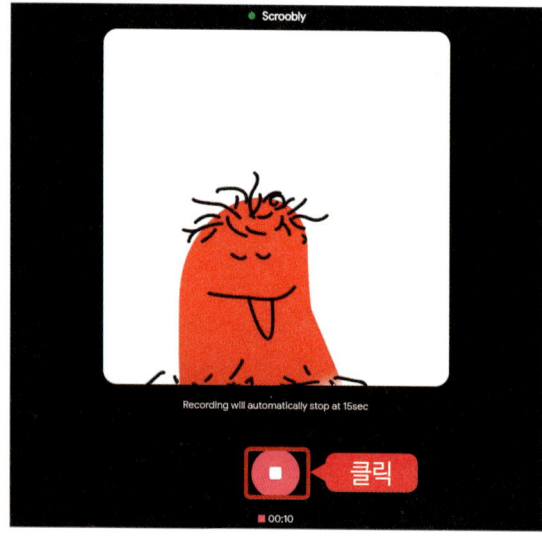

07 촬영이 끝나면, 영상을 편집할 수 있습니다.

❶ 에서는 '가위 아이콘'을 앞뒤로 움직여서 원하는 구간만 남길 수 있어요.

❷ 'Re-record' 버튼을 누르면, 재촬영이 가능하고, ❸ 'Save'를 누르면 촬영한 영상을 저장할 수 있습니다. ❹ 'Export to GIF'를 누르면 움직이는 영상 이미지가 만들어져요.

❺ 'Click here to download'를 누르면 영상이 다운로드 될 거예요. ❻ 'New doodle'을 누르면 새로운 애니메이션 작품을 만들 수 있지요.

3단계 Scroobly로 나만의 캐릭터 직접 그리고 애니메이션 영상으로 만들기

01 'Make your own(나만의 작품 만들기)'를 클릭합니다.

02 '원하는 캐릭터 모양'을 고르거나 '연필 아이콘✏️'을 눌러서 직접 그립니다. 펜의 색이나 굵기를 바꾸고 싶다면 ❶ '펜' 버튼을 누르면, 조절할 수 있어요. 잘못 그렸을 때는 ❷ '되돌리기 버튼'을 눌러서 직전으로 되돌리기가 가능해요.

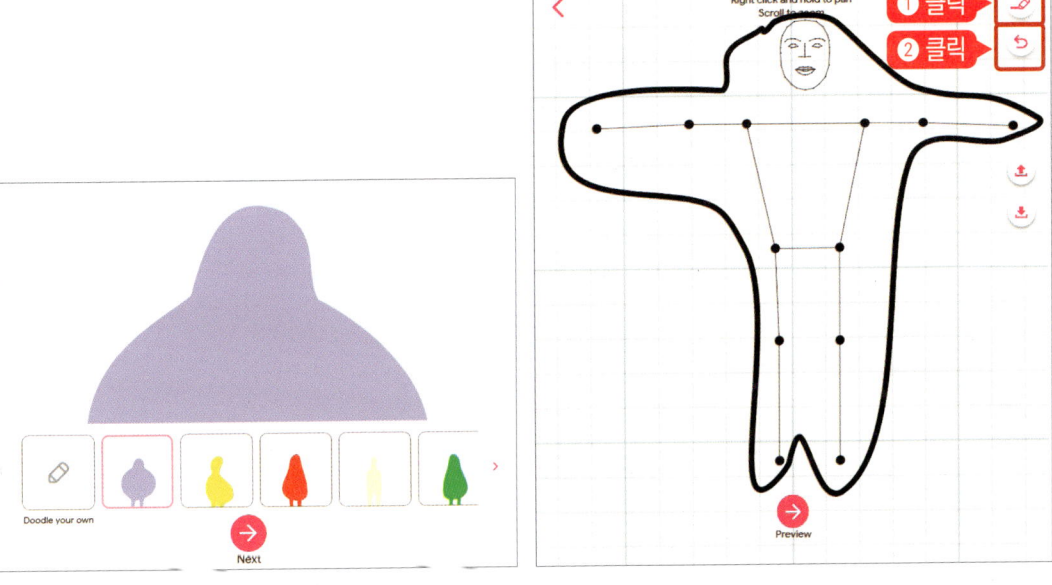

만약, 직접 그리는 것을 선택했다면, 관절을 나타내는 선 주위로 형태를 그려보세요.

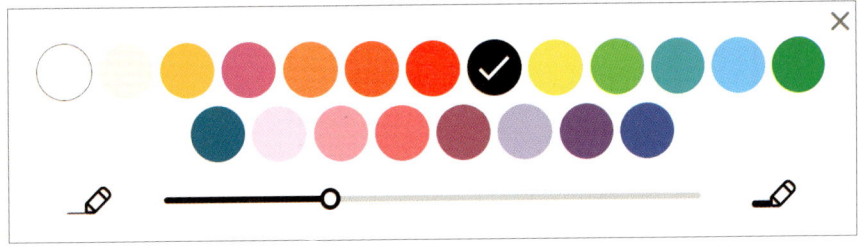

펜 아이콘을 누르면 나타나는 펜 팔레트

 로미의 꿀팁

잘 그렸는지 Preview를 눌러서 확인하면 돼요!

Scroobly에서 그림이 더 자연스럽게 움직이게 하려면 몇 가지 팁이 있어요! 직접 캐릭터를 그릴 때는 팔, 다리, 몸통, 머리가 잘 연결되게 그리는 것이 중요해요! 팔과 다리를 몸통에 너무 가깝게 붙이지 않고, 약간 떨어뜨려 그리면 움직임이 더 잘 보여요. 그리고 관절이 될 만한 부분(팔꿈치, 무릎)을 너무 두껍게 그리지 않는 것도 좋아요!

Preview를 눌렀을 때, 다시 수정하고 싶을 경우, ❶ 'Edit'를 누르면, 이전화면으로 돌아가서 고치면 됩니다. 그린 캐릭터가 마음에 든다면, ❷ 'Record'를 눌러서 촬영합니다. 처음부터 시작하고 싶을 경우, ❸ 'Start Over'를 눌러 보세요. ❸ 'Start Over'를을 눌렀을 때, 창이 하나 뜨는데, ❹'CONFIRM(확정)'을 누르면 첫 화면으로 돌아갑니다. 실수로 눌렀다면, ❺'CANCEL(취소)'를 누르면 작업창에 그대로 남아있을 수 있습니다.

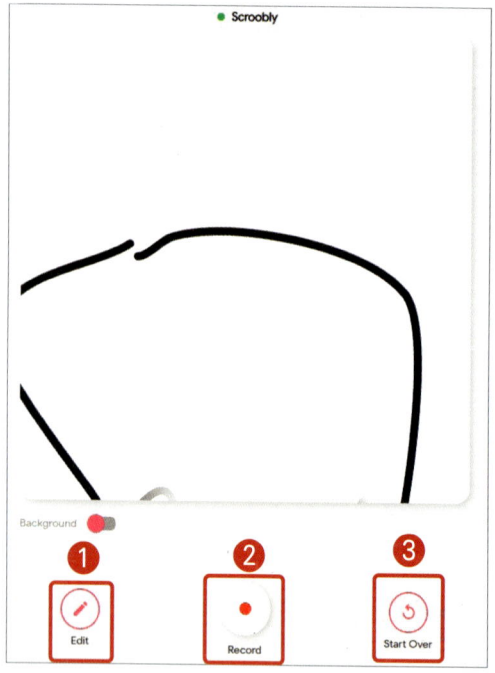

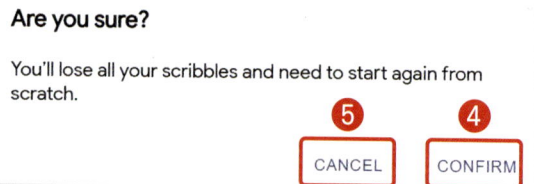

Are you sure?

You'll lose all your scribbles and need to start again from scratch.

❺ CANCEL   ❹ CONFIRM

로미의 꿀팁

Scroobly는 네가 그린 그림을 인공지능이 인식해서, 사람의 몸처럼 관절이 어디에 있고 어떻게 움직여야 하는지 스스로 파악해요. 그리고 마치 그림에 뼈대를 심은 것처럼 움직임을 만들어내는 거에요. 이게 바로 인공지능의 그림 인식과 모션 생성 능력 덕분이에요!

그리의 미션

☑ Scroobly에 접속하여 나를 닮은 캐릭터를 직접 그려보고, 이 캐릭터가 움직이는 모습을 영상으로 녹화하여 친구에게 보여주세요.

☑ Scroobly에서 캐릭터의 팔, 다리, 몸통을 다르게 그려보면서 움직임이 어떻게 변하는지 3가지 정도 실험해보고, 가장 재미있었던 움직임을 써 보세요.

(   )

☑ 인공지능이 애니메이션을 만드는 기술이 미래에 어떤 분야(예: 교육, 게임, 광고)에서 가장 유용하게 쓰일 것 같은지 구체적인 아이디어를 한 가지 써 보세요.

(   )

그리와 로미의
마지막 모험

세상에 단 하나뿐인 디지털 보물 상자

01 나의 마음속 위시리스트
버킷리스트로 소망 목록 만들기

학습 영상 **37**

단축키 URL ▶ bit.ly/그리와로미

학습내용

1️⃣ 내가 이루고 싶은 소망 목록을 구체적으로 생각하고 정리할 수 있다.

2️⃣ Google 문서를 활용하여 나만의 버킷리스트를 만들고 꾸밀 수 있다.

#Google Sites, #구글 사이트, #페이지, #탐색 메뉴, #목차

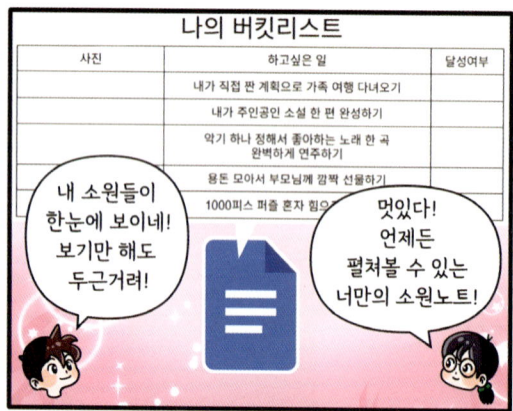

나만의 소원 노트 만들기!

Google 문서로 버킷리스트 작성하기

1단계 새 Google 문서 만들고 제목 정하기

01 Google 드라이브에서 ❶ '신규' 클릭 후 ❷ 'Google 문서' 선택하기

※ Google 드라이브 메뉴에서 Google 문서를 클릭하면 곧바로 새 문서를 생성할 수 있어요.

※ 구글 앱 메뉴 − Docs를 클릭하거나 주소창에 'docs.google.com'을 입력한 뒤에 '빈 문서'를 선택해도 됩니다.

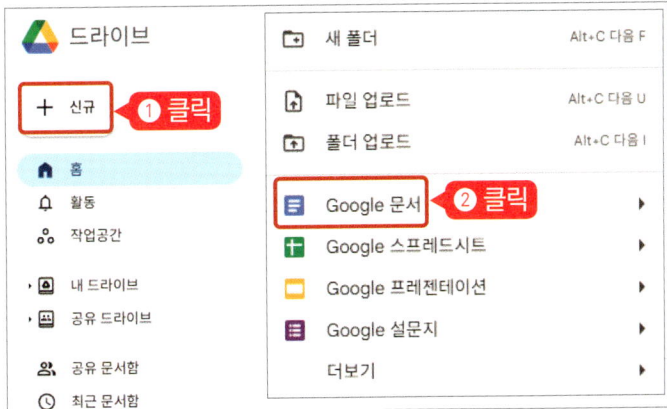

02 ❶ '문서의 제목'을 입력하고 ❷ 본문에도 큰 글씨로 '제목' 입력하기

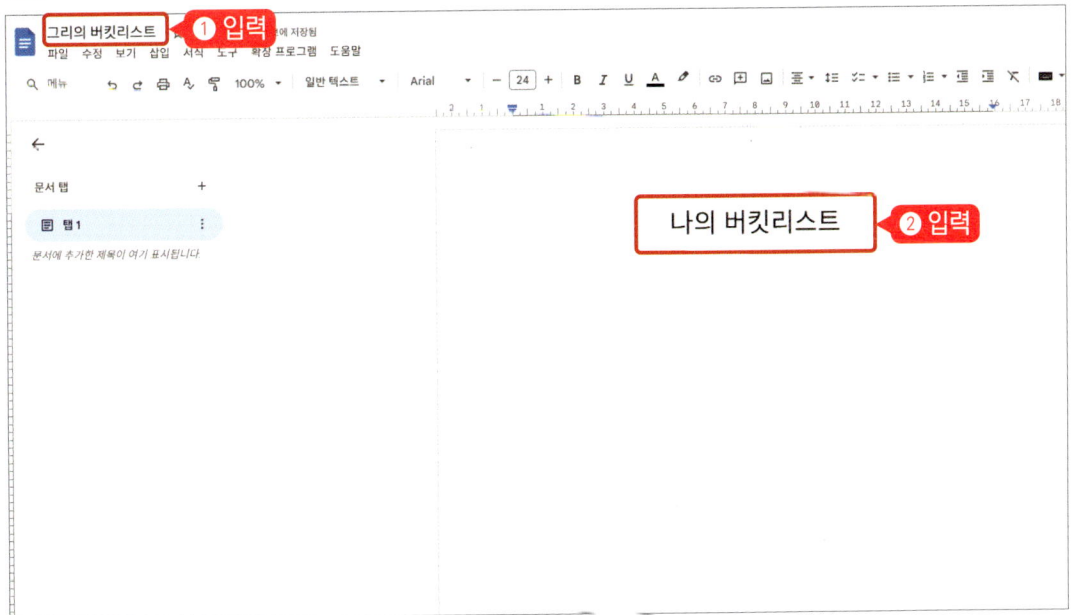

2단계 ▶ 표 만들고 내용 채우기

03 ❶ 메뉴 바에서 '삽입' – ❷ '표'를 선택하고 ❸ '원하는 칸(예: 3x6)'만큼 마우스로 드래그해서 표 만들기

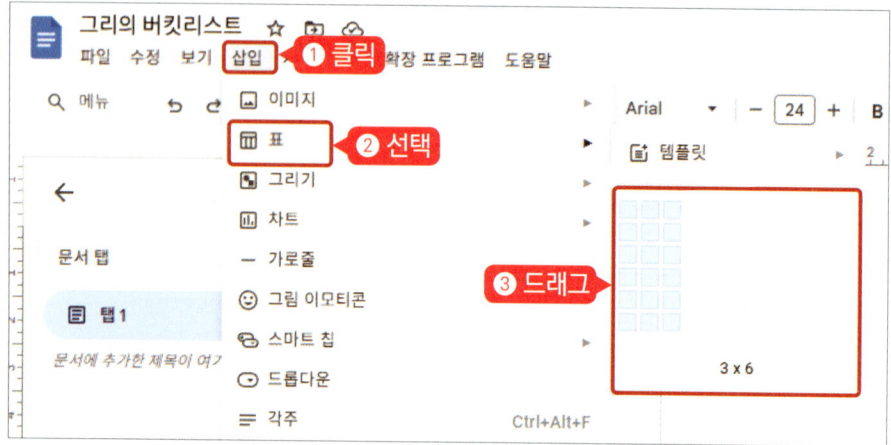

04 표의 첫 번째 줄에 ❶ '사진', '하고 싶은 일', '달성 여부'와 같이 항목을 적고, 아래 칸에
❷ '나만의 버킷리스트를 5개 이상 작성'한 뒤 ❸ '표 간격' 조절하기

나의 버킷리스트

사진	하고싶은 일	달성여부
	내가 직접 짠 계획으로 가족 여행 다녀오기	
	내가 주인공인 소설 한 편 완성하기	
	악기 하나 정해서 좋아하는 노래 한 곡 완벽하게 연주하기	
	용돈 모아서 부모님께 깜짝 선물하기	
	1000피스 퍼즐 혼자 힘으로 완성하기	

❶ 입력 ❷ 입력 ❸ 조절

3단계 ▶ 글꼴과 색깔로 표 꾸미기

05 ❶ '꾸미고 싶은 글자'를 드래그해서 ❷ '글꼴, 크기, 색깔' 등을 변경하기

나의 버킷리스트

사진	하고싶은 일	달성여부
	내가 직접 짠 계획으로 가족 여행 다녀오기	
	내가 주인공인 소설 한 편 완성하기	
	악기 하나 정해서 좋아하는 노래 한 곡 완벽하게 연주하기	
	용돈 모아서 부모님께 깜짝 선물하기	
	1000피스 퍼즐 혼자 힘으로 완성하기	

06 메뉴 바에서 ❶ '삽입' – ❷ '이미지'를 선택하고 ❸ '웹 검색' 클릭하기

※ 사진을 삽입하기 원하는 위치에 프롬프트(커서)를 두고 진행하세요.

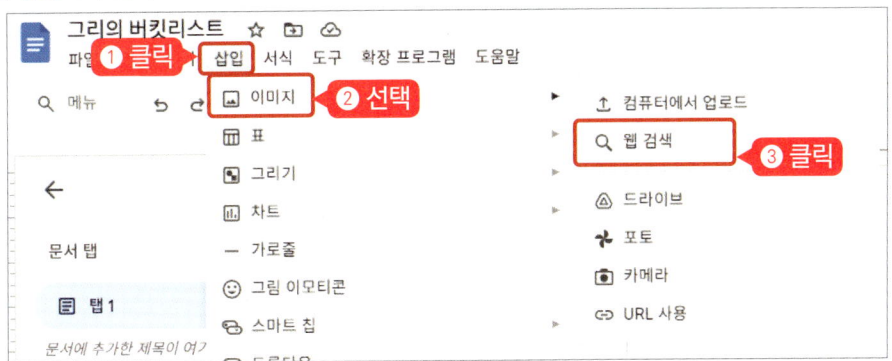

07 ❶ 검색창에 원하는 '이미지'를 검색하고, ❷ '이미지'를 선택한 후 ❸ '삽입' 누르기

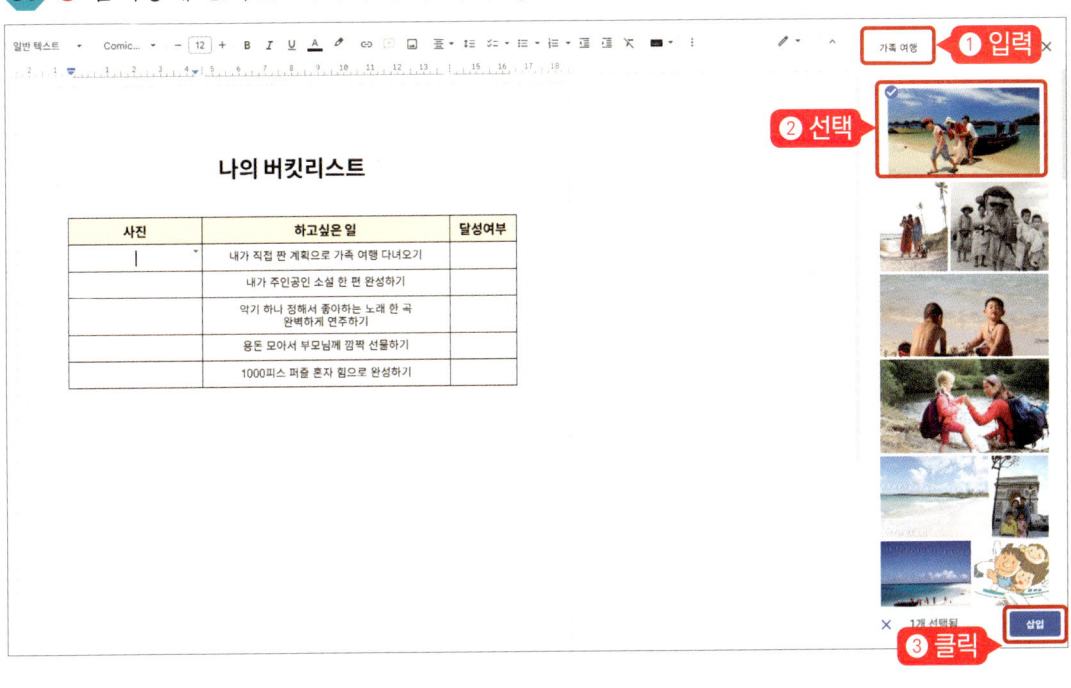

 "와, 표로 정리하고 그림까지 넣으니까 내 소원들이 더 특별해 보여"

"맞아! 이제 이 버킷리스트를 보면서 하나씩 도전해 나가는거야!"

Google 문서의 '템플릿 갤러리'에는 다른 사람들이 미리 만들어 둔 멋진 문서 양식들이 많이 있어요. '회의록'이나 '프로젝트 제안서' 같은 템플릿을 구경하면서 버킷리스트를 더 멋지게 꾸밀 아이디어를 얻어보는 건 어떨까요?

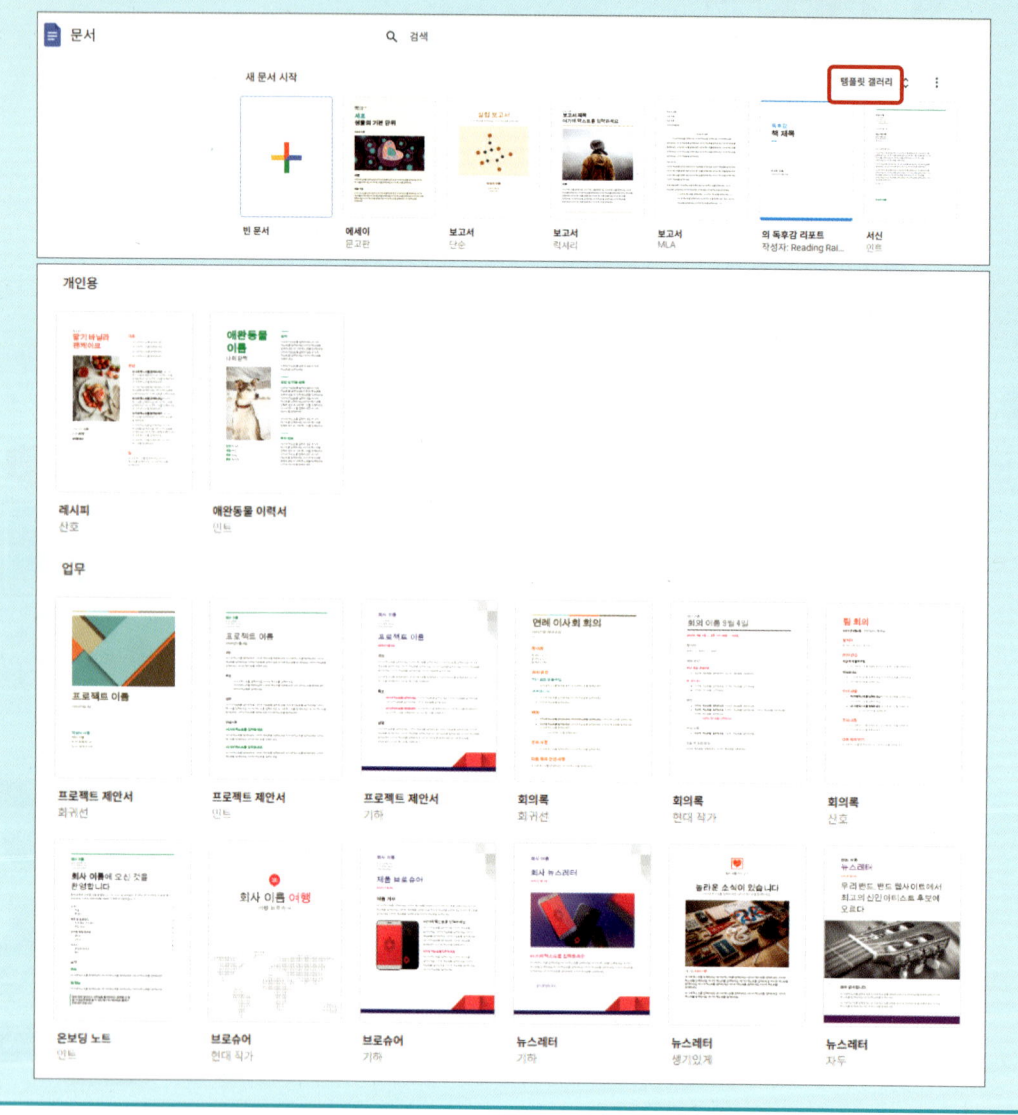

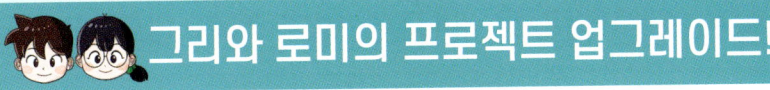

그리와 로미의 프로젝트 업그레이드!

버킷리스트에 체크리스트 기능 추가하기

1단계 버킷리스트의 '달성여부' 항목 아래 칸들을 마우스로 모두 드래그하기

2단계 '상단 메뉴 바'에서 '체크리스트' 선택하기

※ 빈칸들이 모두 네모 모양의 체크박스로 변신할 거예요. 글씨 크기를 조절하는 방법과 같은 방식으로 체크박스의 크기도 조절해 보세요.

3단계 버킷리스트를 하나씩 달성할 때마다 해당하는 '체크박스를 클릭'해서 ☑ 표시하기

나의 버킷리스트

사진	하고싶은 일	달성여부
	내가 직접 짠 계획으로 가족 여행 다녀오기	☐
	내가 주인공인 소설 한 편 완성하기	☐
	악기 하나 정해서 좋아하는 노래 한 곡 완벽하게 연주하기	☑
	용돈 모아서 부모님께 깜짝 선물하기	☑
	1000피스 퍼즐 혼자 힘으로 완성하기	☐

🧑 로미의 꿀팁

책에 나와있는 버킷리스트 양식은 'bit.ly/그리의버킷리스트양식'에 접속하면 복사해서 사용할 수 있답니다!

꿈을 향한 작은 발걸음, 댓글로 세부 계획 세우기!

댓글 기능으로 구체적인 계획과 과정 작성하기

1단계 내가 작성한 버킷리스트 중에서 구체적인 계획을 세우고 싶은 '문장'을 드래그하기

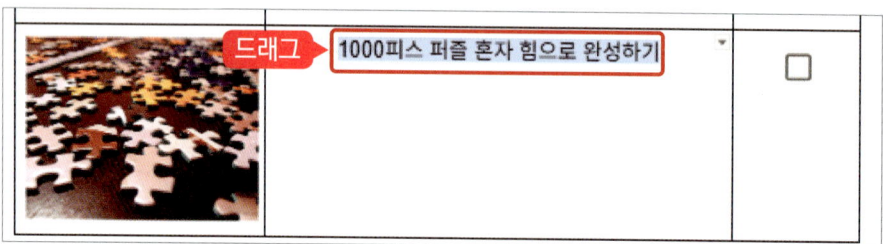

2단계 ❶ '마우스 오른쪽' 클릭한 후 메뉴에서 ❷ '댓글' 선택하기

3단계 ❶ 댓글 창에 꿈을 이루기 위한 '작은 목표나 과정'을 입력하고 ❷ '댓글' 버튼을 눌러 저장하기

댓글로 남긴 작은 목표를 달성했다면, 해당 댓글 오른쪽 위에 있는 '체크 표시(☑)' 아이콘(완료된 토론으로 표시)를 눌러보세요! 댓글이 숨겨지면서 내가 계획을 하나씩 해결해 나가는 것을 확인할 수 있답니다.

로미의 꿀팁

완성된 버킷리스트 문서를 친구와 서로 공유하고, 친구의 버킷리스트에 응원 댓글을 남겨줄 수도 있어요. 친구의 꿈을 응원해주면, 내 꿈을 이룰 힘도 더 강해질 거예요!

나의 버킷리스트, 세상에 자랑하기!

웹에 게시하여 링크로 공유하기

1단계 메뉴 바에서 '웹에 게시' 선택하기

01 메뉴 바에서 ❶ '파일' ❷ '공유' ❸ '웹에 게시'를 차례대로 클릭하기

2단계 웹페이지 링크 만들고 복사하기

02 나타난 창에서 '게시' 버튼을 누르고 생성된 링크를 복사해서 친구들과 공유해요.

※ 주소를 QR코드로 만들어 공유하면 친구들이 더 편하게 버킷리스트에 접속할 수 있어요.

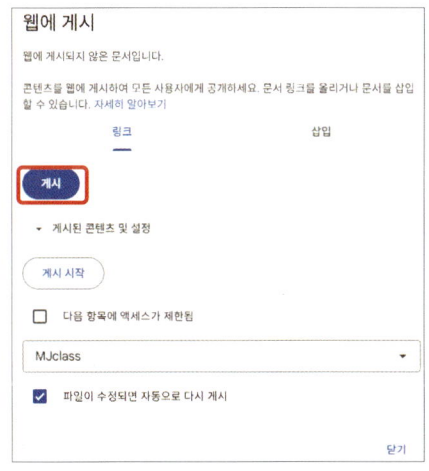

 ### 그리의 미션

☑ Google 문서로 '나만의 버킷리스트'를 만들고, 5개 이상의 소망을 적기

☑ 표 기능을 이용해서 '사진', '하고 싶은 일', '달성 여부' 등의 항목으로 정리하기

☑ 각 소망에 어울리는 이미지를 찾아 문서에 추가하기

☑ 작성한 버킷리스트 중 하나에, 그 꿈을 이루기 위한 '나만의 작은 계획'을 댓글로 남기기

☑ 버킷리스트를 하나씩 해결할 때마다 완료 표시하기

10장

02 나의 자랑거리 앨범 만들기
Google 프레젠테이션으로 만드는 빛나는 추억들

학습 영상
38

단축키 URL ▶ bit.ly/그리와로미

학습내용

1 나의 소중한 추억이나 자랑거리를 사진과 글로 정리할 수 있다.

2 Google 프레젠테이션을 활용하여 나만의 자랑거리 앨범을 만들고 공유할 수 있다.

#종합프로젝트, #Google프레젠테이션, #포트폴리오, #추억앨범, #템플릿갤러리

전문가처럼 앨범 만들기!

Google 프레젠테이션으로 디지털 앨범 만들기

1단계 Google 프레젠테이션 실행하고 '템플릿 갤러리' 들어가기

01 Google 프레젠테이션 첫 화면에서 '템플릿 갤러리' 클릭하고 다양한 템플릿 구경하기

2단계 마음에 드는 템플릿 선택하기

02 템플릿 갤러리에서 '마음에 드는 템플릿'(예 포트폴리오) 클릭하기

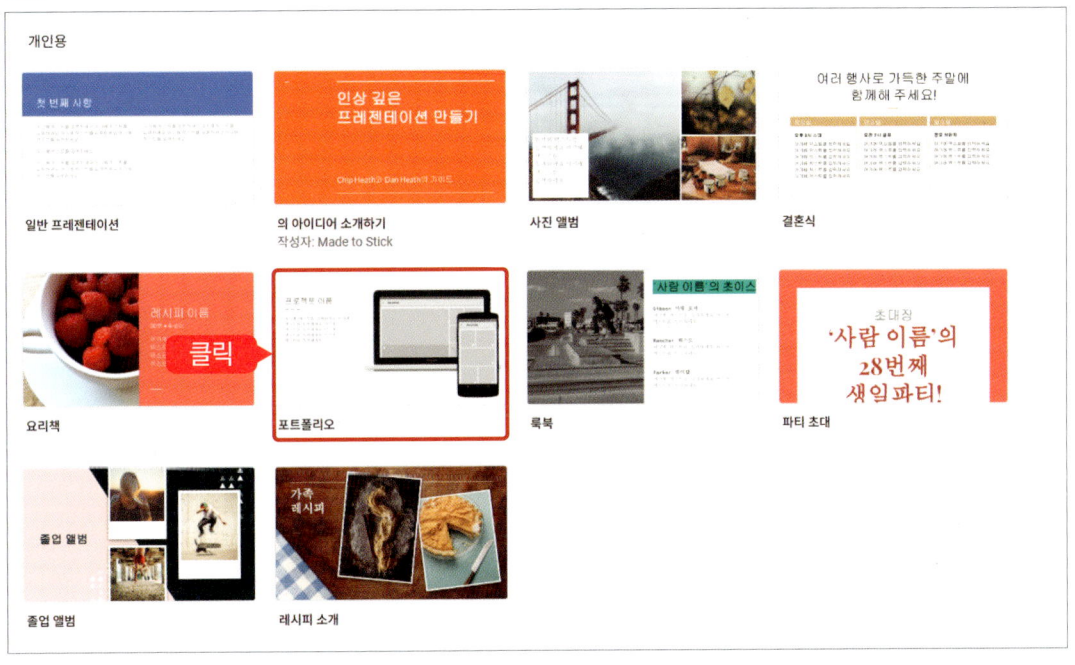

10장

로미의 꿀팁

꼭 앨범과 관련된 템플릿이 아니더라도 프레젠테이션 페이지 구성이 예쁜 것들이 많으니 이것저것 많이 살펴보고 마음에 드는 템플릿 페이지만 골라서 사용해도 좋아요!

03 프레젠테이션 첫 페이지의 제목을 '그리의 자랑거리 앨범'과 같이 나만의 내용으로 바꾸기

※ 배경 사진이나 이미지도 내가 원하는 대로 바꿀 수 있어요!

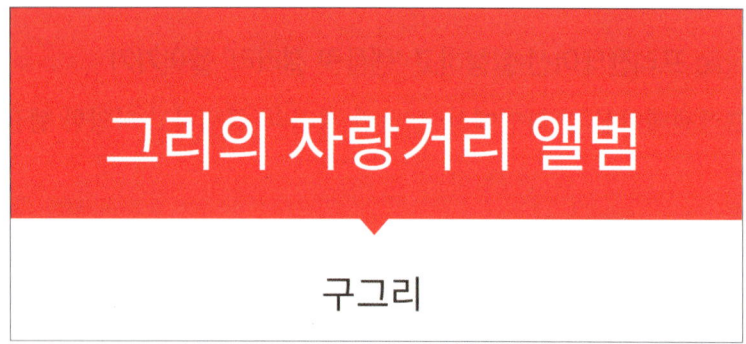

4단계 ▶ 아날로그 자료를 디지털로 변신시키기

04 상장이나 그림처럼 컴퓨터에 없는 자료는 '스마트폰 카메라'로 찍거나 '스캐너'를 활용해 디지털 파일로 만들고 'Google 드라이브에 폴더로 저장'하기(예 내 드라이브 – 추억 이미지)

※ 가지고 있는 디지털 이미지들도 Google 드라이브 폴더에 모아두면 좋아요!

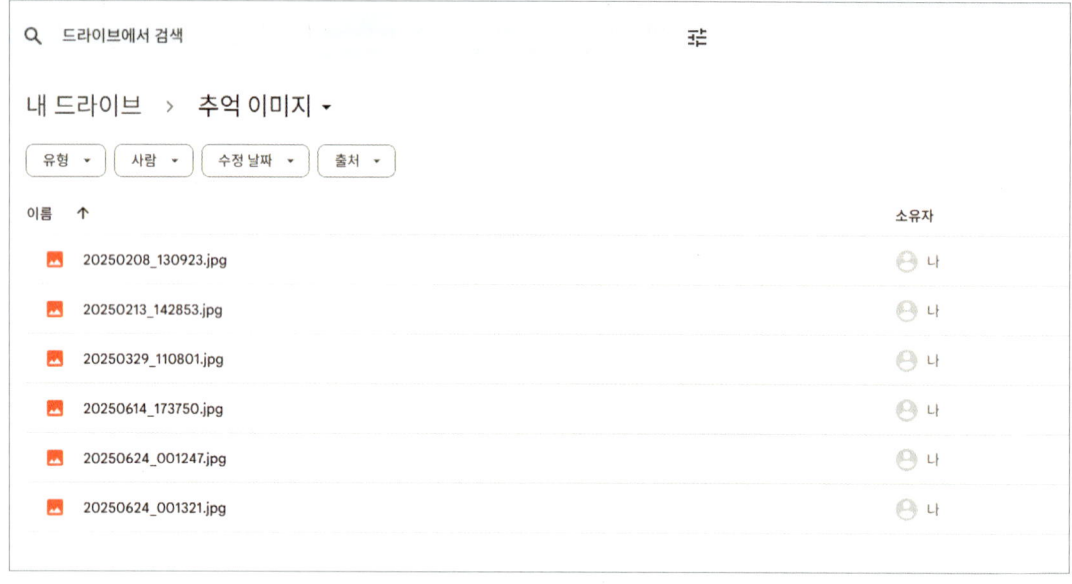

05 프레젠테이션에서 ❶ 바꾸고 싶은 이미지를 '마우스 오른쪽' 클릭하고 '이미지 바꾸기' ❷ 'Drive 및 포토'를 차례로 선택하기

※ 만약, 이미지 파일이 컴퓨터에 있다면 '컴퓨터에서 업로드'를 선택하세요.

06 ❶ 대체할 '이미지' 선택하고 ❷ 간략한 '설명' 입력하기

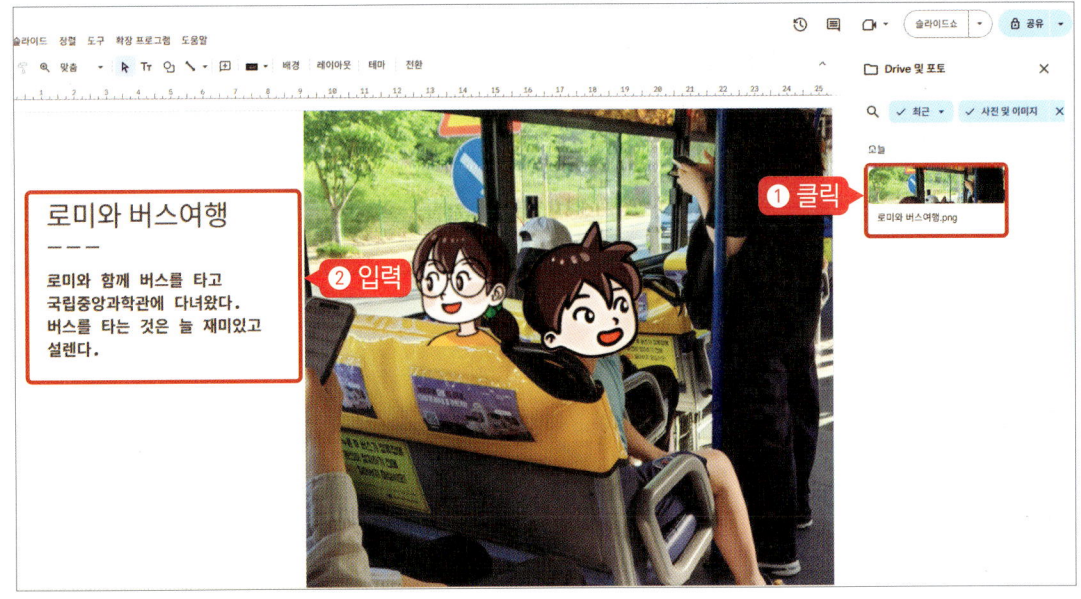

07 같은 방법으로 '다른 페이지에도 나의 자랑거리를 추가'해서 나만의 앨범을 완성하기

※ 앨범이 완성되었다면 필요없는 페이지는 모두 삭제해 주세요.

🤔 로미의 꿀팁

템플릿 디자인이 마음에 들지 않는다면, 언제든 바꿀 수 있어요! 상단의 '테마'를 클릭하고 오른쪽에 나타난 다른 디자인을 클릭해 보세요. 앨범 전체의 분위기가 한 번에 바뀔 거예요!

 "로미야! 클릭 한 번에 내 앨범이 확 달라졌어! 신기하다!"

"템플릿은 정해진 약속(규칙) 같은 거라서, 테마를 바꾸면 그 약속에 맞춰 모든 페이지가 한 번에 바뀌는 거야."

그리와 로미의 프로젝트 업그레이드!

스티커로 앨범을 아기자기하게 꾸미기

1단계 메뉴 바에서 ❶ '삽입' ❷ '이미지' ❸ '스톡 및 웹'을 차례로 클릭하기

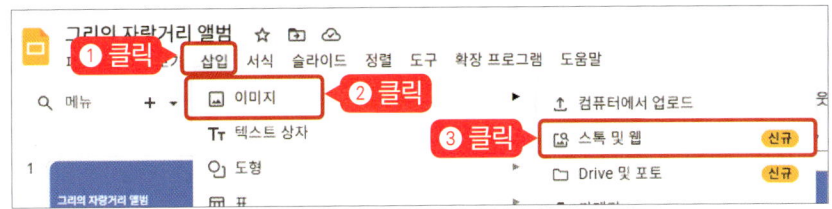

2단계 오른쪽 검색창에 ❶ 원하는 '키워드(예 토끼)'를 입력하고 검색 결과에서 ❷ '스티커' 선택하기

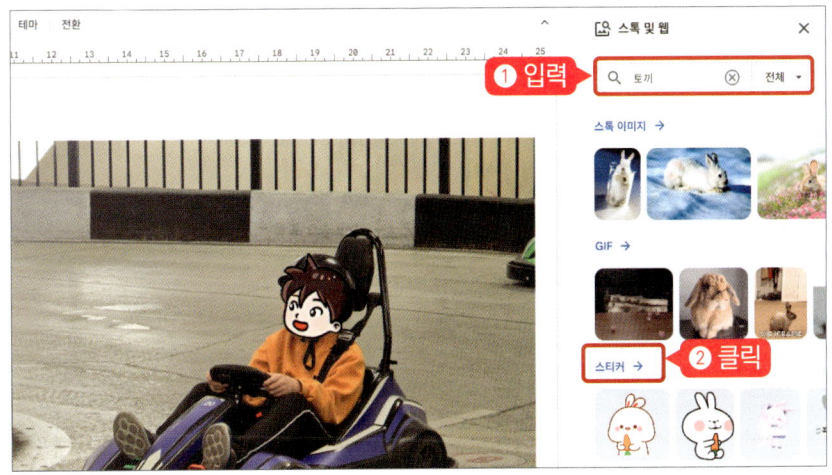

3단계 마음에 드는 '스티커' 선택해서 앨범에 추가하고 위치와 크기 조절하기

※ 다이어리를 꾸미는 것처럼, 나만의 디지털 앨범도 스티커를 활용해 예쁘게 꾸밀 수 있습니다.

 **로미의 꿀팁**

책에 나와있는 추억 앨범 양식은 'bit.ly/그리의자랑거리앨범'에 접속하면 복사해서 사용할 수 있답니다!

나는 카레이서 슝슝~!

카트 체험을 한 날.
너~무 신나고 짜릿한 경험이었다.
더 빨리 달려~!!!

나의 자랑거리 앨범, 세상에 자랑하기!

웹에 게시하여 링크로 공유하기

1단계 메뉴 바에서 '웹에 게시' 선택하기

01 메뉴 바에서 ❶ '파일' ❷ '공유' ❸ '웹에 게시'를 차례대로 클릭하기

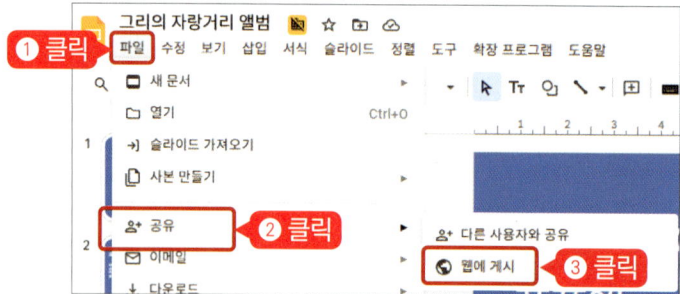

2단계 웹페이지 링크 만들고 복사하기

02 나타난 창에서 '게시' 버튼을 누르고 생성된 링크를 복사해서 친구들과 공유해요.

※ 주소를 QR코드로 만들어 공유하면 친구들이 더 편하게 버킷리스트에 접속할 수 있어요.

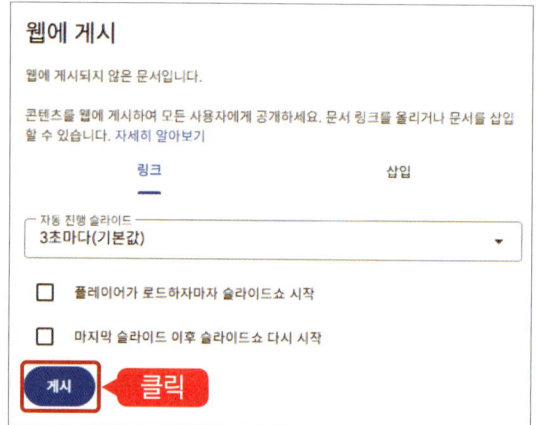

 ### 그리의 미션

☑ Google 프레젠테이션의 '템플릿 갤러리'에서 마음에 드는 템플릿을 골라 새 프레젠테이션 만들기

☑ 나의 자랑거리(상장, 그림, 사진 등) 3가지 이상을 디지털 파일로 만들어 슬라이드에 추가하기

☑ 각 페이지마다 자랑거리에 대한 간단한 설명 적기

☑ 스티커를 활용해 앨범을 예쁘게 꾸미기

☑ 완성된 앨범을 웹에 게시하여 링크를 만들고 공유하기

03 나의 발자취, 지도에 콕콕!
'내 지도'로 만드는 탐험일지

학습 영상 **39**  단축키 URL bit.ly/그리와로미

학습내용

1 내가 다녀온 여행의 경험과 감정을 Google '내 지도'에 기록하고 정리할 수 있다.

2 '내 지도'에 이동 경로를 그리거나 유튜브 영상을 추가하여 나만의 '탐험 일지'를 만들 수 있다.

#종합프로젝트, #google내지도, #탐험일지, #여행기록, #추억지도

10장

추억의 장소, 지도 위에 소환하기!

탐험 일지 만들고 여행 기록하기

1단계 새 지도 만들고 이름 정하기

01 ❶ 8장 245p에서 배운대로 Google 내 지도에서 '새 지도'를 생성한 후 ❷ '지도 제목'과 '설명' 입력하기

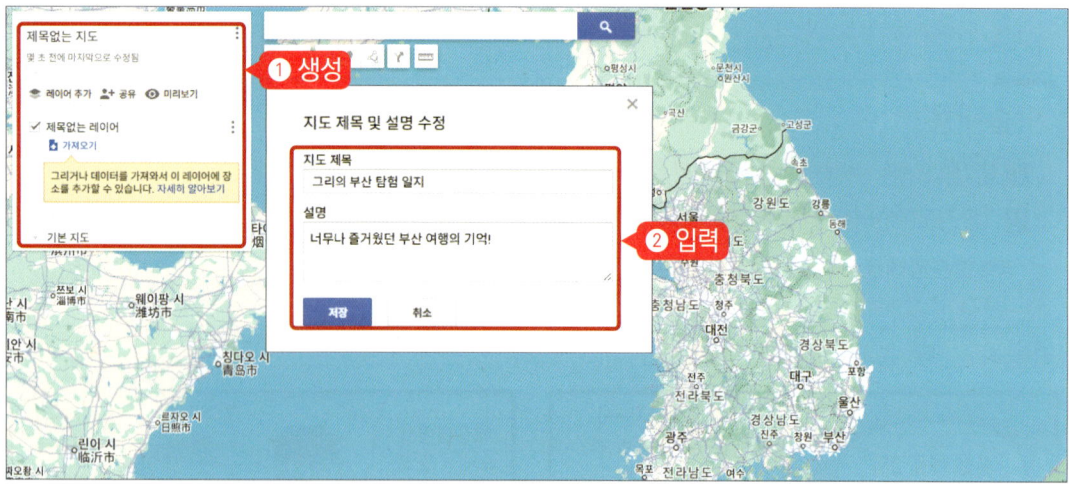

2단계 다녀온 장소 추가하기

02 ❶ 검색창에 내가 다녀온 '장소'를 입력하고 ❷ '+ 지도에 추가' 클릭하기

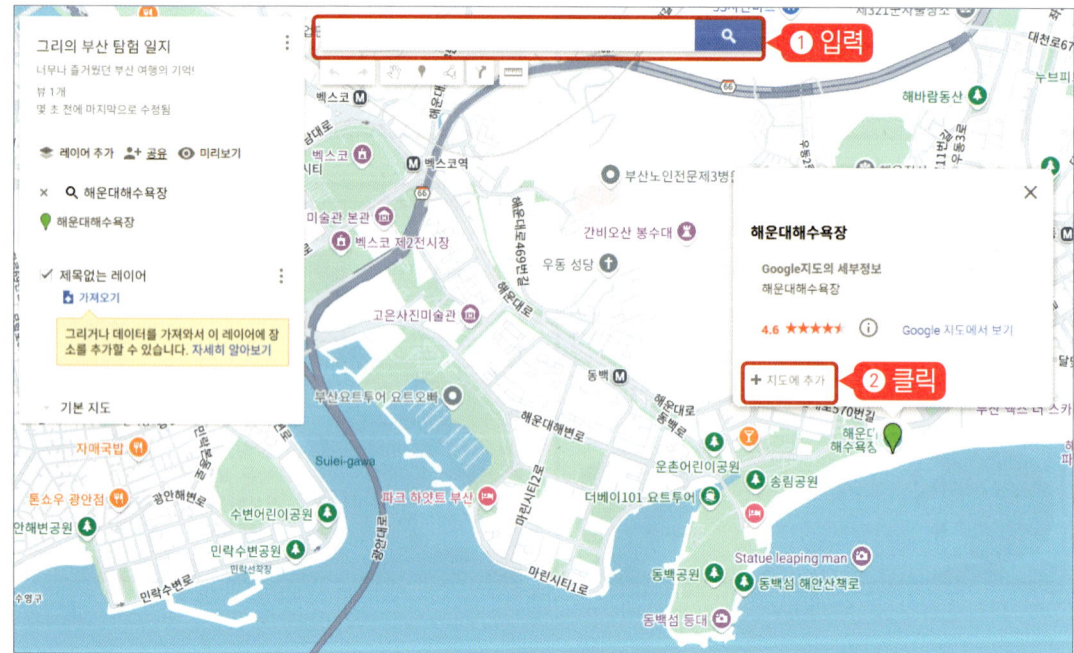

3단계 여러 장소 추가하기

03 같은 방법으로 내가 다녀온 '다른 장소들'도 지도에 추가하기

4단계 레이어로 여행 일정 정리하기

04 ❶ '+ 레이어 추가' 버튼을 눌러 새 레이어를 만들고, ❷ 각 레이어의 이름을 '1일 차', '2일 차' 등으로 바꾼 뒤 ❸ '각 장소를 해당 날짜의 레이어로 드래그' 해서 정리하기

"이렇게 날짜별로 정리하니까 여행 계획이 한눈에 보이네!"

"레이어를 잘 활용하면 복잡한 정보도 깔끔하게 정리할 수 있어."

나만의 이야기와 스타일로 꾸미기

설명과 사진, 아이콘으로 추억 기록하기

1단계 마커 클릭 후 설명과 사진 추가하기

01 지도에 표시된 마커를 클릭한 후, ❶ '연필' 아이콘을 눌러 여행의 추억을 적고 ❷ '카메라' 아이콘을 눌러 사진 추가하기

2단계 마커 스타일 변경하기

02 '스타일' 아이콘을 클릭해서 마커 색깔과 모양 바꾸기

※ 8장에서 배운 내용을 복습하며, 장소의 특징에 맞게 나만의 스타일로 꾸며보세요!

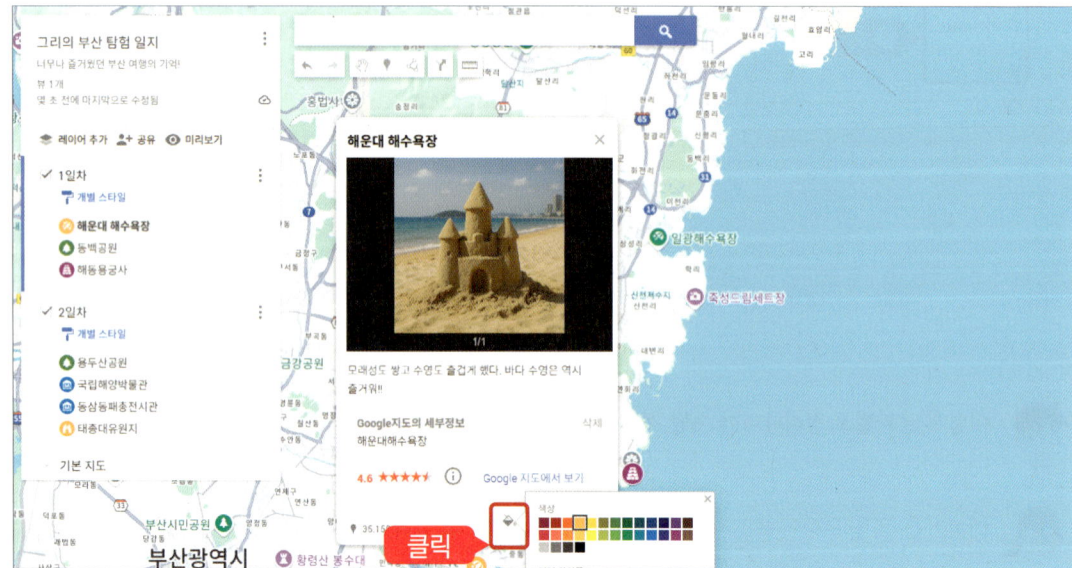

 **로미의 꿀팁**

‘선 그리기’ 기능을 이용해서 각 장소들을 연결하면, 내가 다녀온 여행 동선을 멋지게 표시할 수도 있어요! 지도 위의 그리기 도구 모음에서 ‘선 아이콘’을 찾아 클릭하고, 지도 위의 장소들을 순서대로 클릭해 보세요. 나만의 여행길이 완성될 거예요! 완성된 여행길이 지도에 있으면 다른 사람들이 내 여행 경로를 한눈에 알아볼 수 있어 편리하답니다!

만약, 여행 장소가 외국이라면 ‘운전 경로’, ‘자전거 경로’, ‘도보 경로’를 추가할 수도 있으니 참고하세요!

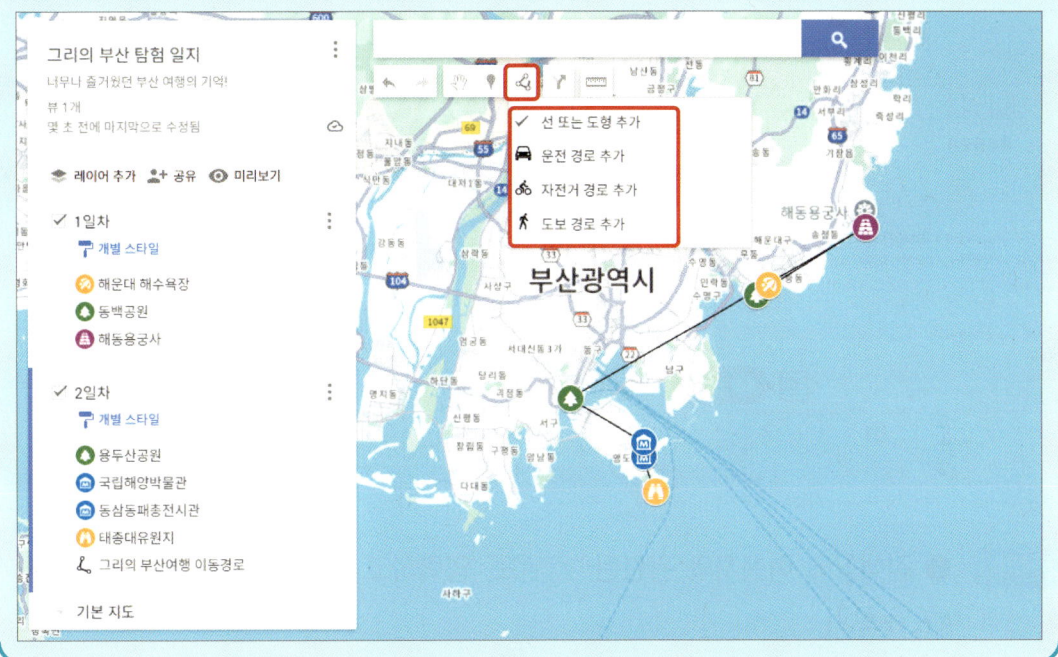

 "우와! 내가 여행한 길이 그대로 그려지네! 정말 신기하다!"

 "이걸 보면 그리가 어떤 경로로 여행했는지 친구들이 더 쉽게 이해할 수 있겠지?"

 **그리와 로미의 프로젝트 업그레이드!**

유튜브 영상 추가하여 생생함 더하기

1단계 장소 정보 창에서 ❶ '카메라' 아이콘 ❷ 'Youtube' 탭을 차례로 클릭하기

2단계 ❶ 검색창에 여행지와 관련된 '키워드' 입력하고 ❷ '마음에 드는 영상' 고른 뒤 ❸ '선택' 버튼 누르기

※ 내가 갔던 여행지를 멋지게 소개한 유튜브 영상을 추가하면, 나의 탐험일지가 더 생생하게 기록될 거예요!

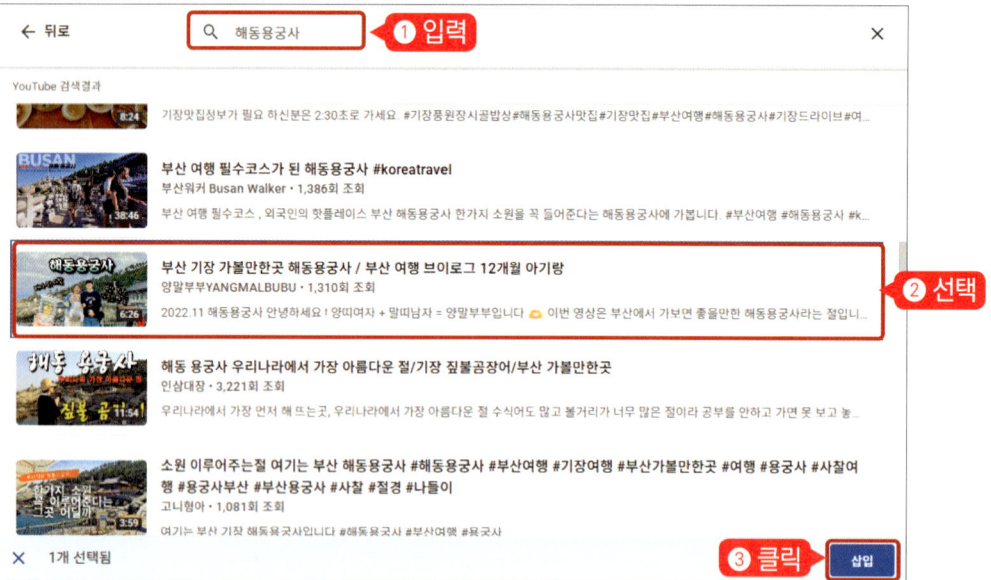

친구와 공유하는 추억 여행!

나의 탐험일지 지도 공유하기

1단계 완성된 '내 지도'의 ❶ '공유' 버튼을 눌러 ❷ '링크'를 만들고, 친구와 함께 서로의 탐험 일지를 공유하여 구경해 보세요.

친구는 어떤 곳을 다녀왔고, 무엇을 느꼈을까요? 서로의 추억을 공유하며 다음 여행을 함께 계획해 보는 것도 멋지겠죠?

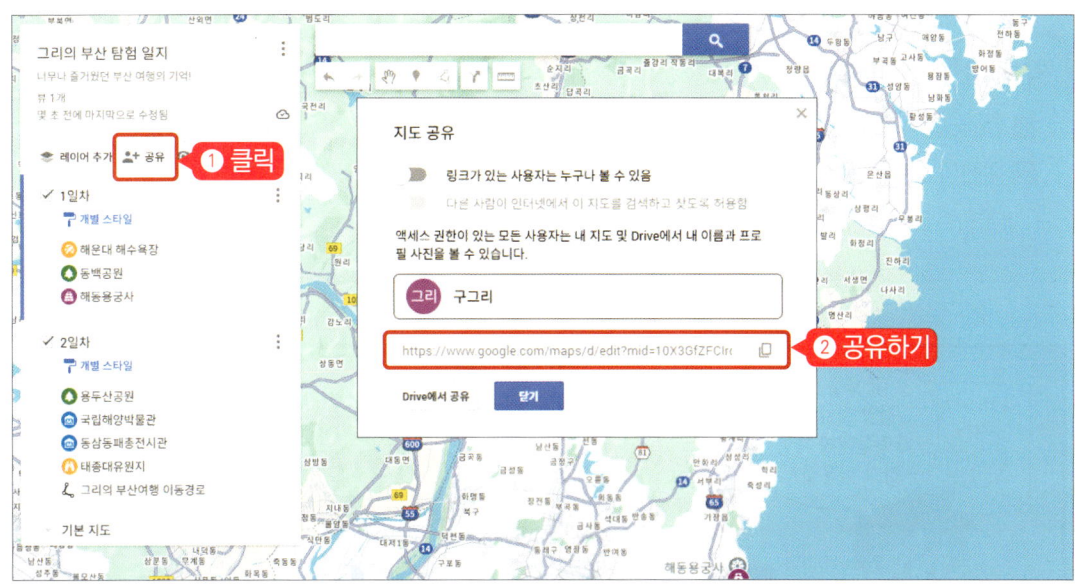

로미의 꿀팁

책에 나와있는 탐험 일지는 'bit.ly/그리의부산탐험일지'에 접속하면 확인할 수 있답니다! 그리의 멋진 탐험 일지를 감상해 보세요!

그리의 미션

☑ 최근에 다녀온 가족 여행이나 체험학습 장소들을 주제로 '나만의 탐험 일지'를 만들기

☑ '레이어' 기능을 이용해 '1일 차', '2일 차' 또는 '먹을거리', '볼거리'로 장소를 나누기

☑ 각 장소마다 사진과 함께, 그때의 느낌이나 재미있었던 일을 한 줄 이상 적어보기

☑ '선 그리기' 기능을 이용해 내가 이동했던 경로를 지도 위에 그려보기

☑ 유튜브에서 내가 다녀온 장소를 멋지게 찍은 영상을 찾아 지도에 추가하기

04 나의 첫 번째 온라인 전시회
Google 사이트 도구로 보물 상자 공유하기

학습 영상 **40**

단축키 URL bit.ly/그리와로미

학습내용

1 Google 사이트 도구를 활용하여 나만의 포트폴리오 웹사이트를 만들 수 있다.

2 이전에 만든 다양한 구글 도구 결과물을 사이트에 삽입하고 게시하여 공유할 수 있다.

#종합프로젝트, #Google사이트도구, #포트폴리오, #온라인전시회, #나만의홈페이지

나만의 전시회장 꾸미기

Google 사이트 도구 만들고 꾸미기

1단계 새 사이트 만들고 제목 정하기

01 Google 드라이브에서 ❶ '+ 신규' ❷ '더보기' ❸ 'Google 사이트 도구'를 순서대로 클릭합니다.

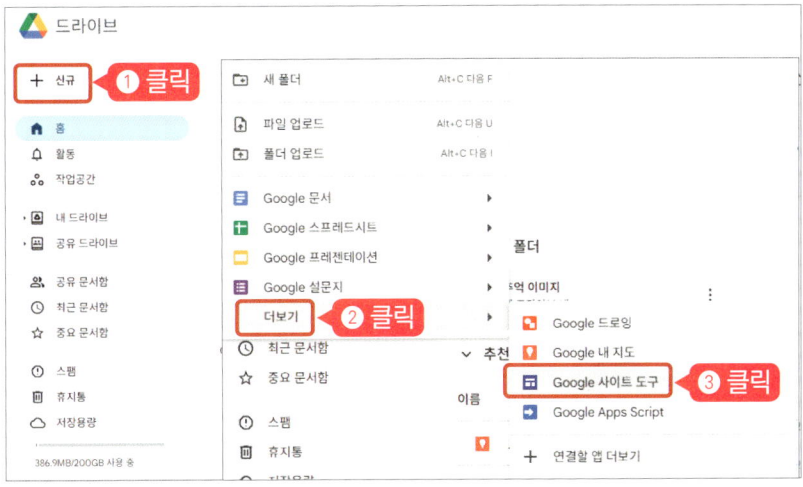

02 ❶ '사이트 제목'을 입력하고, ❷ '테마' 메뉴에서 ❸ '마음에 드는 디자인' 선택하기

03 ❶ '삽입' 메뉴에서 ❷ '드라이브' 선택하기

04 드라이브 창에서 ❶ 309p에서 내가 만든 '버킷리스트 문서'를 찾아 ❷ '삽입'하고 ❸ '크기와 위치' 조절하기

🧒 **로미의 꿀팁**

사이트에 삽입한 문서는 한 페이지 안에 모든 내용이 보일 수 있도록 크기를 조절하는게 좋아요! 그래야 방문하는 친구들이 한눈에 콘텐츠의 내용을 모두 살펴볼 수 있거든요!

3단계 자랑거리 앨범과 탐험일지 삽입하기

05 오른쪽 메뉴에서 ❶ '페이지' ❷ '새 페이지 삽입' 버튼을 누른 뒤 ❸ '자랑거리 앨범', '탐험 일지' 페이지 각각 만들기

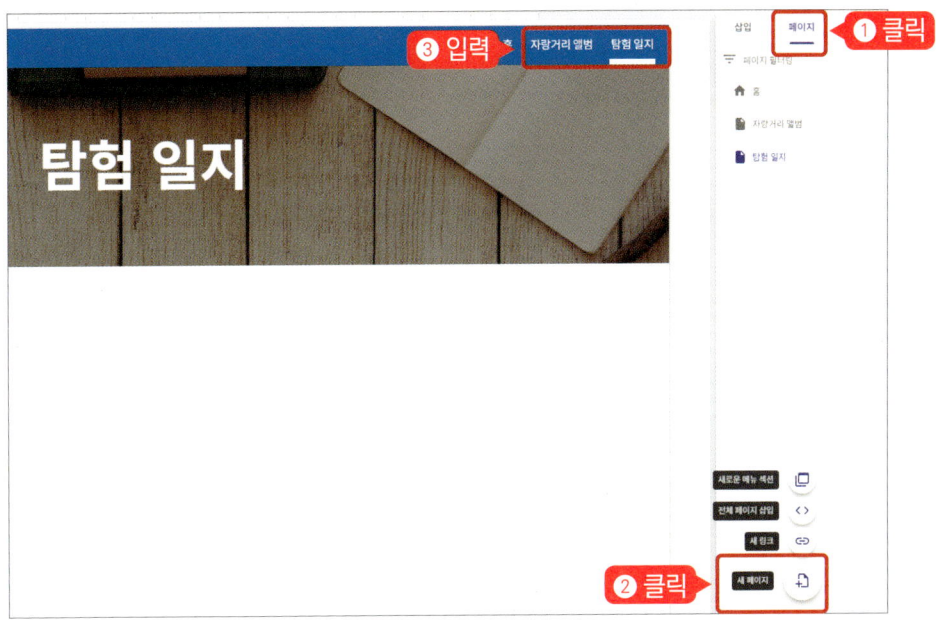

06 앞에서 만들었던 내용으로 각 페이지에 맞는 '콘텐츠' 삽입하기

나의 보물 상자, 계속 채워나가기!

페이지 순서 바꾸고 내용 업데이트 하기

1단계 ▶ 페이지 순서 바꾸기

01 오른쪽 메뉴에서 ❶ '페이지' 탭을 누르고, ❷ '순서를 바꾸고 싶은 페이지'를 드래그하여 원하는 위치로 옮기기

내가 보여주고 싶은 순서대로 페이지를 자유롭게 바꿔서 나만의 전시 순서를 만들 수 있어요.

2단계 ▶ 삽입된 콘텐츠 업데이트하기

02 Google 드라이브에서 원본 파일(예 그리의 버킷리스트)의 내용을 수정하면 Google 사이트 도구에도 수정된 내용이 반영됩니다. 사이트의 구성(메뉴, 페이지 등)을 바꿨을 경우에는 ❶ '게시' 메뉴에서 ❷ '변경사항 확인' 및 ❸ '게시'를 클릭해서 수정된 내용을 반영합니다.

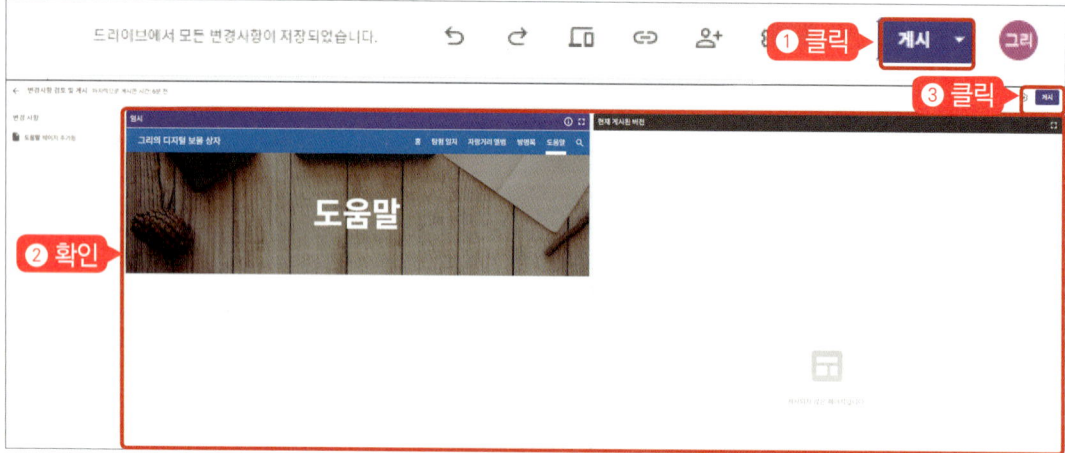

그리와 로미의 프로젝트 업그레이드!

방명록 만들어 친구들의 흔적 남기기

1단계 5장 147p~152p에서 배운 내용대로 Google 설문지를 활용해 방명록을 미리 만들어 두세요. 방명록 내용은 아래 화면을 참고하세요!

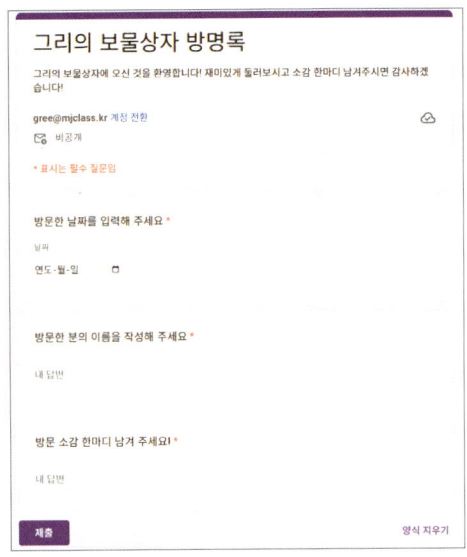

2단계 Google 사이트 도구에 '설문지'를 삽입하세요

이제 내 보물 상자를 방문한 친구들이 직접 글을 남길 수 있는 소통 공간이 생겼어요!

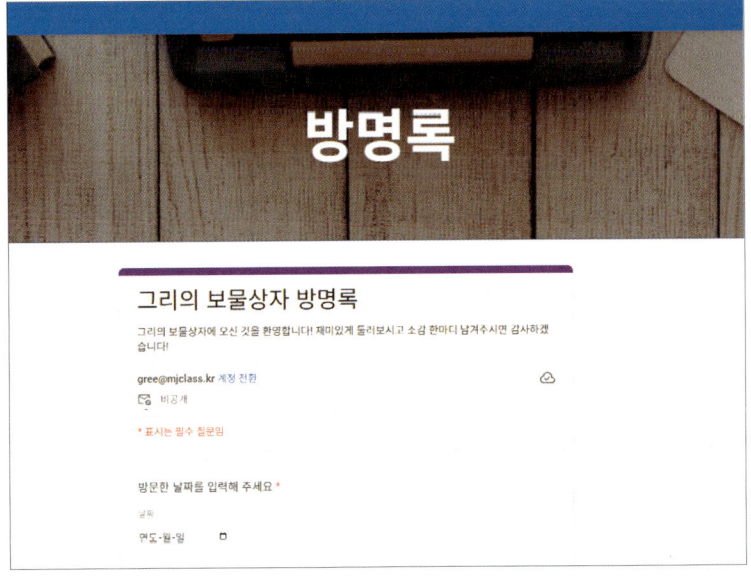

내 보물 상자를 세상에 자랑하기!

Google 사이트 도구 게시하고 친구들에게 공유하기

1단계 오른쪽 위의 ❶ '게시' 메뉴에서 ❷ '나만의 웹 주소'를 만든 뒤 ❸ '게시'하세요. ❹ 개인정보가 있는 사이트이니 '공개 검색엔진(구글, 네이버 등)에 내 사이트가 표시되지 않도록 요청' 부분에 꼭 체크하세요!

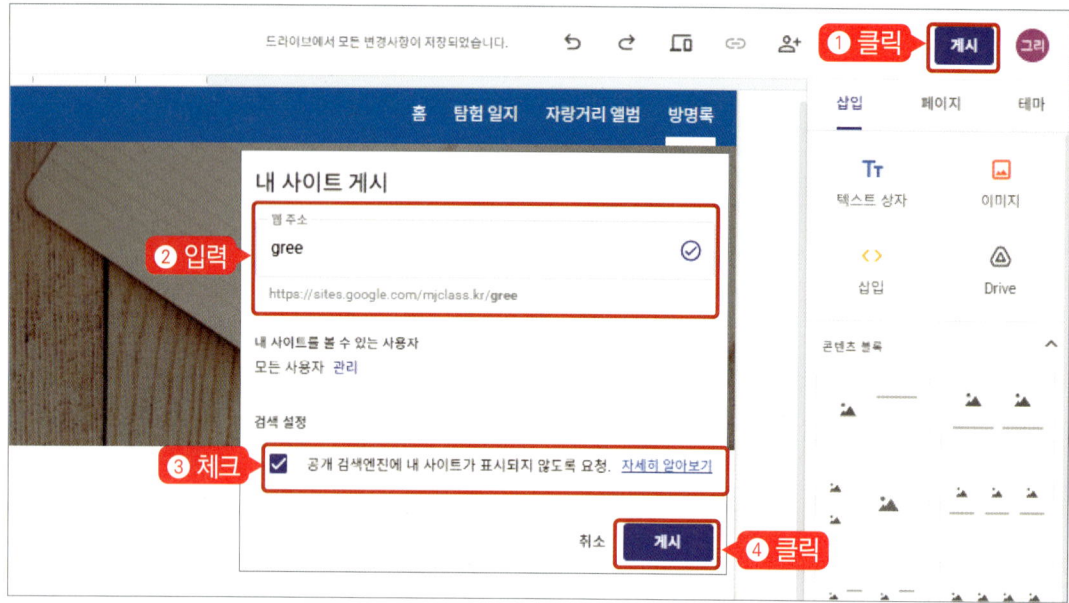

 로미의 꿀팁

책에 나와있는 Google 사이트 도구는 'bit.ly/그리의보물창고' 에 접속하면 확인할 수 있답니다! 그리의 멋진 사이트도 구경하고 방명록도 남겨 주세요!

그리의 미션

☑ Google 사이트 도구로 나만의 디지털 보물 상자를 만들고 제목 정하기

☑ '버킷리스트', '자랑거리 앨범', '탐험 일지' 페이지를 각각 만들기

☑ 각 페이지에 지금까지 만들었던 결과물을 삽입하기

☑ '방명록' 페이지를 만들고, Google 설문지로 만든 방명록을 삽입하기

☑ 완성된 사이트를 게시하고, 가족과 친구들에게 공유하기

2 옆과 밑아래를 박는다

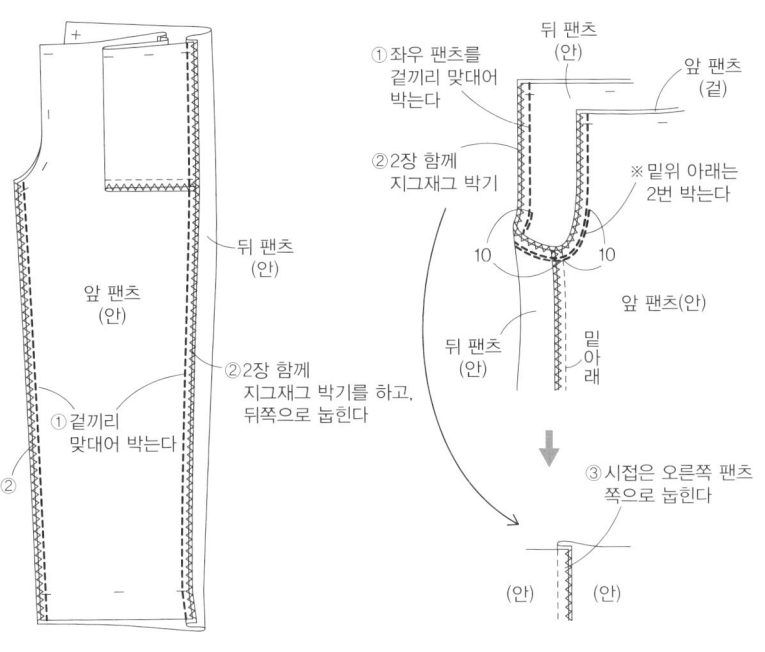

뒤 팬츠
(안)

앞 팬츠
(안)

② 2장 함께
지그재그 박기를 하고,
뒤쪽으로 눕힌다

① 겉끼리
맞대어 박는다

②

3 밑위를 박는다

① 좌우 팬츠를
겉끼리 맞대어
박는다

② 2장 함께
지그재그 박기

뒤 팬츠
(안)

앞 팬츠
(겉)

※ 밑위 아래는
2번 박는다

10   10

뒤 팬츠
(안)

앞 팬츠(안)

밑
아래

③ 시접은 오른쪽 팬츠
쪽으로 눕힌다

(안)   (안)

4 허리 벨트를 만들고, 팬츠와 맞춰서 박는다

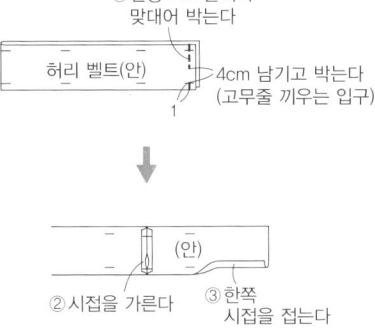

① 원형으로 겉끼리
맞대어 박는다

허리 벨트(안)

4cm 남기고 박는다
(고무줄 끼우는 입구)

1

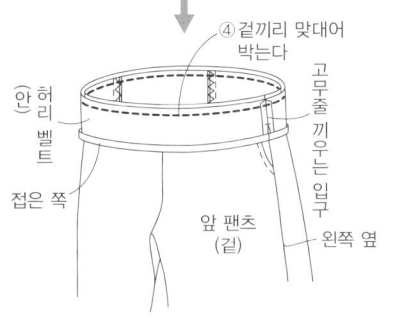

(안)

② 시접을 가른다

③ 한쪽
시접을 접는다

④ 겉끼리 맞대어
박는다

(안) 허리 벨트
접은 쪽

고무줄
끼우는 입구

앞 팬츠
(겉)

왼쪽 옆

⑤ 허리 벨트의 모양을
만들고(시침질한다),
겉에서 숨겨박기

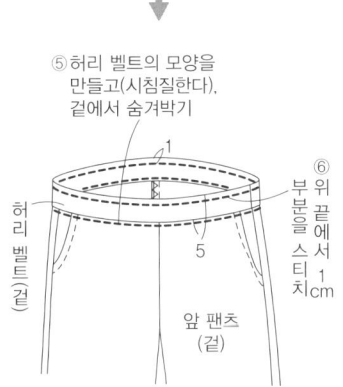

허리 벨트(겉)

1

5

⑥ 위
부분을
끝에서
스서
티
치 1
cm

앞 팬츠
(겉)

5 리본 고리를 만들고, 단다

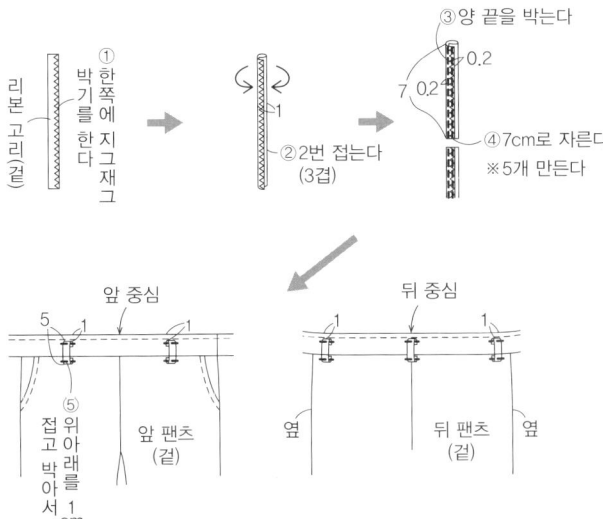

리본 고리(겉)

① 한쪽에 지그재그 박기를 한다

② 2번 접는다
(3겹)

1

③ 양 끝을 박는다

0.2

7   0.2

④ 7cm로 자른다
※ 5개 만든다

앞 중심

5   1   1

⑤
접 위
고 아
박 래
아 를
서 1
단 cm
다 씩

앞 팬츠
(겉)

뒤 중심

1   1

옆

뒤 팬츠
(겉)

옆

6 허리 벨트에 고무줄을 끼운다

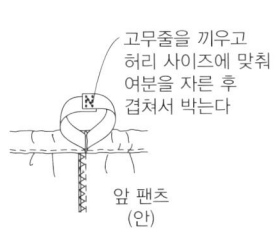

고무줄을 끼우고
허리 사이즈에 맞춰
여분을 자른 후
겹쳐서 박는다

앞 팬츠
(안)

8 리본을 만든다

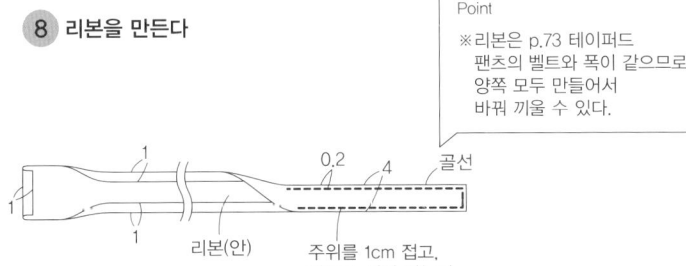

1

1   1

리본(안)

0.2   4

골선

주위를 1cm 접고,
반으로 접어 박는다

> Point
>
> ※ 리본은 p.73 테이퍼드
> 팬츠의 벨트와 폭이 같으므로
> 양쪽 모두 만들어서
> 바꿔 끼울 수 있다.

●실물 대형 옷본　C면[17]　1-앞 팬츠, 2-뒤 팬츠, 3-주머니 천, 4-뒤 포켓

○**재료**(왼쪽부터 XS／S／M／L 사이즈)
치노 클로스(베이지)…
110cm 폭×250／250／260／270cm
＊(다른 천) 데님…
110cm 폭×250／250／260／270cm
늘어짐 방지 접착테이프…1.2cm 폭을 50cm
고무줄…3cm 폭을 허리 사이즈×0.95＋2cm
＊고무줄은 미리 자르지 말고 허리 벨트에 끼운 후
자른다.
D링…안지름 4cm 2개

○**완성 치수**(왼쪽부터 XS／S／M／L 사이즈)
팬츠 옆 길이…90／91.5／93／94.5cm
허리둘레…98／101／104／107cm

재단 배치도

치노 클로스 또는 데님

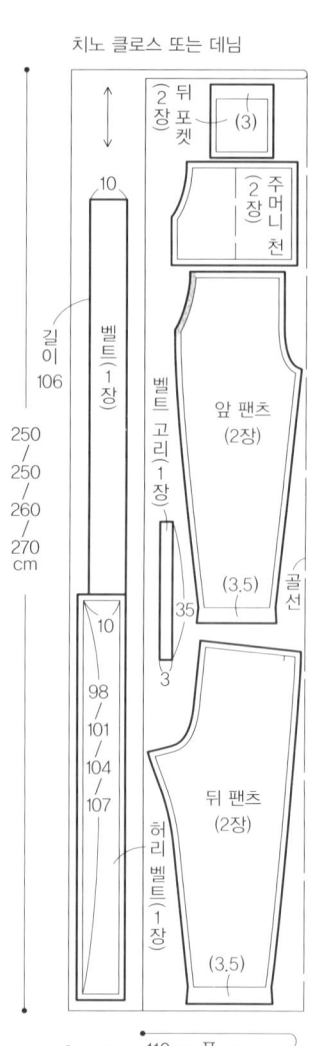

＊( ) 안은 시접. 지정된 곳 이외는 1cm
＊▨▨는 안에 늘어짐 방지 접착테이프를
붙인다

바느질 순서

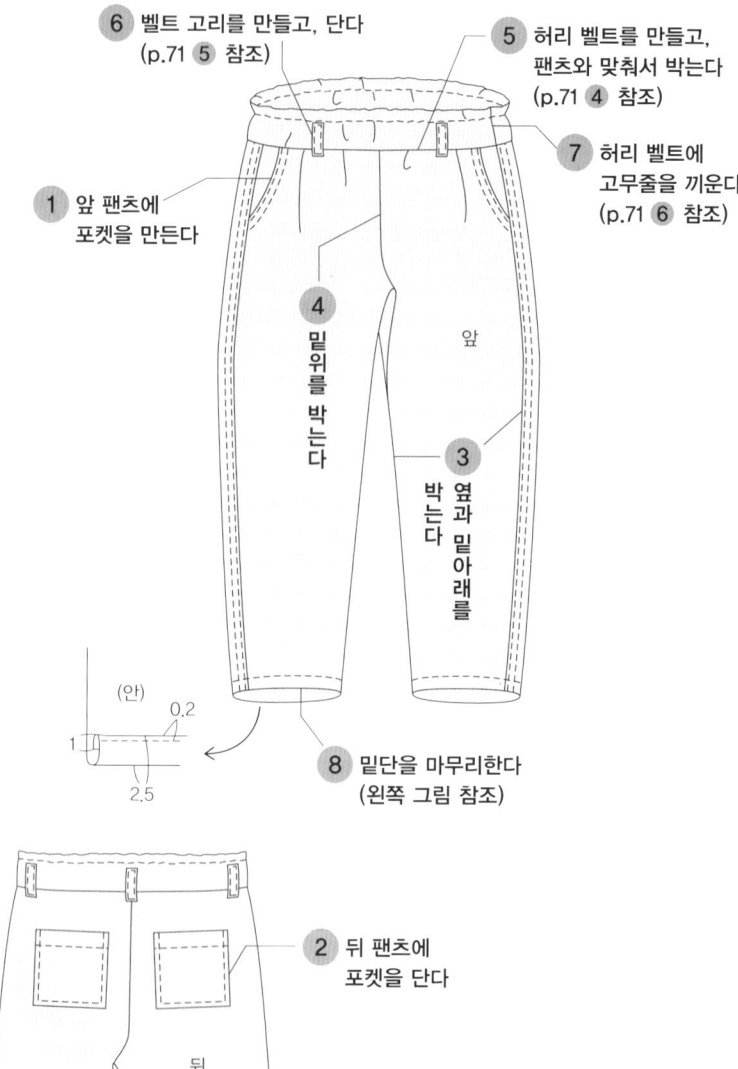

6 벨트 고리를 만들고, 단다
(p.71 5 참조)

5 허리 벨트를 만들고,
팬츠와 맞춰서 박는다
(p.71 4 참조)

1 앞 팬츠에
포켓을 만든다

7 허리 벨트에
고무줄을 끼운다
(p.71 6 참조)

4 밑위를 박는다

3 옆과 밑아래를 박는다

8 밑단을 마무리한다
(왼쪽 그림 참조)

2 뒤 팬츠에
포켓을 단다

9 벨트를 만든다

1 앞 팬츠에 포켓을 만든다

① 겉끼리 맞대어 포켓 입구를 박는다

② 곡선에 가위집을 넣는다

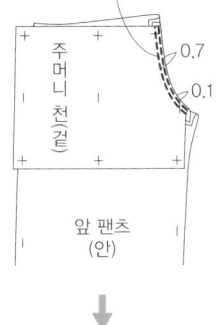

② 안 주머니 천

앞 팬츠 (겉)

③ 주머니 천을 안쪽으로 뒤집어 정돈하고, 겉에서 더블 스티치

주머니 천(겉)

0.7
0.1

앞 팬츠 (안)

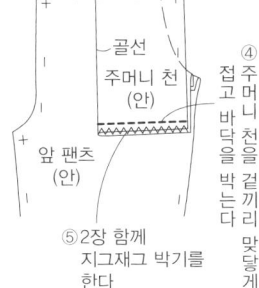

골선 주머니 천 (안)

앞 팬츠 (안)

④ 주머니 천을 겉끼리 맞닿게 접고 바닥을 박는다

⑤ 2장 함께 지그재그 박기를 한다

2 뒤 팬츠에 포켓을 단다

② 포켓 입구를 2번 접어 박는다

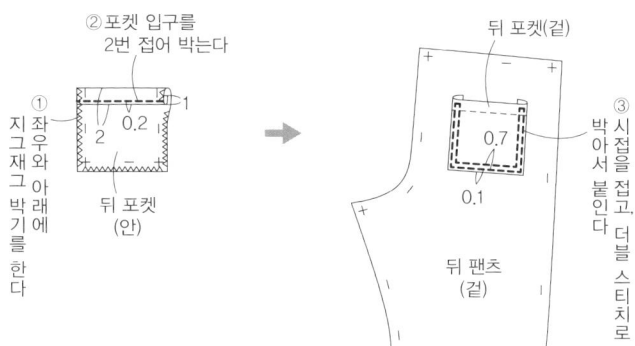

① 지그재그와 아래에 박기를 한다

좌우
2 0.2
1

뒤 포켓 (안)

뒤 포켓(겉)

0.7
0.1

③ 시접을 접고, 더블 스티치로 박아서 붙인다

뒤 팬츠 (겉)

3 옆과 밑아래를 박는다

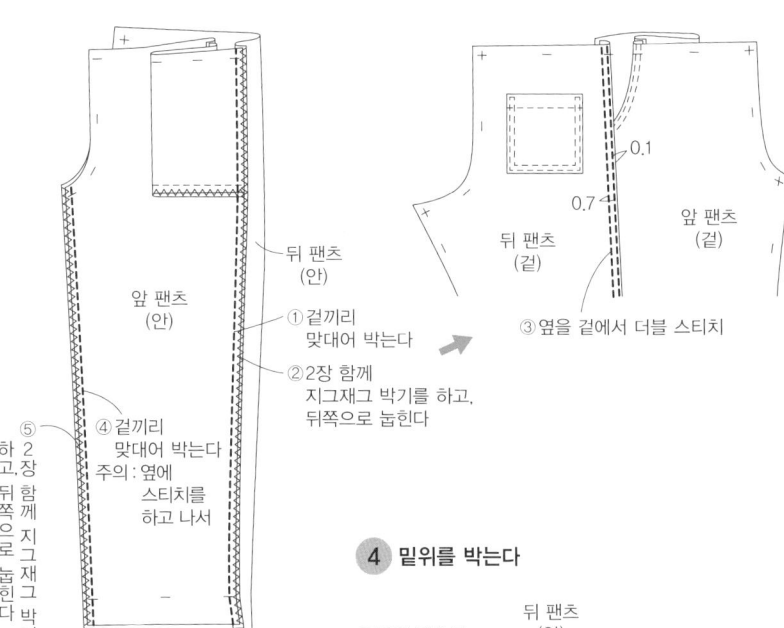

뒤 팬츠 (안)

앞 팬츠 (안)

① 겉끼리 맞대어 박는다

② 2장 함께 지그재그 박기를 하고, 뒤쪽으로 눕힌다

⑤ 2장 함께 지그재그 박기를 하고, 뒤쪽으로 눕힌다

④ 겉끼리 맞대어 박는다
주의 : 옆에 스티치를 하고 나서

뒤 팬츠 (겉)

0.1
0.7

앞 팬츠 (겉)

③ 옆을 겉에서 더블 스티치

4 밑위를 박는다

① 좌우 팬츠를 겉끼리 맞대어 박는다

뒤 팬츠 (안)

앞 팬츠 (겉)

② 2장 함께 지그재그 박기

※ 밑위 아래는 2번 박는다

앞 팬츠(안)

10   10

뒤 팬츠 (안)

밑아래

③ 시접은 오른쪽 팬츠 쪽으로 눕힌다

(안)   (안)

9 벨트를 만든다

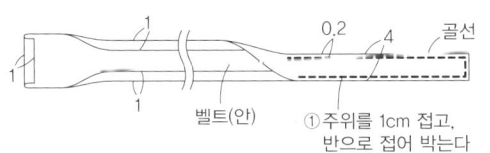

1
1
0.2 4 골선

1

벨트(안)

① 주위를 1cm 접고, 반으로 접어 박는다

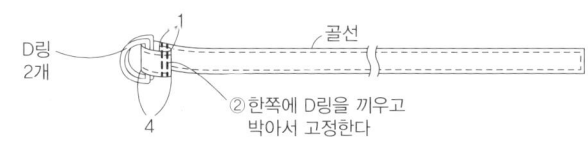

D링 2개

1

골선

② 한쪽에 D링을 끼우고 박아서 고정한다

4

P.28 서큘러 스커트

Circular skirt

● **실물 대형 옷본** D면[18] 1-앞 스커트, 2-뒤 스커트, 3-주머니 천, 4-옆 천

○ **재료**(왼쪽부터 XS／S／M／L 사이즈)
　치노 클로스(검은색)…
　　148cm 폭×270／270／280／290cm
　*(다른 천) 데님…
　　140cm 폭×270／270／280／290cm
　접착심지…70×30cm
　늘어짐 방지 접착테이프…1.2cm 폭을 50cm
　고무줄…3cm 폭을 33／34.5／36／37.5
　*고무줄은 미리 자르지 말고 허리 벨트에 끼운 후
　　자른다.

○ **완성 치수**(왼쪽부터 XS／S／M／L 사이즈)
　스커트 길이…82／83.5／85／86.5cm
　허리둘레…62／65／68／71cm

바느질 순서

② 앞·뒤 중심을 각각 박는다

④ 허리 벨트를 만든다

① 앞 스커트에 포켓을 만든다

⑤ 앞 허리에 턱을 접어 허리 벨트와 맞춰서 박고, 고무줄을 끼운다

③ 옆을 박는다

⑥ 밑단을 마무리한다 (오른쪽 그림 참조)

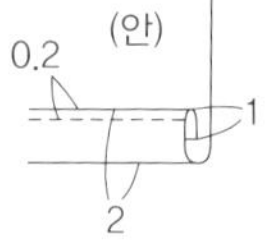

0.2
(안)
1
2

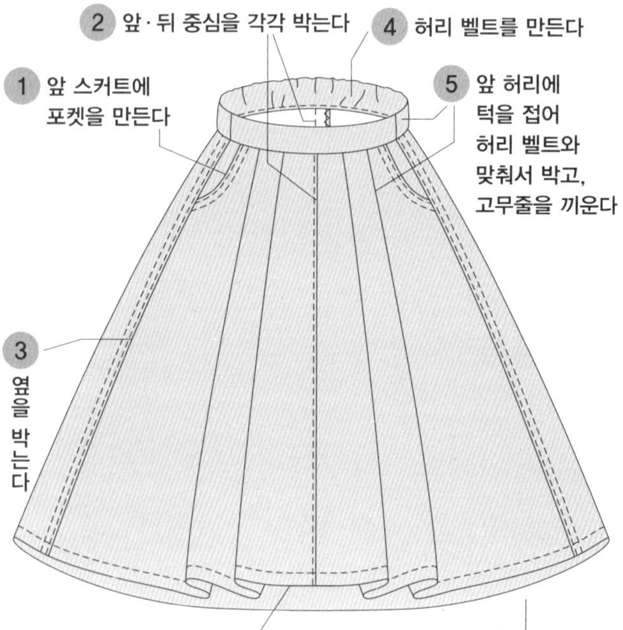

사전 준비
앞·뒤 스커트의 밑단을 2번 접어 다림질하고, 접은 자국을 만든다(완성 그림 참조)

재단 배치도

치노 클로스 또는 데님

뒤 스커트
(1장)
(3)

앞 스커트
(1장)
(3)

주머니 천
(2장)
(3)

뒤 스커트
(1장)
※패턴을 반전시켜 재단한다
(3)

앞 스커트
(1장)
※패턴을 반전시켜 재단한다
(3)

옆 천
(2장)

뒤 허리 벨트
(1장)
59／60.5／62／63.5

앞 허리 벨트
(1장)
31／32.5／34／35.5

중심
8

270／270／280／290 cm

148/140cm 폭

* ( ) 안은 시접. 지정된 곳 이외는 1cm
* ▨ 는 안에 접착심지를 붙인다
* ▨ 는 안에 늘어짐 방지 접착테이프를
　붙인다

① 앞 스커트에 포켓을 만든다

①겉끼리 맞대어 포켓 입구를 박는다
②곡선에 가위집
주머니 천
(안)
앞 스커트
(겉)

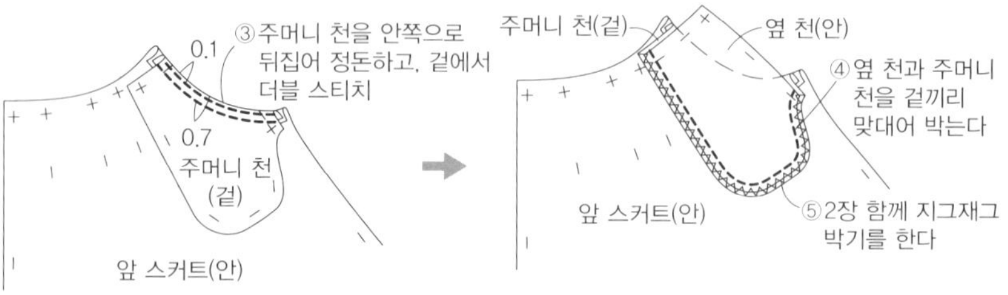

③주머니 천을 안쪽으로 뒤집어 정돈하고, 겉에서 더블 스티치
0.1
0.7
주머니 천
(겉)
앞 스커트(안)

주머니 천(겉)
옆 천(안)
④옆 천과 주머니 천을 겉끼리 맞대어 박는다
⑤2장 함께 지그재그 박기를 한다
앞 스커트(안)

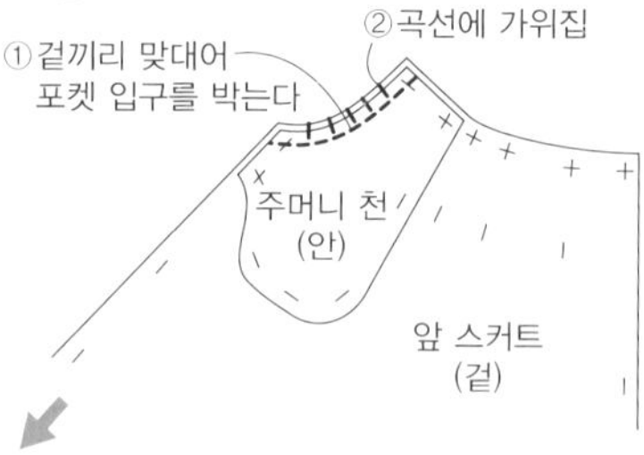

2 앞·뒤 중심을 각각 박는다

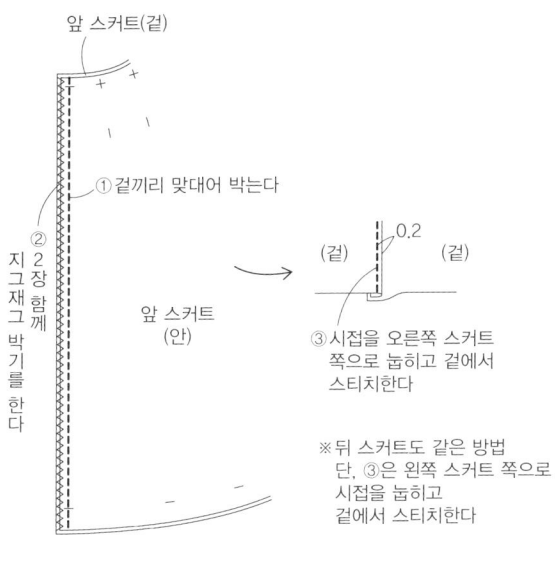

앞 스커트(겉)

①겉끼리 맞대어 박는다

②2장 함께 지그재그 박기를 한다

앞 스커트 (안)

(겉) 0.2 (겉)

③시접을 오른쪽 스커트 쪽으로 눕히고 겉에서 스티치한다

※뒤 스커트도 같은 방법
단, ③은 왼쪽 스커트 쪽으로 시접을 눕히고 겉에서 스티치한다

3 옆을 박는다

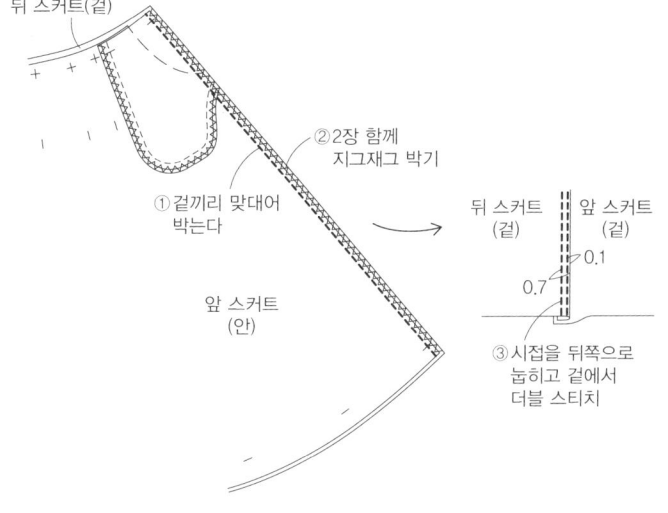

뒤 스커트(겉)

②2장 함께 지그재그 박기

①겉끼리 맞대어 박기

앞 스커트 (안)

뒤 스커트 (겉)   앞 스커트 (겉)

0.1

0.7

③시접을 뒤쪽으로 눕히고 겉에서 더블 스티치

4 허리 벨트를 만든다

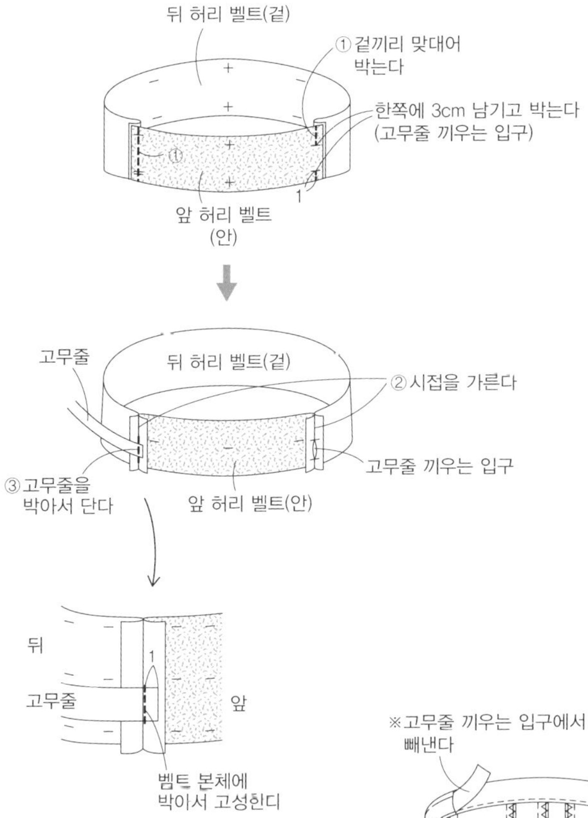

뒤 허리 벨트(겉)

①겉끼리 맞대어 박는다

한쪽에 3cm 남기고 박는다 (고무줄 끼우는 입구)

앞 허리 벨트 (안)

1

고무줄

뒤 허리 벨트(겉)

②시접을 가른다

③고무줄을 박아서 단다

고무줄 끼우는 입구

앞 허리 벨트(안)

뒤

고무줄   앞

1

벨트 본체에 박아서 고정한다

5 앞 허리에 턱을 접어 허리 벨트와 맞춰서 박고, 고무줄을 끼운다

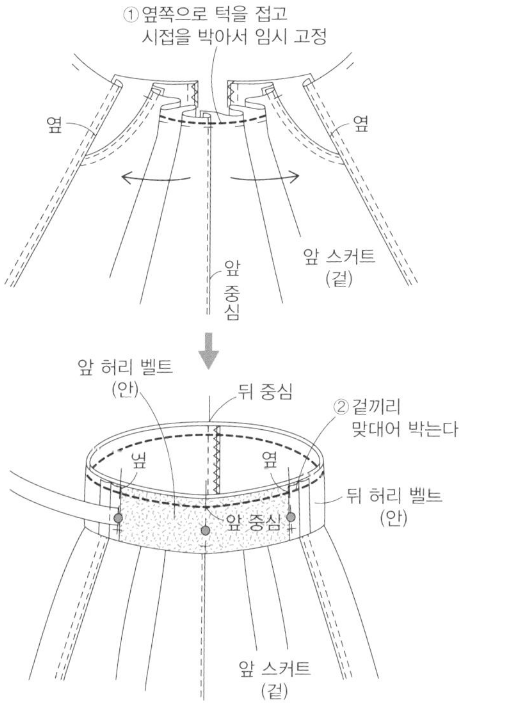

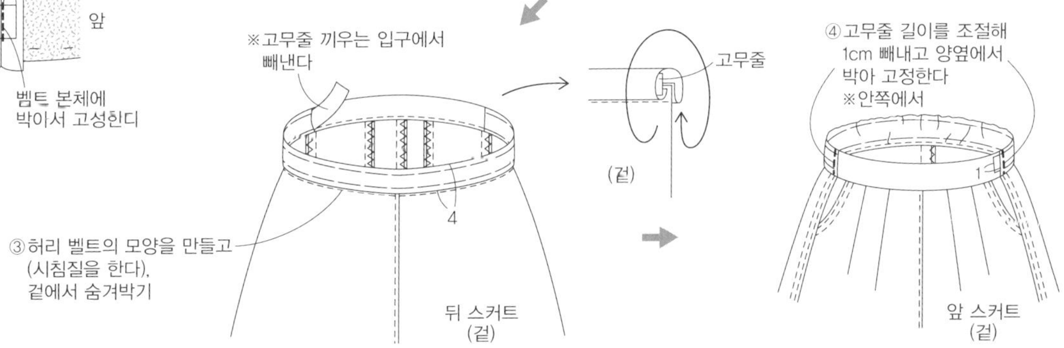

①옆쪽으로 턱을 접고 시접을 박아서 임시 고정

옆   옆

앞 스커트 (겉)

앞 중심

앞 허리 벨트 (안)   뒤 중심

②겉끼리 맞대어 박는다

옆   옆

앞 중심

뒤 허리 벨트 (안)

앞 스커트 (겉)

③허리 벨트의 모양을 만들고 (시침질을 한다), 겉에서 숨겨박기

※고무줄 끼우는 입구에서 빼낸다

4

뒤 스커트 (겉)

고무줄

(겉)

④고무줄 길이를 조절해 1cm 빼내고 양옆에서 박아 고정한다
※안쪽에서

1

앞 스커트 (겉)

○**재료**(프리 사이즈)
면 타이프라이터(베이지)…
108cm 폭×190cm
고무줄…3.5cm 폭을 허리 사이즈×0.95＋2cm
＊고무줄은 미리 자르지 말고 허리 벨트에 끼운 후
자른다.

○**완성 치수**(프리 사이즈)
스커트 길이…80cm
허리둘레…102cm

재단 배치도

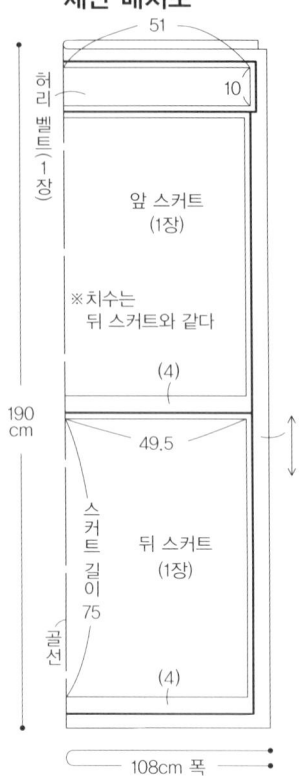

바느질 순서

3 허리 벨트를 원형으로 만든다

4 허리 벨트와 스커트를 맞춰서 박는다

5 허리 벨트에 고무줄을 끼운다

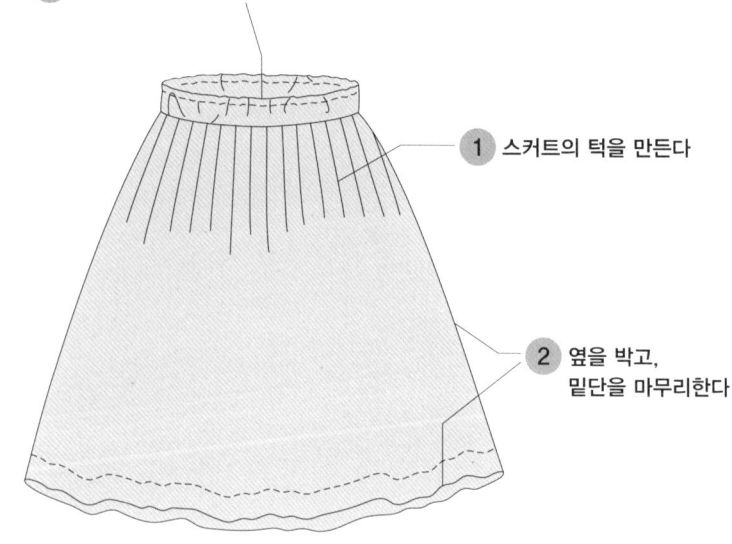

1 스커트의 턱을 만든다

2 옆을 박고,
밑단을 마무리한다

---

1 스커트의 턱을 만든다

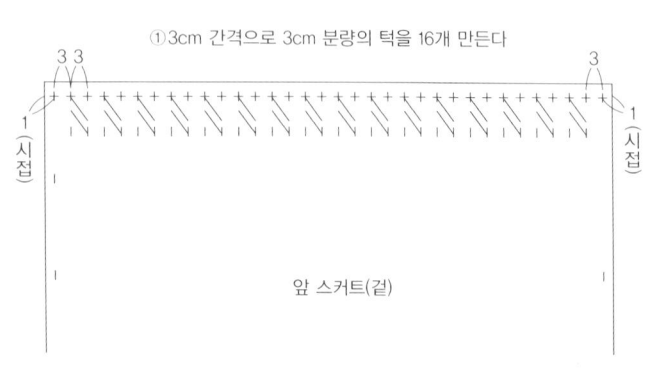

①3cm 간격으로 3cm 분량의 턱을 16개 만든다

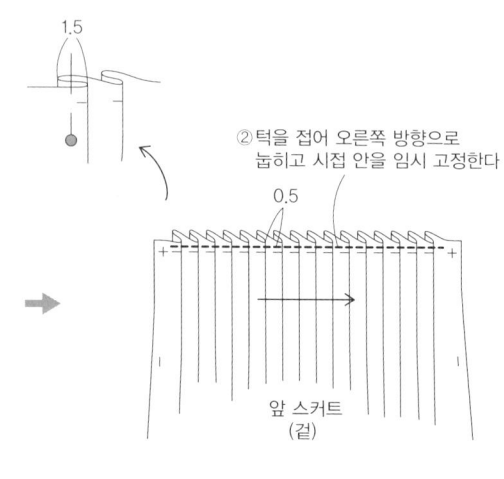

②턱을 접어 오른쪽 방향으로
눕히고 시접 안을 임시 고정한다

※뒤 스커트도 같은 방법으로 만든다

2 옆을 박고, 밑단을 마무리한다

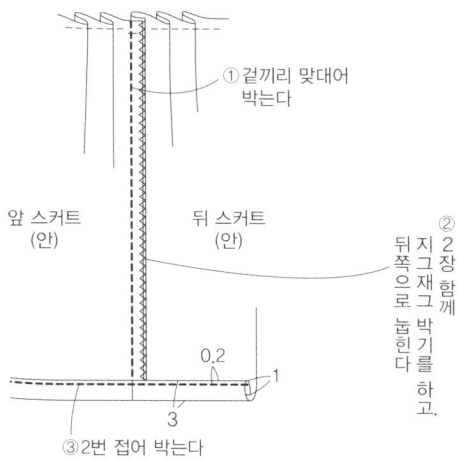

① 겉끼리 맞대어 박는다

앞 스커트 (안)

뒤 스커트 (안)

② 2장 함께 지그재그 박기를 하고, 뒤쪽으로 눕힌다

0.2

3

1

③ 2번 접어 박는다

3 허리 벨트를 원형으로 만든다

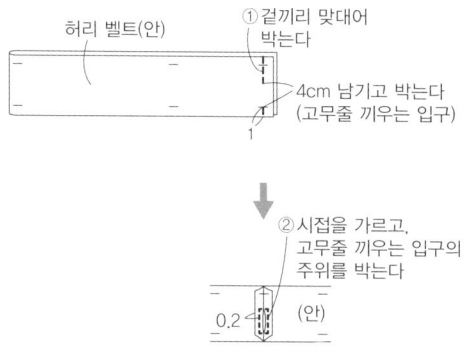

허리 벨트(안)

① 겉끼리 맞대어 박는다

4cm 남기고 박는다 (고무줄 끼우는 입구)

1

② 시접을 가르고, 고무줄 끼우는 입구의 주위를 박는다

0.2 (안)

4 허리 벨트와 스커트를 맞춰서 박는다

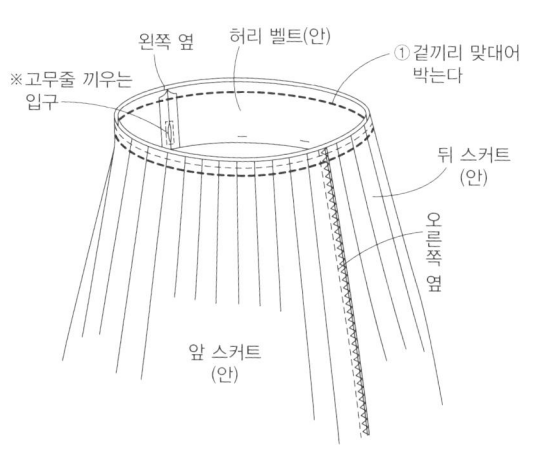

※고무줄 끼우는 입구

왼쪽 옆

허리 벨트(안)

① 겉끼리 맞대어 박는다

뒤 스커트 (안)

오른쪽 옆

앞 스커트 (안)

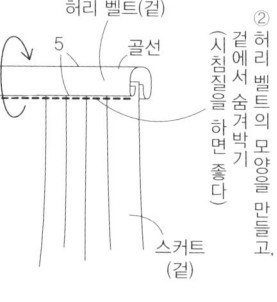

허리 벨트(겉)

5

골선

② 허리 벨트의 모양을 만들고, 겉에서 숨겨 박기 (시침질을 하면 좋다)

스커트 (겉)

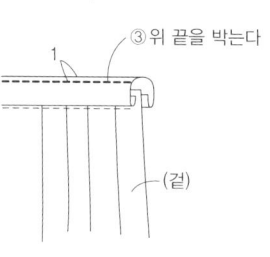

③ 위 끝을 박는다

1

(겉)

5 허리 벨트에 고무줄을 끼운다

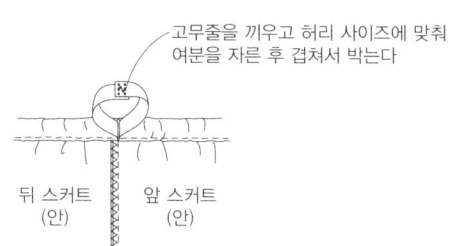

고무줄을 끼우고 허리 사이즈에 맞춰 여분을 자른 후 겹쳐서 박는다

뒤 스커트 (안)

앞 스커트 (안)

○**재료**(프리 사이즈)
리버티 프린트…110cm 폭×200cm
＊(다른 천) 부드러운 리넨(빨간색)…
　120cm 폭×200cm
코튼 론(표백)…110cm 폭×160cm
　※겉 스커트가 리넨인 경우 불필요
고무줄…2.5cm 폭을 허리 사이즈×0.95＋2cm
＊고무줄은 미리 자르지 말고 허리 벨트에 끼운 후
　자른다.

○**완성 치수**(프리 사이즈)
스커트 길이…84cm
허리둘레…100cm

재단 배치도

리버티 프린트 또는 리넨

론 ※겉 스커트가 리버티 프린트인 경우만

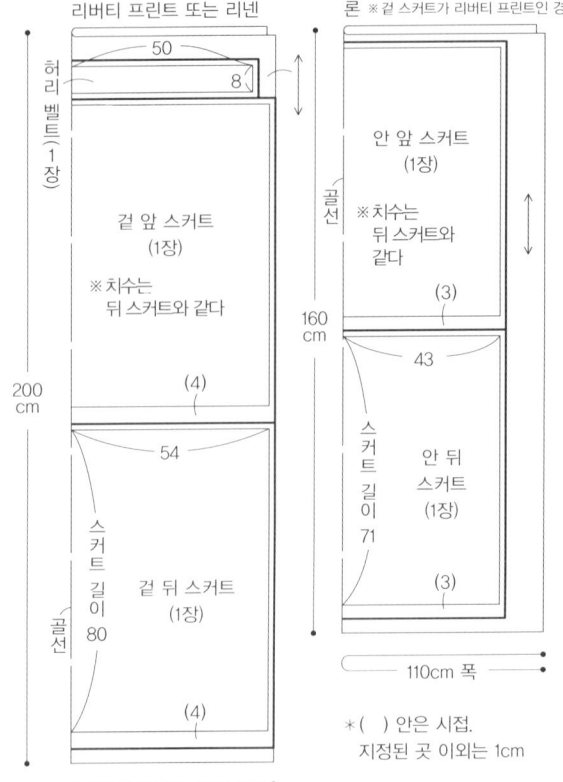

허리 벨트(1장)

50

8

겉 앞 스커트
(1장)

※치수는
뒤 스커트와 같다

(4)

54

스커트 길이 80

겉 뒤 스커트
(1장)

골선

(4)

200
cm

110/120cm 폭

안 앞 스커트
(1장)

※치수는
뒤 스커트와
같다

골선

160
cm

(3)

43

스커트 길이 71

안 뒤 스커트
(1장)

(3)

110cm 폭

＊( ) 안은 시접.
지정된 곳 이외는 1cm

바느질 순서
※안 스커트는 겉 스커트가 리넨인 경우 불필요

2 허리 벨트를 원형으로 만든다

3 겉 스커트의 허리에
개더를 잡고,
허리 벨트와 맞춰서
박는다

1 겉 스커트의
옆을 박고,
밑단을
마무리한다

6 안 스커트를 겉 스커트에 겹쳐서 박고,
허리 벨트를 완성한다

7 허리 벨트에 고무줄을 끼운다
(p.77 **5** 참조)

4 안 스커트의 턱을 만든다

5 안 스커트의 밑단을 마무리한다,
안 스커트의 옆을 박고,

안 스커트

1 겉 스커트의 옆을 박고, 밑단을 마무리한다

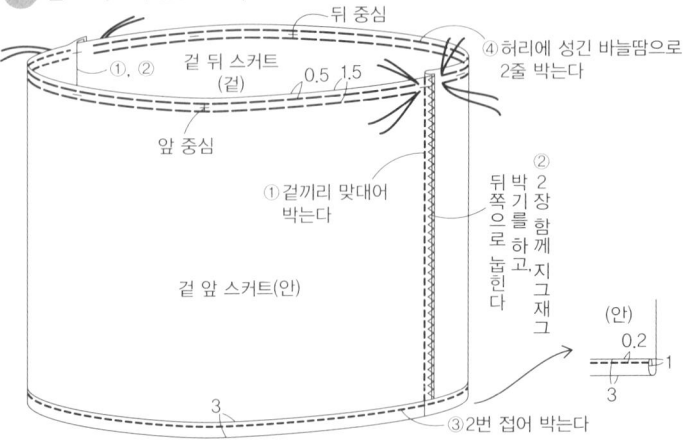

뒤 중심

①, ②

겉 뒤 스커트
(겉)

0.5 1.5

④허리에 성긴 바늘땀으로
2줄 박는다

앞 중심

①겉끼리 맞대어
박는다

②2장을 함께 하고, 지그재그
뒤쪽으로 눕힌다

겉 앞 스커트(안)

3

③2번 접어 박는다

(안)
0.2
3

78

② 허리 벨트를 원형으로 만든다

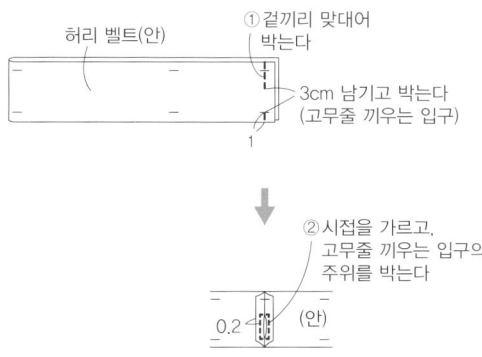

허리 벨트(안)

① 겉끼리 맞대어 박는다

3cm 남기고 박는다 (고무줄 끼우는 입구)

1

② 시접을 가르고, 고무줄 끼우는 입구의 주위를 박는다

0.2 (안)

③ 겉 스커트의 허리에 개더를 잡고, 허리 벨트와 맞춰서 박는다

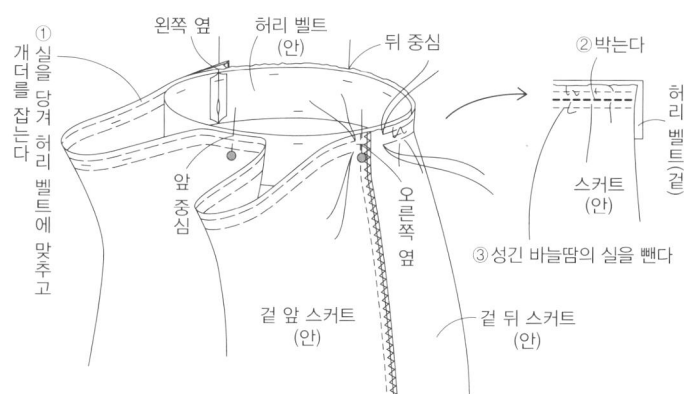

① 개더를 잡고 실을 당겨 허리 벨트에 맞추고

왼쪽 옆

허리 벨트(안)

뒤 중심

앞 중심

오른쪽 옆

겉 앞 스커트(안)

겉 뒤 스커트(안)

② 박는다

허리 벨트(겉)

스커트(안)

③ 성긴 바늘땀의 실을 뺀다

④ 안 스커트의 턱을 만든다

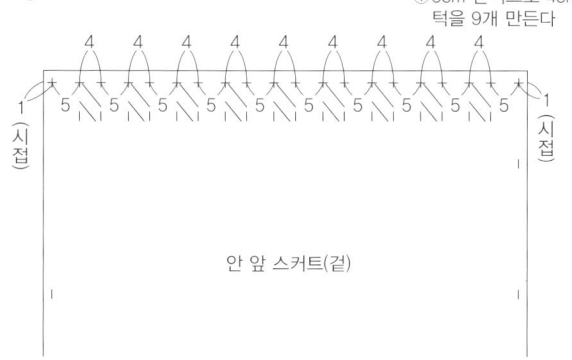

① 5cm 간격으로 4cm 분량의 턱을 9개 만든다

4 4 4 4 4 4 4 4

1 (시접) 5 5 5 5 5 5 5 5 5 1 (시접)

안 앞 스커트(겉)

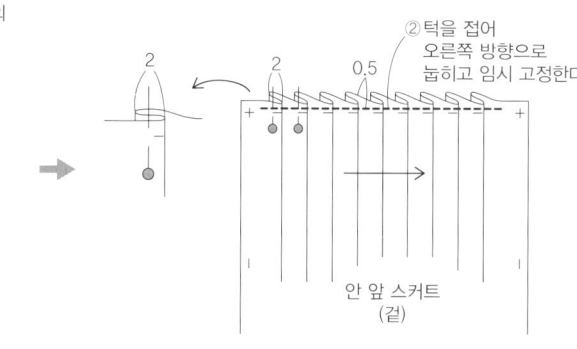

② 턱을 접어 오른쪽 방향으로 눕히고 임시 고정한다

2 2 0.5

안 앞 스커트(겉)

※ 안 뒤 스커트도 같은 방법으로 만든다

⑤ 안 스커트의 옆을 박고, 밑단을 마무리한다

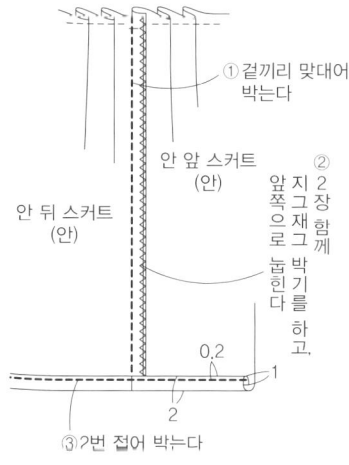

① 겉끼리 맞대어 박는다

안 앞 스커트(안)

② 2장 함께 박기를 하고, 앞쪽으로 눕힌다

안 뒤 스커트(안)

지그재그

0.2

2

1

③ 2번 접어 박는다

⑥ 안 스커트를 겉 스커트에 겹쳐서 박고, 허리 벨트를 완성한다

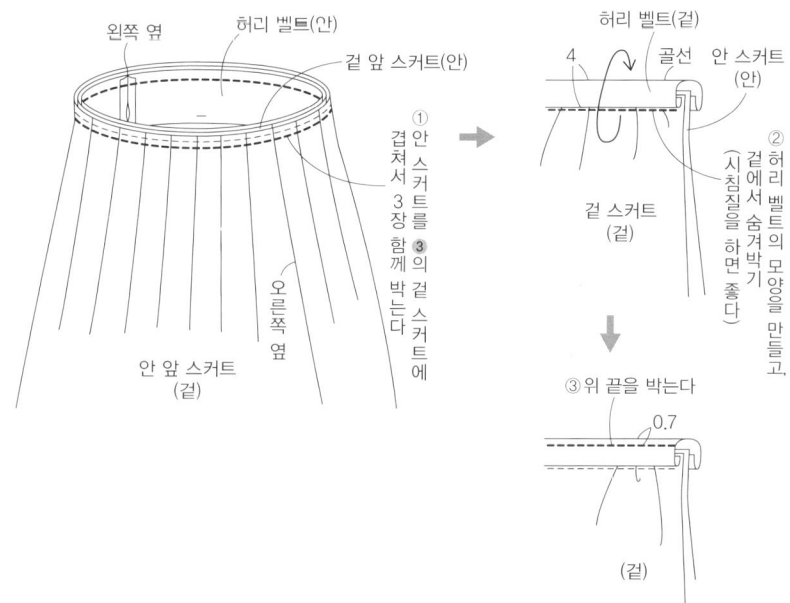

왼쪽 옆

허리 벨트(안)

겉 앞 스커트(안)

오른쪽 옆

안 앞 스커트(겉)

① 안 스커트를 겹쳐서 3장 함께 ③의 겉 스커트에 박는다

허리 벨트(겉)

골선

안 스커트(안)

4

겉 스커트(겉)

② 허리 벨트의 모양을 만들고, 겉에서 숨겨박기 (시침질을 하면 좋다)

③ 위 끝을 박는다

0.7

(겉)

크루넥 코트

Crew neck coat

● **실물 대형 옷본 D면[19]** 1−앞 몸판, 2−앞 안단, 3−뒤 몸판, 4−뒤 안단, 5−포켓, 6−소매

○ **재료**(왼쪽부터 XS／S／M／L 사이즈)
리넨 트윌(나무딸기색)…
150cm 폭×270／280／280／290cm
접착심지…90×120cm
단추…지름 2.3cm 5개

○ **완성 치수**(왼쪽부터 XS／S／M／L 사이즈)
옷 길이…105.5／107.5／109.5／111.5cm
가슴둘레…143／146／149／152cm(턱 분량을 포함한다)

재단 배치도

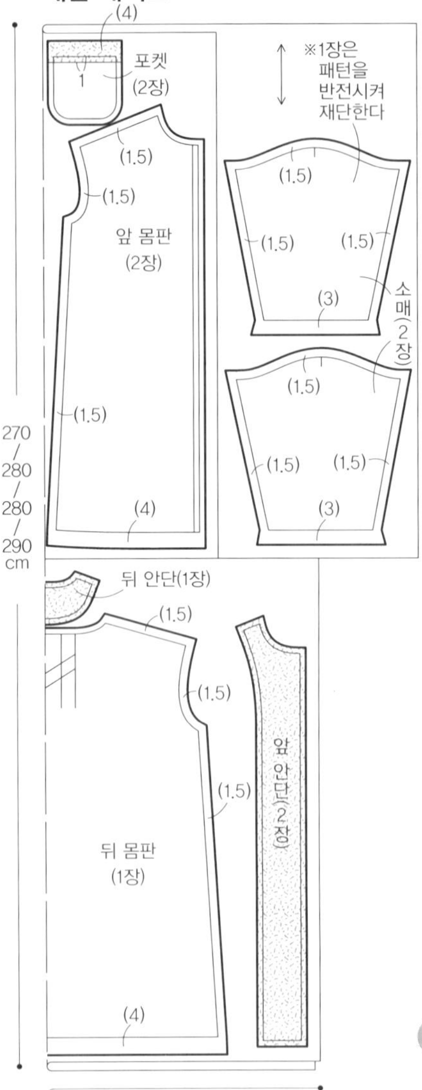

포켓
(2장)

※1장은
패턴을
반전시켜
재단한다

(1.5)

(1.5)

앞 몸판
(2장)

(1.5)

(1.5)

(1.5)

(1.5)

(1.5)

소매
(2장)

(3)

(1.5)

(1.5)

(1.5)

(1.5)

(4)

(3)

뒤 안단(1장)

(1.5)

(1.5)

앞 안단
(2장)

뒤 몸판
(1장)

(4)

270
280
280
290
cm

← 150cm 폭 →

＊ ( ) 안은 시접. 지정된 곳 이외는 1cm
＊ ▨ 는 안에 접착심지를 붙인다

바느질 순서

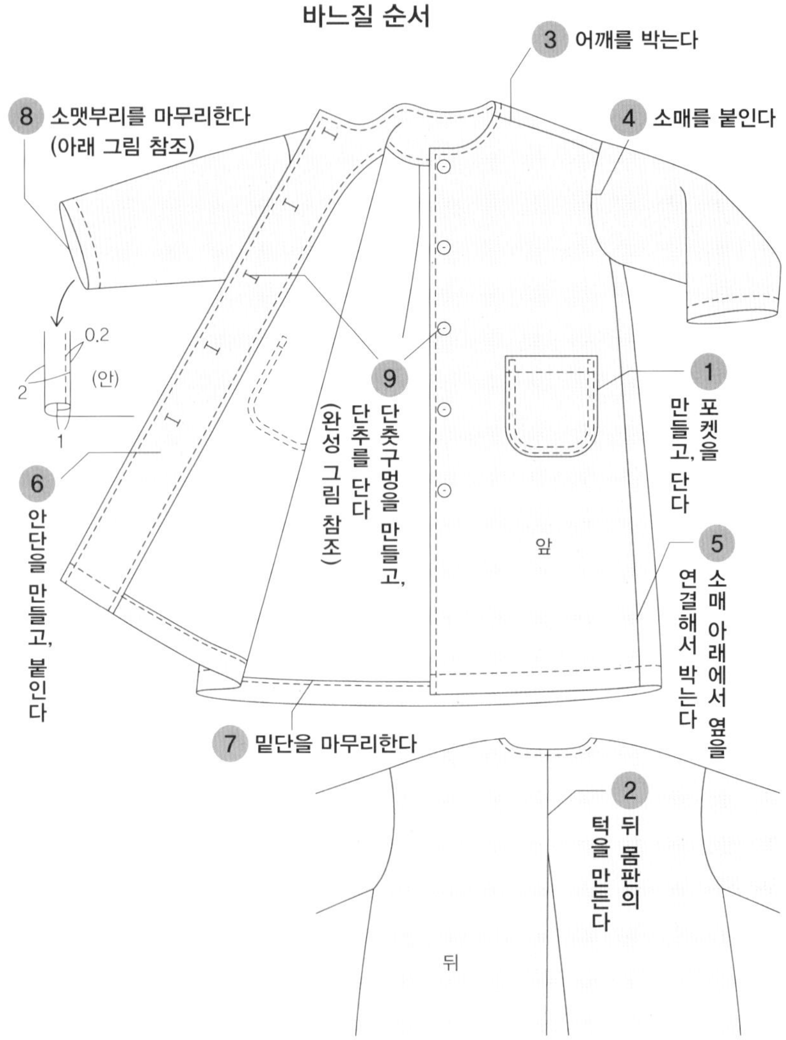

3 어깨를 박는다

4 소매를 붙인다

8 소맷부리를 마무리한다
(아래 그림 참조)

0.2

2

1

(안)

6 안단을 만들고, 붙인다

9 단춧구멍을 만들고,
단추를 단다
(완성 그림 참조)

1 포켓을
만들고,
단다

5 소매 아래에서 옆을
연결해서 박는다

앞

7 밑단을 마무리한다

2 뒤
몸판의
턱을
만든다

뒤

1 포켓을 만들고, 단다

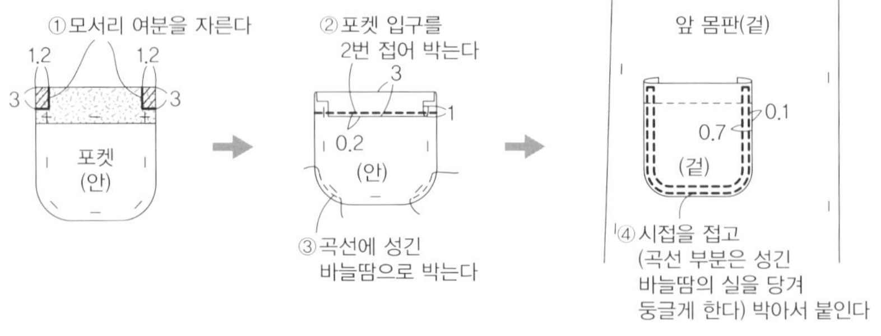

①모서리 여분을 자른다

1.2 1.2

3 3

포켓
(안)

②포켓 입구를
2번 접어 박는다

3

1

0.2

(안)

③곡선에 성긴
바늘땀으로 박는다

앞 몸판(겉)

0.1

0.7

(겉)

④시접을 접고
(곡선 부분은 성긴
바늘땀의 실을 당겨
둥글게 한다) 박아서 붙인다

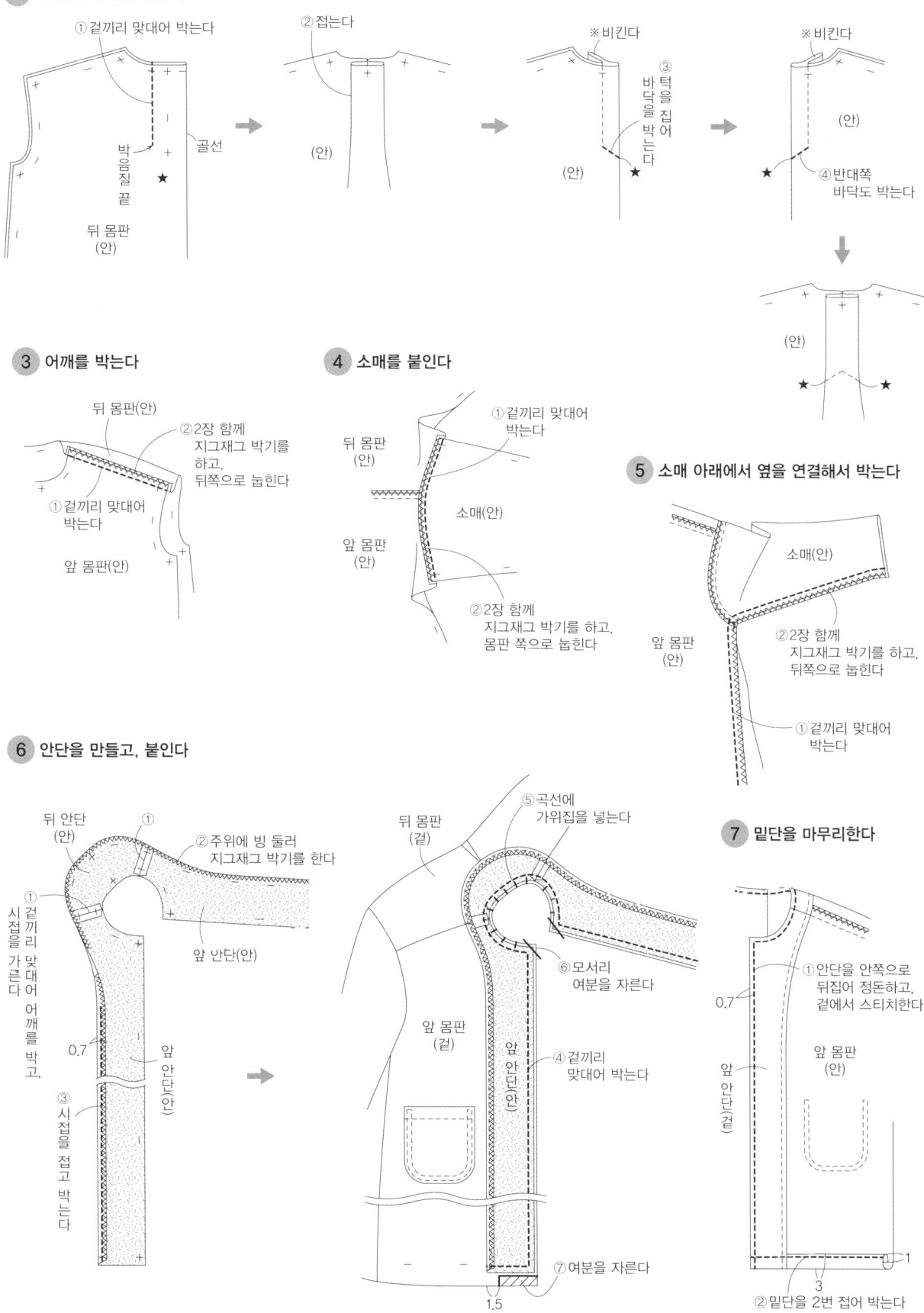

2 뒤 몸판의 턱을 만든다

① 겉끼리 맞대어 박는다

박음질 끝

골선

뒤 몸판
(안)

② 접는다

(안)

※ 비킨다

③ 바닥을 집어 박는다

(안)

★

※ 비킨다

(안)

★

④ 반대쪽 바닥도 박는다

(안)

★   ★

3 어깨를 박는다

뒤 몸판(안)

② 2장 함께 지그재그 박기를 하고, 뒤쪽으로 눕힌다

① 겉끼리 맞대어 박는다

앞 몸판(안)

4 소매를 붙인다

뒤 몸판
(안)

① 겉끼리 맞대어 박는다

소매(안)

앞 몸판
(안)

② 2장 함께 지그재그 박기를 하고, 몸판 쪽으로 눕힌다

5 소매 아래에서 옆을 연결해서 박는다

소매(안)

앞 몸판
(안)

② 2장 함께 지그재그 박기를 하고, 뒤쪽으로 눕힌다

① 겉끼리 맞대어 박는다

6 안단을 만들고, 붙인다

뒤 안단
(안)

①

② 주위에 빙 둘러 지그재그 박기를 한다

앞 안단(안)

① 겉끼리 맞대어 어깨를 박고, 시접을 가른다

0.7

앞 안단(안)

③ 시접을 접고 박는다

뒤 몸판
(겉)

⑤ 곡선에 가위집을 넣는다

⑥ 모서리 여분을 자른다

앞 몸판
(겉)

앞 안단(안)

④ 겉끼리 맞대어 박는다

⑦ 여분을 자른다

1.5

7 밑단을 마무리한다

① 안단을 안쪽으로 뒤집어 정돈하고, 겉에서 스티치한다

0.7

앞 몸판
(안)

앞 안단(겉)

3

② 밑단을 2번 접어 박는다

1

수티앵 칼라 코트

soutien collar coat

● **실물 대형 옷본 D면 [20]**　1-앞 몸판, 2-앞 안단, 3-뒤 몸판, 4-뒤 안단, 5-포켓,
　　　　　　　　　　　　　　　　　6-소매, 7-소맷부리 벨트, 8-칼라

○ **재료**(왼쪽부터 XS／S／M／L 사이즈)
　코튼／폴리에스테르 혼방 개버딘(라이트 베이지)
　　…150cm 폭×310／310／320／330cm
　접착심지…90×120cm
　앞트임용 단추…지름 2.3cm 5개
　소맷부리용 단추…지름 1.8cm 2개

○ **완성 치수**(왼쪽부터 XS／S／M／L 사이즈)
　옷 길이…105.5／107.5／109.5／111.5cm
　가슴둘레…143／146／149／152cm(턱 분량을 포함한다)

재단 배치도

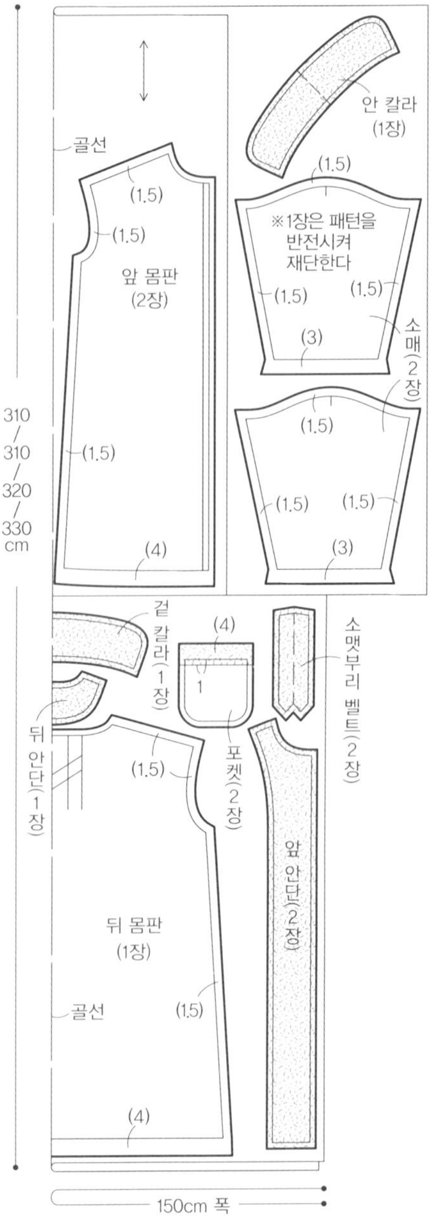

안 칼라
(1장)

골선

(1.5)
(1.5)
앞 몸판
(2장)
(1.5)

※1장은 패턴을
반전시켜
재단한다

(1.5)
(1.5)
(3)

소매
(2장)

(1.5)

(1.5)　(1.5)

(1.5)　(1.5)

(4)

(3)

310
310
320
330
cm

겉 칼라
(1장)
1

(1.5)

포켓
(2장)

소맷부리
벨트
(2장)

뒤
안단
(1장)

뒤 몸판
(1장)

앞 안단
(2장)

골선

(1.5)

(4)

├──── 150cm 폭 ────┤

＊( ) 안은 시접. 지정된 곳 이외는 1cm
＊ ▨▨▨ 는 안에 접착심지를 붙인다

바느질 순서

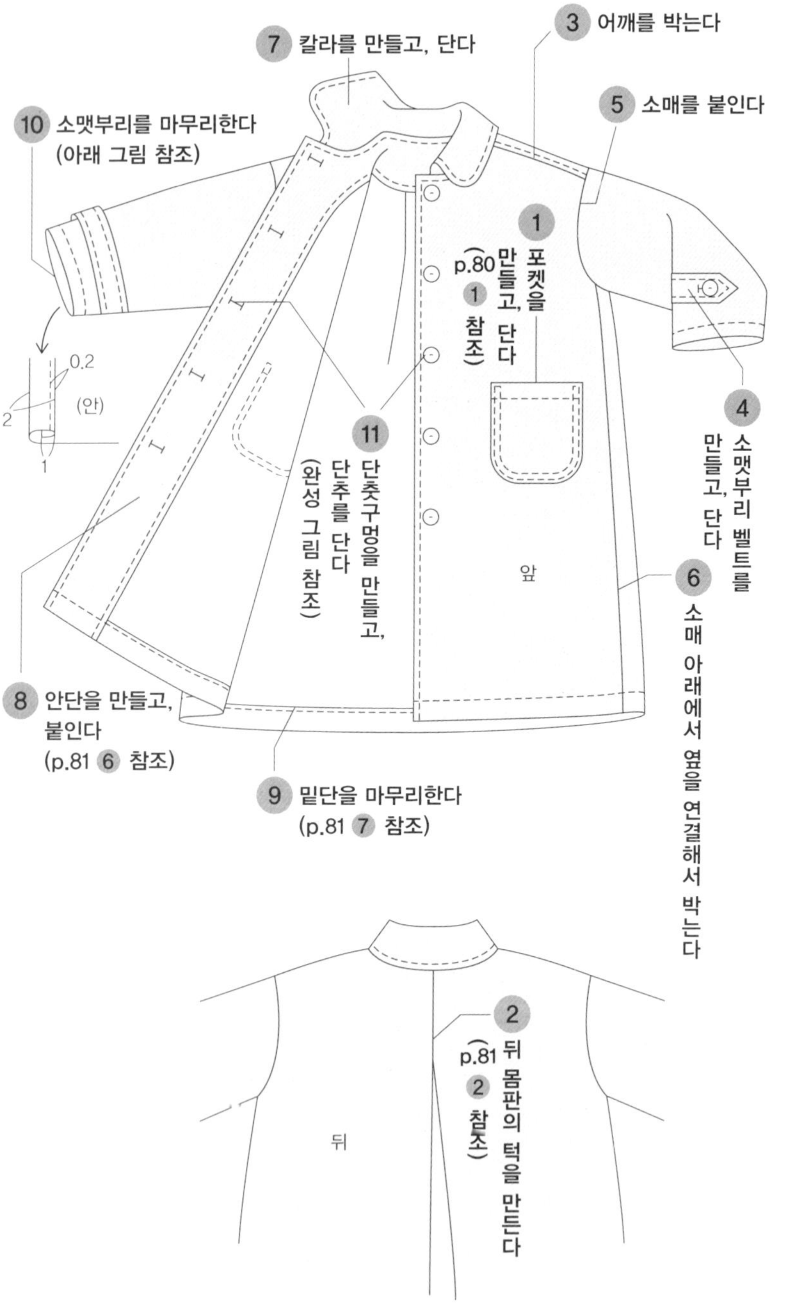

⑦ 칼라를 만들고, 단다

③ 어깨를 박는다

⑤ 소매를 붙인다

⑩ 소맷부리를 마무리한다
(아래 그림 참조)

① p.80 ① 참조
포켓을 만들고, 단다

④ 소맷부리 벨트를 만들고, 단다

⑪ 단춧구멍을 만들고, 단추를 단다
(완성 그림 참조)

0.2

2
1
(안)

⑥ 소매 아래에서 옆을 연결해서 박는다

⑧ 안단을 만들고, 붙인다
(p.81 ⑥ 참조)

⑨ 밑단을 마무리한다
(p.81 ⑦ 참조)

앞

② p.81 ② 참조
뒤 몸판의 턱을 만든다

뒤

③ 어깨를 박는다

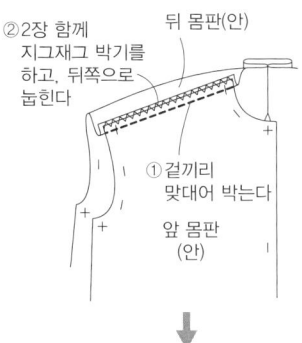

②2장 함께 지그재그 박기를 하고, 뒤쪽으로 눕힌다
뒤 몸판(안)
①겉끼리 맞대어 박는다
앞 몸판 (안)

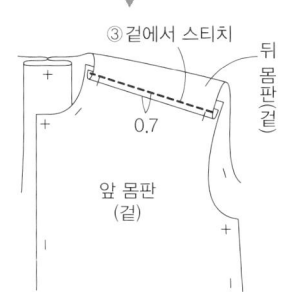

③겉에서 스티치
뒤 몸판(겉)
0.7
앞 몸판 (겉)

④ 소맷부리 벨트를 만들고, 단다

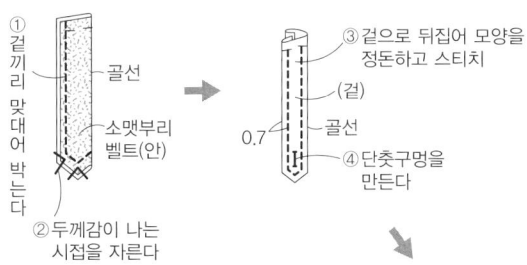

①겉끼리 맞대어 박는다
골선
소맷부리 벨트(안)
②두께감이 나는 시접을 자른다

③겉으로 뒤집어 모양을 정돈하고 스티치
(겉)
0.7
골선
④단춧구멍을 만든다

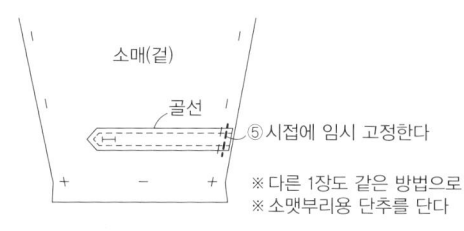

소매(겉)
골선
⑤시접에 임시 고정한다
※다른 1장도 같은 방법으로
※소맷부리용 단추를 단다

⑤ 소매를 붙인다

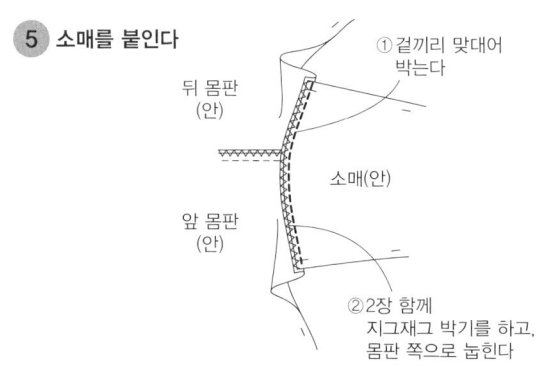

①겉끼리 맞대어 박는다
뒤 몸판 (안)
앞 몸판 (안)
소매(안)
②2장 함께 지그재그 박기를 하고, 몸판 쪽으로 눕힌다

⑥ 소매 아래에서 옆을 연결해서 박는다

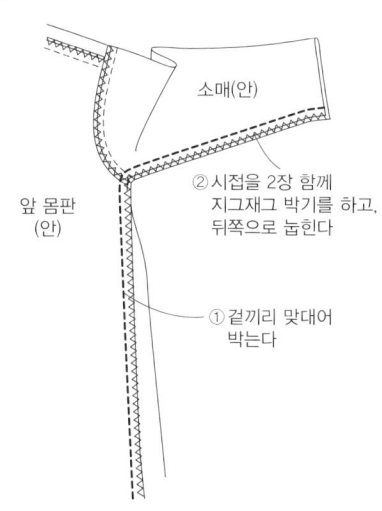

소매(안)
앞 몸판 (안)
②시접을 2장 함께 지그재그 박기를 하고, 뒤쪽으로 눕힌다
①겉끼리 맞대어 박는다

⑦ 칼라를 만들고, 단다

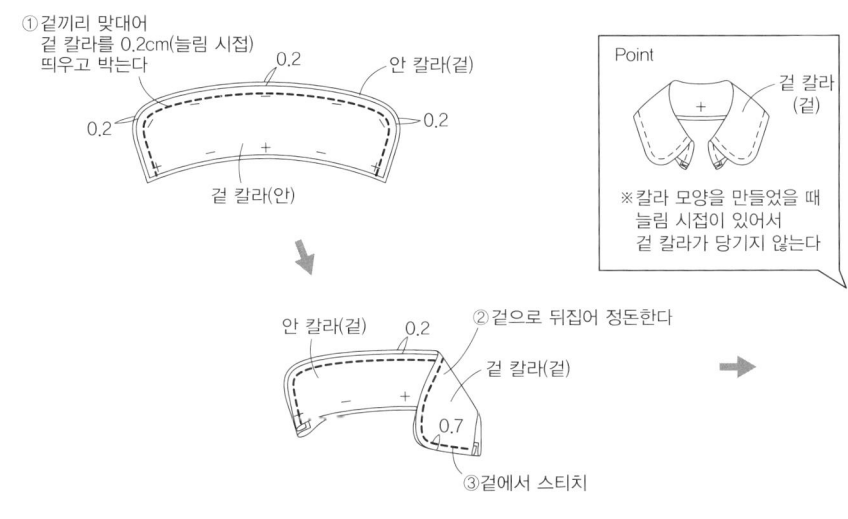

①겉끼리 맞대어 겉 칼라를 0.2cm(늘림 시접) 띄우고 박는다
0.2
0.2
0.2
안 칼라(겉)
겉 칼라(안)

안 칼라(겉)
0.2
②겉으로 뒤집어 정돈한다
겉 칼라(겉)
0.7
③겉에서 스티치

Point
겉 칼라 (겉)
※칼라 모양을 만들었을 때 늘림 시접이 있어서 겉 칼라가 당기지 않는다

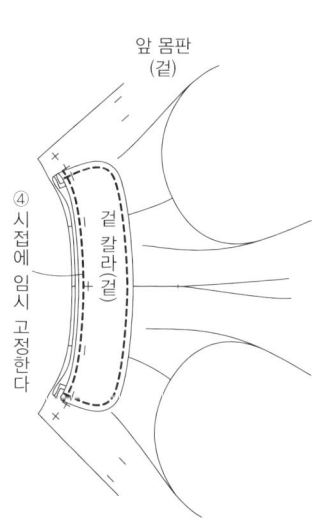

앞 몸판 (겉)
④시접에 임시 고정한다
겉 칼라(겉)

Mountain parka

● 실물 대형 옷본　D면[21]　1−앞 몸판, 2−뒤 몸판, 3−소매, 4−후드, 5−후드 중심, 6−포켓,
　　　　　　　　　　　　　7−플랩

○ 재료(왼쪽부터 XS／S／M／L 사이즈)
　코튼 캔버스(피스타치오)…
　　　108cm 폭×270／280／280／300cm
　접착심지…40×70cm
　단추…지름 2.1cm 6개

○ 완성 치수(왼쪽부터 XS／S／M／L 사이즈)
　옷 길이…59／60／61／62cm
　가슴둘레…127／130／133／136cm

재단 배치도

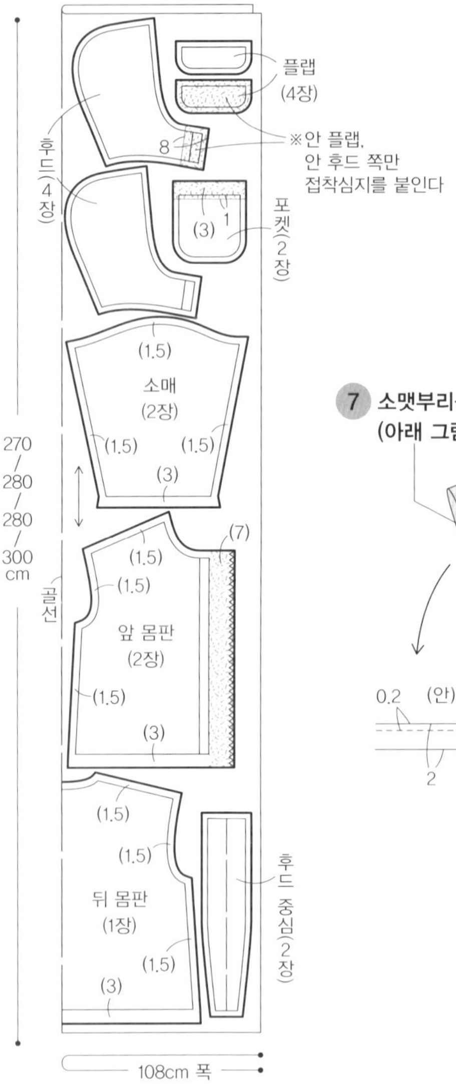

플랩
(4장)

※안 플랩,
안 후드 쪽만
접착심지를 붙인다

후드
(4장)

포켓
(2장)

(3) 1

(1.5)

소매
(2장)

(1.5)　(1.5)

(3)

270
280
280
300
cm

골선

(1.5)

(1.5)

(7)

앞 몸판
(2장)

(1.5)

(3)

(1.5)

(1.5)

뒤 몸판
(1장)

후드
중심
(2장)

(1.5)

(3)

← 108cm 폭 →

* ( ) 안은 시접. 지정된 곳 이외는 1cm
* ▭ 는 안에 접착심지를 붙인다
* ⌇⌇ 는 지그재그 박기를 한다

바느질 순서

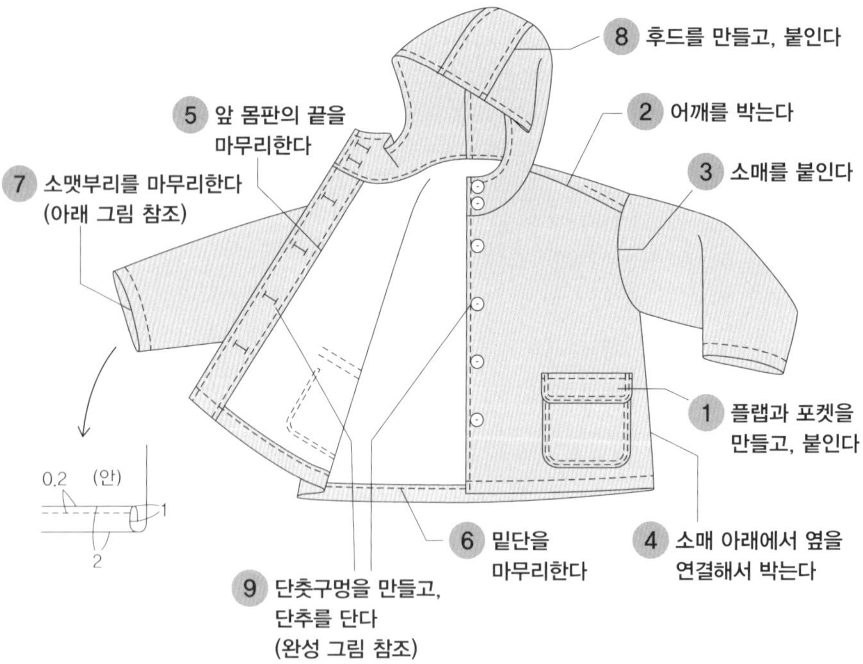

8　후드를 만들고, 붙인다

2　어깨를 박는다

3　소매를 붙인다

5　앞 몸판의 끝을
　마무리한다

7　소맷부리를 마무리한다
　(아래 그림 참조)

0.2　(안)

1

2

9　단춧구멍을 만들고,
　단추를 단다
　(완성 그림 참조)

6　밑단을
　마무리한다

1　플랩과 포켓을
　만들고, 붙인다

4　소매 아래에서 옆을
　연결해서 박는다

1 플랩과 포켓을 만들고, 붙인다

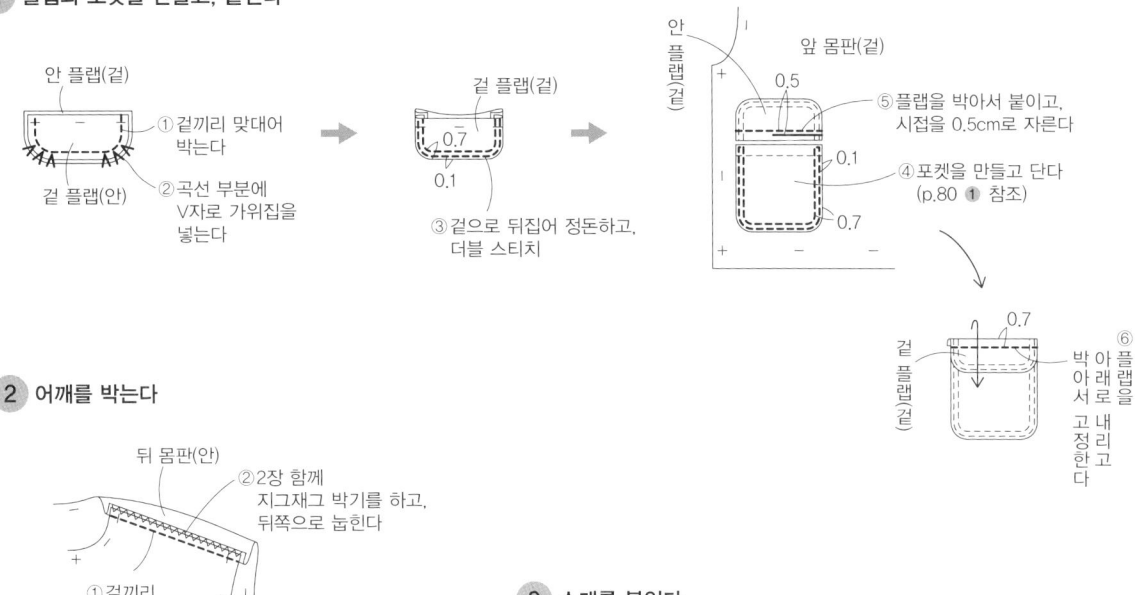

안 플랩(겉)

① 겉끼리 맞대어 박는다

② 곡선 부분에 V자로 가위집을 넣는다

겉 플랩(안)

겉 플랩(겉)

0.7

0.1

③ 겉으로 뒤집어 정돈하고, 더블 스티치

안 플랩(겉)

앞 몸판(겉)

0.5

⑤ 플랩을 박아서 붙이고, 시접을 0.5cm로 자른다

0.1

④ 포켓을 만들고 단다 (p.80 ① 참조)

0.7

겉 플랩(겉)

0.7

⑥ 플랩을 아래로 내리고 박아서 고정한다

2 어깨를 박는다

뒤 몸판(안)

② 2장 함께 지그재그 박기를 하고, 뒤쪽으로 눕힌다

① 겉끼리 맞대어 박는다

앞 몸판(안)

뒤 몸판(겉)

③ 겉에서 스티치

0.7

앞 몸판 (겉)

3 소매를 붙인다

뒤 몸판 (안)

① 겉끼리 맞대어 박는다

소매(안)

앞 몸판 (안)

② 2장 함께 지그재그 박기를 하고, 몸판 쪽으로 눕힌다

4 소매 아래에서 옆을 연결해서 박는다

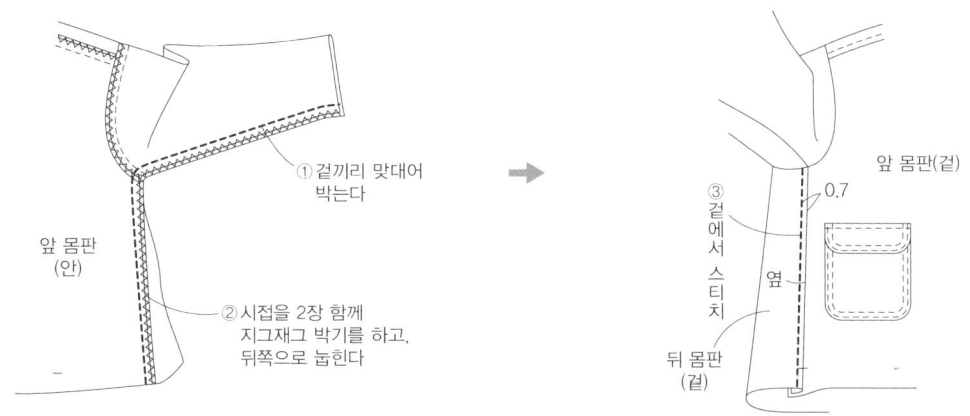

① 겉끼리 맞대어 박는다

앞 몸판 (안)

② 시접을 2장 함께 지그재그 박기를 하고, 뒤쪽으로 눕힌다

앞 몸판(겉)

③ 겉에서 스티치

0.7

옆

뒤 몸판 (겉)

5 앞 몸판의 끝을 마무리한다

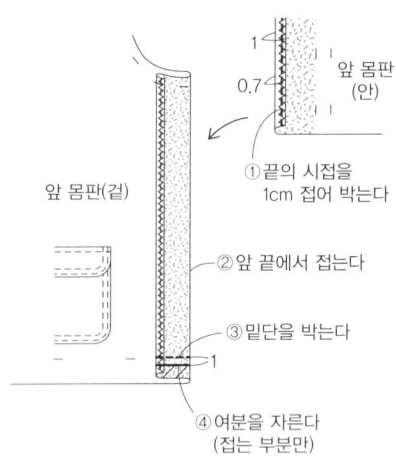

앞 몸판(안)

1

0.7

① 끝의 시접을
1cm 접어 박는다

② 앞 끝에서 접는다

③ 밑단을 박는다

1

④ 여분을 자른다
(접는 부분만)

앞 몸판(겉)

6 밑단을 마무리한다

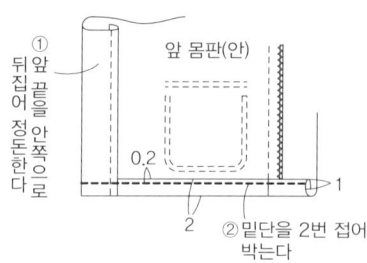

앞 몸판(안)

① 뒤 앞 끝을 안쪽으로 접어 정돈한다

0.2

1

2

② 밑단을 2번 접어
박는다

8 후드를 만들고, 붙인다

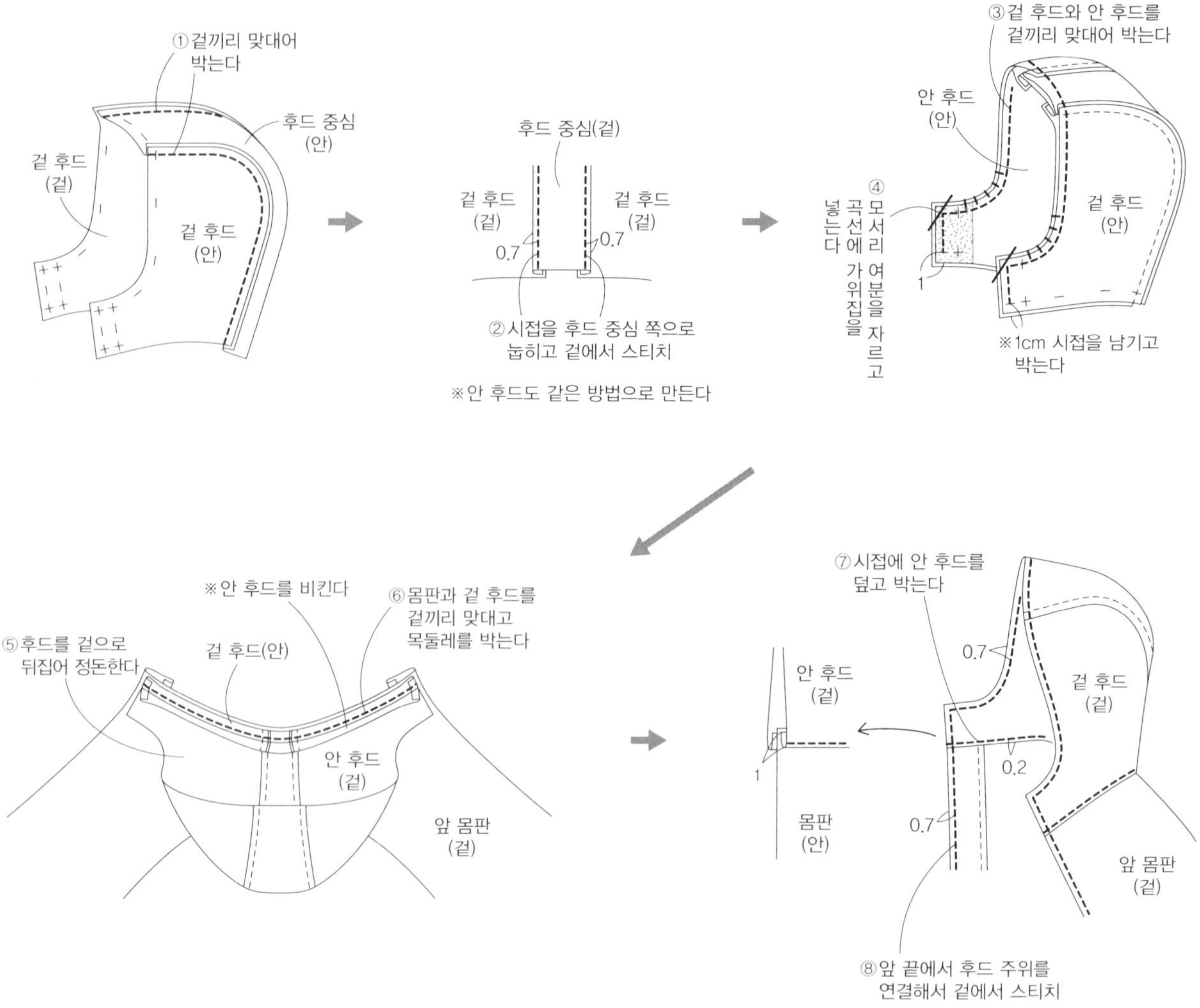

① 겉끼리 맞대어
박는다

후드 중심
(안)

겉 후드
(겉)

겉 후드
(안)

→

후드 중심(겉)

겉 후드
(겉)

겉 후드
(겉)

0.7   0.7

② 시접을 후드 중심 쪽으로
눕히고 겉에서 스티치

※안 후드도 같은 방법으로 만든다

→

③ 겉 후드와 안 후드를
겉끼리 맞대어 박는다

안 후드
(안)

겉 후드
(안)

④ 곡선에 가위집을 넣는다 모서리 여분을 자르고

1

※1cm 시접을 남기고
박는다

⑤ 후드를 겉으로
뒤집어 정돈한다

※안 후드를 비킨다

겉 후드(안)

⑥ 몸판과 겉 후드를
겉끼리 맞대고
목둘레를 박는다

안 후드
(겉)

앞 몸판
(겉)

→

⑦ 시접에 안 후드를
덮고 박는다

0.7

안 후드
(겉)

겉 후드
(겉)

몸판
(안)

1

0.2

0.7

앞 몸판
(겉)

⑧ 앞 끝에서 후드 주위를
연결해서 겉에서 스티치

응용 만드는 법 페이지 색인

Pattern A　　**Pattern B**　　**Pattern C**

Pattern A~C의 공통 패턴을 응용하고 싶을 때, 각각 만드는 법은 아래를 참조하자.

	만드는 법 참조 페이지	비고
반소매	p.46-47 ②③④	스티치를 넣고 싶은 경우는 P.56 ② 참조
롤업 반소매	p.52-53 ③④⑧	
긴소매	p.44-45 ⑤⑥⑦	
셔츠 소매	p.58-59 ②③④⑤	
퍼프 슬리브(5부)	p.50-51 ②③④	커프스의 치수는 재단 배치도 참조
퍼프 슬리브(긴소매)	p.68-69 ③④⑤	커프스의 치수는 재단 배치도 참조
셔츠 칼라	p.56-57 ④⑤	
칼라 밴드 달린 칼라	p.58-59 ⑨	
밴드 칼라	p.64-65 ⑦	
라운드 칼라	p.44-45 ②③	
프릴 칼라	p.68-69 ⑥⑧	프릴 칼라의 치수는 재단 배치도 참조

그 밖의 응용 가능한 만드는 법 참조 페이지

	만드는 법 참조 페이지	비고
뒤트임(안단) / 천 고리 만드는 법	p.61 ①②⑦	뒤 단추가 번거로울 때는 고리 고정으로 응용해도 OK
옆 포켓 다는 법	p.67 ⑦	
슬릿 만드는 법 ①	p.57 ③	
슬릿 만드는 법 ② (곡선)	p.65 ⑤	
개더 잡는 법	p.39 Point	

다양하게
응용해보자

Mayuko Murata
무라타 마유코

두 딸을 키우며 블로그 'a sunny spot'에 직접 만든 옷을 선보이기 시작했다. 20년 동안 블로그와 잡지에 손수 만든 옷을 꾸준히 발표해 독보적인 바느질 전문가로 손꼽힌다.
그녀가 만드는 아이 옷과 엄마 옷은 심플하면서도 멋스럽다는 평가를 받는다. 이 책에서는 그동안 폭발적인 반응을 얻은 작품을 가려 뽑아, 만드는 법을 친절하게 소개하고 있다.
저서로는 《a sunny spot의 심플하고 귀여운 여자아이 옷》이 있다.

https://www.instagram.com/a_sunny_spot/

옮긴이 황선영

일어일문학을 전공하고 대한항공 국제선 파트에서 근무했다. 현재 실용서 전문 번역가로 활동하고 있다. 옮긴 책으로는 《매일 입고 싶은 여자아이 옷》, 《패턴 학교 Vol. 5 재킷 & 코트 편》, 《심플한 패턴의 예쁜 원피스》, 《심플하고 세련된 여자 옷》, 《심플하고 귀여운 여자아이 옷》, 《히구치 유미코의 자수 12개월》, 《하덴거 자수》 등이 있다.

감 수 문수연

재봉틀로 옷 만들기부터 수공예까지 손으로 만드는 모든 것을 좋아해 작품 활동을 시작했다. 현재 서촌에서 '여름한옥 게스트하우스'를 운영하며 작은 수공예 수업을 하고 있다. 그녀가 운영하는 인스타그램 '단추수프(http://www.instagram.com/thebuttonsoup)'에서 보기만 해도 감탄이 절로 나오는 다양한 작품을 만나볼 수 있다.

a sunny spot
심플하고 편한 매일의 옷

초판 1쇄 발행 2022년 10월 20일

지은이 무라타 마유코
옮긴이 황선영
감 수 문수연
펴낸이 명혜정
펴낸곳 도서출판 이아소
교 열 정수완
디자인 황경성

등록번호 제311-2004-00014호
등록일자 2004년 4월 22일
주소 04002 서울시 마포구 월드컵북로5나길 18 1012호
전화 (02)337-0446 **팩스** (02)337-0402

책값은 뒤표지에 있습니다.
ISBN 979-11-87113-55-3 13590

도서출판 이아소는 독자 여러분의 의견을 소중하게 생각합니다.
E-mail: iasobook@gmail.com